U0165969

圖解
系列

三大特色

- 一讀就懂的社會科學入門知識
- 文字敘述淺顯易懂、提綱挈領
- 圖表形式快速理解、加強記憶

社會科學

莊克仁 編著

閱讀文字

理解內容

觀看圖表

五南圖書出版公司 印行

本書目錄

第 1 章 社會科學導論

第 2 章 社會研究法

第 3 章 社會學學理

本書目錄

第 4 章 社會工作

第 5 章 政治學學理

第 6 章 民意與公共關係概論

本書目錄

第7章 教育學

第8章 教育行政學

第9章 心理學

本書目錄

第10章 諮商心理

第11章 經濟學

第12章 商業概論

本書目錄

第13章 文化人類學

第14章 文化行政學

第 1 章

社會科學導論

章節體系架構

Unit 1-1　社會科學興起的背景與定義

Unit 1-2　社會科學的基本性質與範圍

Unit 1-3　社會科學的功能及其重要性

Unit 1-4　社會科學的研究對象與研究限制

Unit 1-5　社會科學與自然科學研究

Unit 1-6　社會科學與自然科學的差異

Unit 1-7　人文與社會的關係

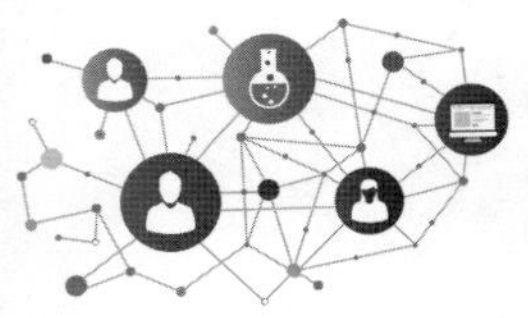

Unit 1-1 社會科學興起的背景與定義

一、知識與科學

現代人強調追求科學的知識，不再以感覺、神話作為知識的主軸，而是強調經過有系統的蒐集、分類求其相關，以及解釋所獲得之有組織的知識。因此，我們可以說，「科學」就是經過有系統的研究所得到的知識。一般而言，我們可以將一切有系統的知識概略分成三大領域：

（一）自然科學（natural science）：主要是在探討人類所生存的自然環境，探究自然界的客觀規律，如：物理學、化學、生物學、地球科學、太空科學等。

（二）社會科學（social science）：主要是在探討人類行為與團體生活所有層面的一種知識領域，因此是以「人」和「社會」為研究的主題，如：人類學、心理學、社會學、政治學、經濟學、法律學等。

（三）人文學科（humanities）：是指探討人類文化的特殊精神層面，包括：真、善、美的價值及生命的意義等課題，如：哲學、宗教學、倫理學、文學、藝術等。

由上述的分類我們可以知道，社會科學是不同於自然科學的另一個範疇。自然科學以自然環境為研究主體，社會科學則是以人為研究主體。但兩者均是以發現共同的規則和定律為目的，並以較為客觀、統一的方法進行思考與驗證。至於人文學科則不受限於社會科學的客觀，而容許主觀性和價值判斷對思考的影響力，這可以說是人文學科與社會科學不同之處。

二、社會科學興起的背景

社會科學既為一門科學，其基本目標與自然科學的一般目標是雷同的。這個目標包括描述、解釋、預測與控制社會現象：

（一）描述：能對繁複的社會現象抽絲剝繭，以幫助人們真實瞭解其內涵。

（二）解釋：經由所蒐集的事實及對事實所做的系統分析與分類，達成某些概念間關係的一般性解釋與證明。

（三）預測：經審慎觀察特殊事件，從而建立通則，然後再以此通則來解釋個別發生的事件，並經由這些事件來證實該一通則。

（四）控制：社會科學家也是公民，對所處的社會像其他人一樣充滿著關懷。因此，可以藉助其對分析社會現象的特殊才能，協助社會科學研究，實現他們的目標。

三、社會科學的定義

（一）法國社會學家涂爾幹（Emile Durkheim, 1958-1917）說：「社會科學是研究社會事實或社會現象的科學。」

（二）美國國家社會科學基金會（National Social Foundation）認為，「社會科學是探討社會機構、團體的行為，及個人作為團體成員之行為表現的科學。」

（三）美國社會科學百科全書（Encyclopedia of Social Research, 1969）將社會科學界定為「研討人類各種關係的各種科學」。

（四）韋柏斯特英語國際新辭典（Webster's New International Dictionary of the English Language, 1961）說：「社會科學是研究人類社會及其特殊要素，如：家庭、國家或種族等，以及研究涉及人類生存與個人幸福的關係和制度之科學。」

（五）藍燈書屋英語大辭典（The Random House Dictionary of the English Language, 1974）認為，「社會科學是研究社會及社會行為的科學。」

（六）我國學者魏鏞（1979）認為，社會科學就是以有系統的研究，來探討人類行為、人類關係及人與環境之間關係的知識。

總之，社會科學是研究人類社會現象的科學。社會現象是包括社會制度與社會行為的科學。

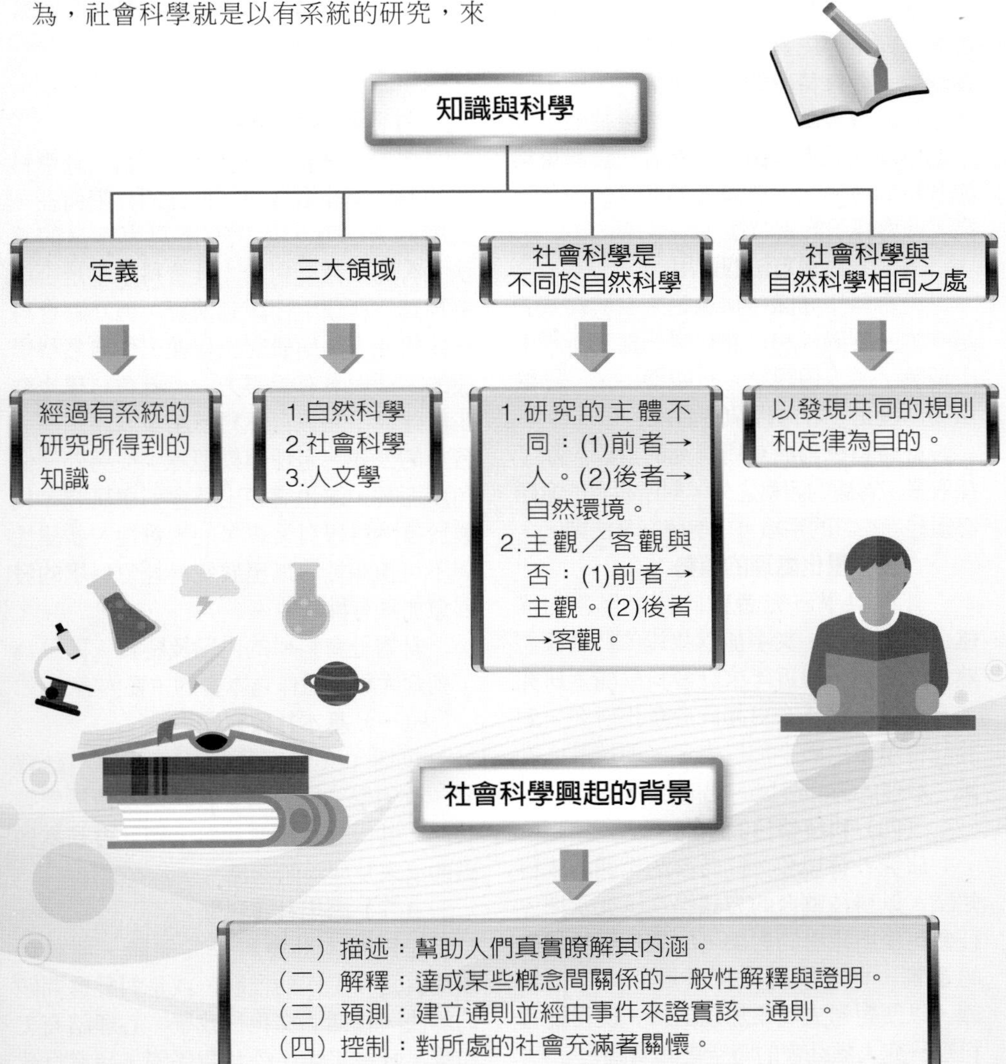

知識與科學
定義
經過有系統的研究所得到的知識。
三大領域
1.自然科學
2.社會科學
3.人文學
社會科學是不同於自然科學
1.研究的主體不同：(1)前者→人。(2)後者→自然環境。
2.主觀／客觀與否：(1)前者→主觀。(2)後者→客觀。
社會科學與自然科學相同之處
以發現共同的規則和定律為目的。
社會科學興起的背景
(一) 描述：幫助人們真實瞭解其內涵。
(二) 解釋：達成某些概念間關係的一般性解釋與證明。
(三) 預測：建立通則並經由事件來證實該一通則。
(四) 控制：對所處的社會充滿著關懷。

Unit 1-2 社會科學的基本性質與範圍

一、社會科學的基本性質

（一）實證經驗的科學

現代社會科學早已經脫離單純的哲學思想，而是經由實證性、科學化加以建構其理論。社會科學的理論建構，是經由研究者對社會現象加以探討，然後抽離出其中的原理與原則。由於研究者在資料蒐集與分析的方法上，有顯著的進步，因此提高了社會科學的實證性。

（二）科學方法的運用

社會科學知識，無論是來自演繹或者是歸納，其過程和自然科學一樣，是經由「理論」、「假說」、「觀察」、「經驗法則一般化」等過程孕育而成。

社會科學對於其所研究的對象，除了採取嚴密客觀的觀察之外，對所設定的命題必須經過驗證的手續，才能確立其法則。

（三）量化處理的趨勢

社會科學研究者對於社會現象的描述，採用語言、文字加以敘述，乃是我們熟悉的方式。但近年來社會科學隨著研究工具的逐步發展，更趨向於量化研究，對於社會現象用數字加以表示，朝統計、計量、數理的方向發展，已成為趨勢。

（四）科技整合的原則

研究社會現象，同時參酌相關的學科知識，以科技整合的方式提高研究水準。社會科學所探討的對象，如果是屬於過去的事實，則在研究上可借重歷史學的知識，以便對過去現象加以剖析，使得社會科學研究人類社會的時空更為廣闊。

（五）社會理論的建構

社會科學對於社會現象並非僅進行敘述而已，而是更進一步的闡明、形塑社會事實的各因素間的因果關係，並經由理論命題的假設與概念的設定，以嘗試在社會科學理論建立模式。

二、社會科學的範圍

到目前為止，學者專家們對於社會科學的領域與範疇為何、彼此的界限何在、研究的方法等，依然有著莫衷一是的看法。有的人甚至對於「社會科學」是否能夠稱為「科學」而感到懷疑，因為社會科學的研究方法與研究過程並未像自然科學般的客觀與具有說服力。而社會科學也鮮少能建構出類似自然科學諸多放諸四海而皆準的公式、定理與模型等；從另外一個角度而言，這也突顯出社會科學研究，相較於自然科學有著更多的複雜性、多變性與不可預測性，以至於使得社會科學的發展愈加具有挑戰性。

針對社會科學的內涵及特質，區分為下列兩大類，並作為本書的主要內容：

（一）基本社會科學

包括：文化人類學、心理學、社會學、政治學、經濟學、教育學及傳播學等七門，其內容比較傾向於人類社會基本知識的追求及理論的建構。

（二）應用社會科學

是將基本社會科學的知識、理論，運用於實務工作的推展，或是對社會問題的解決，包括：文化行政學、心理諮商工作學、社會工作、公共關係學、商業行政學、教育行政學及新聞學等。

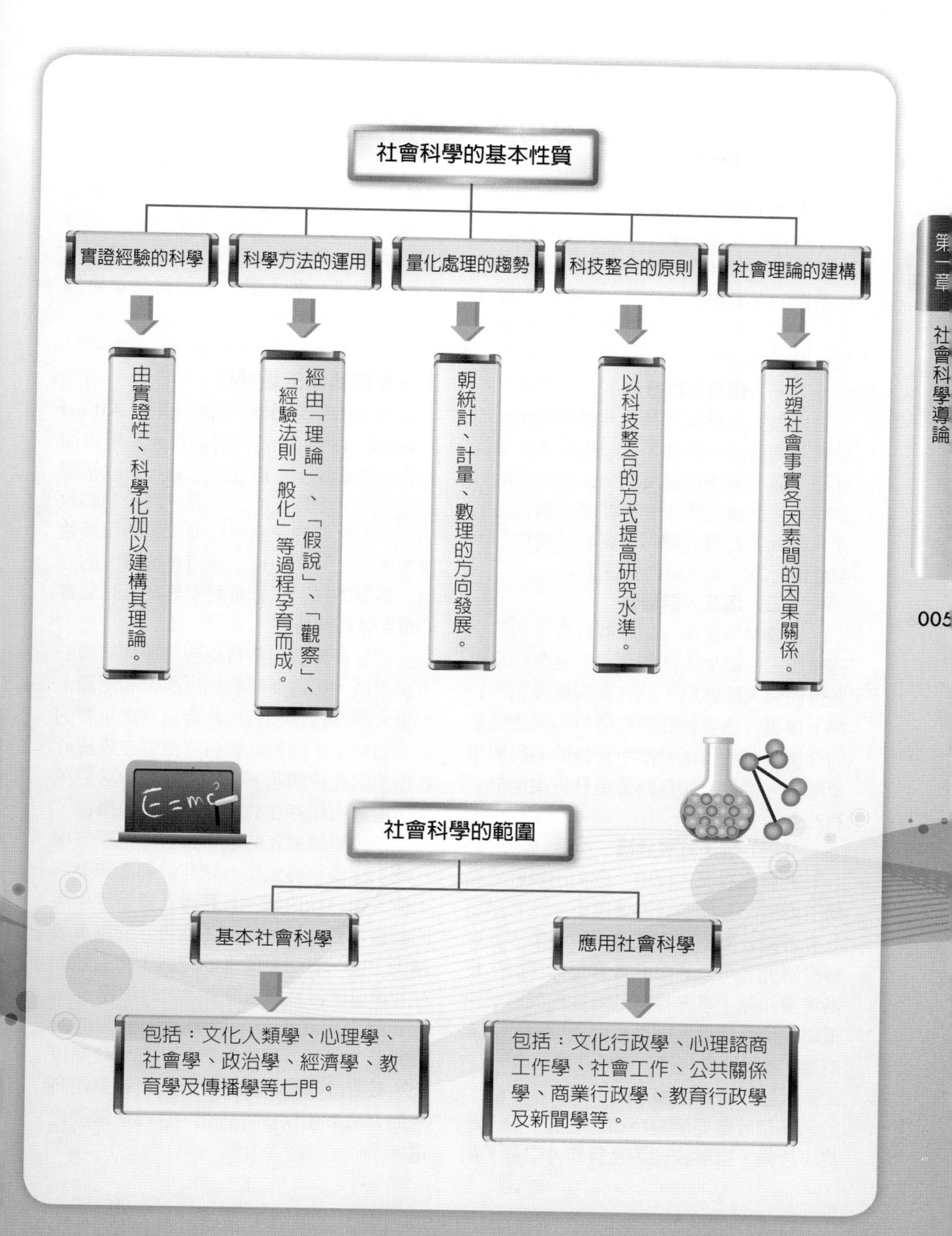
社會科學的基本性質
實證經驗的科學
由實證性、科學化加以建構其理論。
科學方法的運用
經由「理論」、「假說」、「觀察」、「經驗法則一般化」等過程孕育而成。
量化處理的趨勢
朝統計、計量、數理的方向發展。
科技整合的原則
以科技整合的方式提高研究水準。
社會理論的建構
形塑社會事實各因素間的因果關係。
社會科學的範圍
基本社會科學
包括：文化人類學、心理學、社會學、政治學、經濟學、教育學及傳播學等七門。
應用社會科學
包括：文化行政學、心理諮商工作學、社會工作、公共關係學、商業行政學、教育行政學及新聞學等。

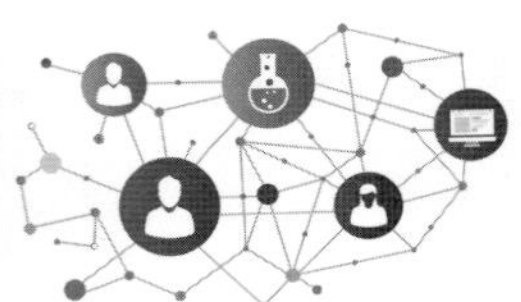

Unit 1-3 社會科學的功能及其重要性

一、社會科學的功能

社會科學存在的目的，是經由社會各種事實的探討以瞭解其內容，並將研究所獲得的專業知識、心得，貢獻給人類社會，改善人類的生活，增進人群的幸福。茲舉出社會科學的功能如下：

(一) 理解人群行為

由於人類社會行為並非憑空而生，而是有規則可循，往往是在一定社會環境條件下，有一定的行為反應，產生一定的行為模式。社會科學研究者從事人類行為的深入研究，使得人類可以客觀且理性的瞭解社群行為，並且營造社會生活。

(二) 增進人群福祉

社會科學提供人類瞭解社會生活的正確知識，可增加人們的幸福。社會科學以廣博而深入的觀點，站在客觀與公正的立場，從事各種社會問題的觀察與社會現象的分析，並將由此考察所獲得的心得與學術經驗，提供人類作為營造社會生活最有利的生活方式。

(三) 解決社會危機

社會在發展過程中，難免出現社會結構不均衡、各部門發展速度不一、各階層社會資源分配不均等社會病理現象，社會科學研究者可以經由社會真相的探討，提供專業知識，事先提供前瞻性的問題解決策略，使社會發展朝著人們所期待的方向前進，並於事後提供問題解決的策略。

(四) 擬定發展方向

一個社會要能夠持續的發展，除了經濟、技術、自然資源等物質條件之外，尚需重視社會的、心理的精神層面，瞭解自己所處的位置、所應該扮演的角色，同時也瞭解別人所處的位置所要承受的職責，如此可以提高個人對於新環境的適應能力，豐富生活內涵。

二、社會科學的重要性

著名的物理學家愛因斯坦（Albert Einstein, 1879-1955）曾經發表了舉世聞名的「相對論」，但他卻認為，「政治學比物理學更困難，而且世界毀於差勁的政治學家，比毀於差勁的物理學家的可能性要來得更大。」他以一個自然科學家的立場，客觀的指明了社會科學對於人類社會的重要性與複雜性。

社會科學與自然科學皆是人類知識的主要領域，都需要我們加以學習和認識。但對人類而言，沒有比社會科學更重要的研究領域了。因為社會科學主要在瞭解社會現象與社會問題，藉以使社會生活更美好，這對人類存在於社會上的實際價值，可能遠比學習更多的數學公式、化學方程式或工程學來得重要。除非我們能夠發展出使人類得以快樂、有意義且滿足地生活的社會，否則學會如何建造更好的汽車與摩天大樓、發明更先進的電腦，對人類的存在價值而言，實在沒有太大的意義。

總之，我國現階段發展所面臨的諸多問題，包括：飆車、網路援交、政商掛勾、教育改革等，都需要社會科學家用科學的方法來加以分析研究，以尋求解決之道。

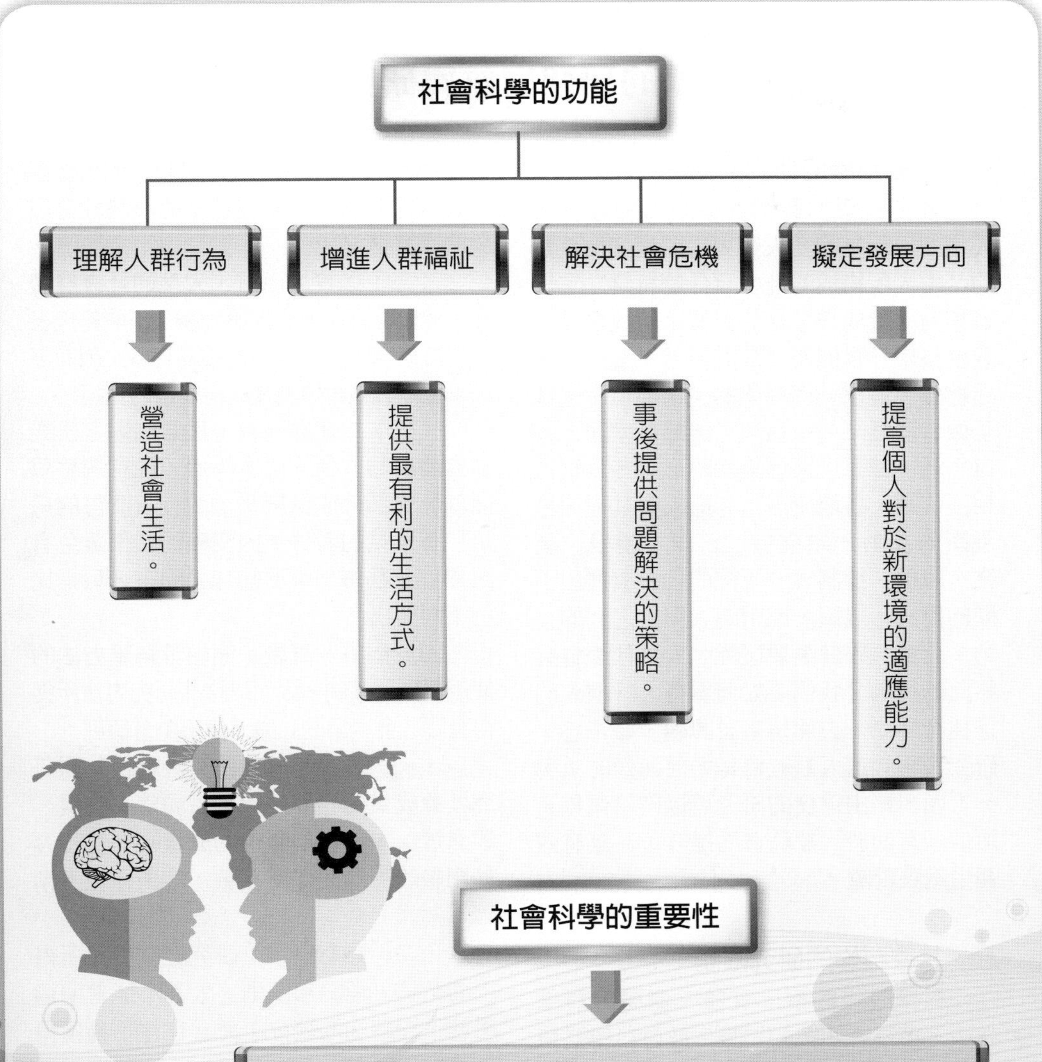
社會科學的功能
理解人群行為
增進人群福祉
解決社會危機
擬定發展方向
營造社會生活。
提供最有利的生活方式。
事後提供問題解決的策略。
提高個人對於新環境的適應能力。
社會科學的重要性

（一）愛因斯坦（Albert Einstein, 1879-1955）：政治學比物理學更困難。
（二）社會科學主要在瞭解社會現象與社會問題，藉以使社會生活更美好。
（三）我國目前面臨的諸多問題：飆車、網路援交、政商掛勾、教育改革等。

Unit 1-4
社會科學的研究對象與研究限制

一、社會科學的研究對象

社會科學的研究對象是人類社會。人是如何行為的？人與人之間是如何互動的？由人所構成的社會有什麼特質？它反過來對人造成什麼樣的影響？除此之外，社會科學經常觸及理想的追尋，要如何改造社會，追求一個完美的生活環境？這樣子做合理嗎？……很少人能離群索居、獨自生活，總要以某種集體的形式，與別人相互依賴，各取所需；亦即人與其他人會不斷的互動，如交易、合作、競爭、衝突、服從、控制等。不同的社會發展出不同的模式、規範，或引導人與人之間的互動。社會科學就是要研究，人為什麼會有如此的行為？我們要如何看待、評價人的這種行為？一方面是基於興趣、好奇心，研究者想知道人類社會是如何運作的；另一方面，藉由這樣的研究可以破除偏見、迷信，有助於人類社會的提升，甚至有效運用電腦資源。

二、社會科學的研究限制

科學是以觀察、實驗、測驗等科學方法，獲得有系統的知識。社會科學是對於社會現象，予以觀察、實驗、測驗的知識。不過，由於社會科學所研究的社會是由人所組成的，因而使用科學方法的時候，要考慮到道德性，不能任意孤立、控制或實驗另一群人，因此所獲得的知識亦難免有瑕疵。

採用科學方法來研究社會現象，所受到的限制有：

（一）以觀察而言，由於觀察者是人，被觀察的社會群體也是由人所組成，人是有感情或情緒的，觀察有時不易客觀，因而觀察的結果往往不能反映社會現象的真實情況。

（二）以實驗而言，大型的社會群體都不能做實驗，而小團體實驗又不能夠代表大型群體。由於社會現象不易實驗，因而不易真正瞭解社會現象及社會變遷的真相。

（三）以測驗而言，民意測驗是研究社會態度的一種方法。不過，民意測驗只能就社會部分成員施測，而且所測得的只是仁智互見的看法。因測驗的結果難免有誤差，並且每一選項都有人回答，只是比例不同而已。

由於觀察、實驗、測驗等科學方法的使用都受到限制，因而以這些研究方法所獲得有關社會現象的知識，便不免有瑕疵：

（一）不易精確：研究社會行為需研究社會成員的心理（包括：願望、動機、觀念等），但在群體中的成員心理是不容易測驗的，即使作出測驗，結果往往不精確。

（二）難有定準：研究社會現象所得出的結論、理論和法則，大都不能普遍適用於不同時空的社會，而且往往不易獲得一致的認同。

（三）預測不準：由於觀察、實驗、測驗等方法的使用都受到限制，因而所獲致的知識便不精確，加上社會變遷不排除偶然和意外，因此對於未來的發展，便難以預測準確。

由於觀察、實驗、測驗等方法的使用受到限制，因而這些方法所獲致的有關社會現象的知識有瑕疵，因此，社會科學的科學程度有待提升。

社會科學的研究對象

（一）社會科學的研究對象是人類社會。
（二）社會科學就是在研究，人為什麼會有如此的行為？
（三）希望破除偏見、迷信。

社會科學的研究限制

（一）社會科學是對於社會現象予以觀察、實驗、測驗的知識。
（二）所獲得的知識難免有瑕疵。
（三）研究限制
1.不能反映社會現象的真實情況。
2.不易真正瞭解社會現象及社會變遷的真相。
3.民意測驗只能就社會部分成員施測。
（四）研究瑕疵
1.不易精確。
2.難有定準。
3.預測不準。

Unit 1-5 社會科學與自然科學研究

一、什麼是自然科學？

社會科學所研究探討的對象乃是人與人類社會有關的問題，那麼它和自然科學之間的關係為何呢？在回答此一問題之前，我們必須先瞭解何謂「自然科學」。

自然科學的範圍及定義，截至目前為止仍沒有一個明確的說法，言人人殊。惟就「形式」來區分，可以分為形式科學與經驗科學，前者探討形式的問題，不需要經驗為背景，例如：數學、邏輯學等；後者則需要藉由不同的物體為研究對象，以實際的觀察、實驗來探究自然界的真理，例如：物理、化學、生物、地球科學等。其次，就「應用」的層次來區分，自然科學可以分為純科學與應用科學，前者如數學、物理、化學、生物、地球科學等；後者如電機工程、土木工程、生物工程或遺傳工程。

二、社會科學與自然科學的關係

社會科學與自然科學之間的異同和關係為何，一直是社會科學方法論的重要課題之一。中央研究院歐美研究所黃瑞祺研究員認為，「社會學概念之提出，主要是受到自然科學（尤其是物理學、化學）的影響。」從某種意義而言，自然科學的實證研究、分析、理論的建構、治學的嚴謹度與客觀求真的精神，往往成為社會「科學」亟欲仿效的「典範」（paradigm）。歐洲中古世紀自然科學家牛頓、哥白尼、伽利略等人在科學領域上的成就，使得一些哲學家，例如：孔德（Auguste Comte）、密勒（John Mill），一方面對自然科學的方法和理論建構進行歸納與反省，在此同時，也主張按照自然科學的模式來建立社會科學（葉啟政等編著，1996）。從此一角度而言，自然科學的研究方法論對於社會科學而言，實具有啟蒙的意義。

其次，在探討社會科學與自然科學的關係時也必須釐清，後者的研究方法論對於前者而言仍有其侷限性與差異性，無法全盤照搬、相提並論。德國著名理論學者哈伯馬斯（J. Habermas）將科學區分為「實證分析性的科學」（empirical-analytic sciences）、「歷史詮釋性的科學」（historical-hermeneutic sciences）和「批判性的科學」（critical sciences）。哈伯馬斯對於「科學」的內涵做出了從寬的認定，亦即不以單一的「實證分析性的科學」（量化分析或經驗研究）作為唯一評量「科學」的標準，也不以自然科學為標準來規範社會科學的「科學性」。

第三，自然科學為人類創造了許多的物質文明，但是後遺症卻必須要由社會科學及人文科學攜手合作、共同處理。

綜上分析，社會科學與自然科學雖然在研究領域、研究方法上有所異同，但是兩者卻都與人類社會有著密切的關係。大體而言，自然科學是唯物的，解決人類在物質生活環境上的問題；社會科學則是唯心的，處理人類精神層面的事務，兩者對於人類社會均缺一不可。

什麼是自然科學？

研究探討的對象

人與人類社會有關的問題。

定義

1.以形式來區分：分為形式科學與經驗科學。
2.以應用層次來區分：分為純科學與應用科學。

社會科學與自然科學的關係

(一) 黃瑞祺：自然科學的實證研究，成為社會「科學」仿效的「典範」。
(二) 自然科學的研究方法論對於社會科學而言，實具有啓蒙的意義。
(三) 自然科學的研究方法論仍有其侷限性與差異性，無法全盤照搬。
(四) 哈伯馬斯：不以自然科學為標準來規範社會科學的「科學性」。
(五) 自然科學的後遺症，必須要由社會科學及人為科學攜手合作共同處理。
(六) 社會科學與自然科學的異同
  1.相異：研究方法上。
  2.相同：都與人類社會有著密切的關係。
(七) 社會科學與自然科學的比較
  1.自然科學：唯物的。
  2.社會科學：唯心的。

Unit 1-6 社會科學與自然科學的差異

一、自然科學研究「物」，社會科學關心的是「人」

社會科學要尋找表相背後的真實，自然科學何嘗不是如此。自然科學家在探究問題時，假定有「真理」存在，它一直存在那兒，不管人們有沒有意識到它。他們要尋找的「真理」是「大自然法則」，它與人的「自我意識」、「價值觀」、「情感好惡」沒有任何關係。萬事萬物為什麼會變成這個樣子，自有它的道理。社會科學與自然科學似乎有點不太一樣，自然科學研究「物」，社會科學關心的是「人」，物是不會變的；更正確地說，大自然法則永恆不變，不會因為人的主觀意志而變，但是「人」卻不斷地在變。

二、價值與社會科學研究

社會科學特有的問題是「價值」，這個問題在自然科學中是不存在的。價值有幾個意義，第一個意義是道德判斷、情感好惡或偏見；第二個意義是基於切身利害的自私考量；第三個意義是洞見、靈感，它是一種主觀的專業判斷，與道德情感、利害關係無關。

就價值的第二個意義而言，比較沒有爭議。

就價值的第三個意義而言，恐怕社會科學與自然科學都同樣需要。

最有爭議的是價值的第一個意義。自然科學強調客觀中立，當然要避免道德判斷、情感好惡或偏見的影響，而且他們也宣稱做得到。社會科學就不同了，社會律是「意義世界」的產物，意義世界是主觀的，隨時都可以改變。社會學者真正關心的是「規範」，亦即如何讓社會變得更好，更符合研究者心中的理想期待。「理論」不只是用來「解釋」現況，也是用來「實踐」、「改變現狀」。正因為如此，社會科學的客觀、中立性永遠比不上自然科學，甚至大部分的社會科學家根本不認為他們應該追求自然科學式的客觀、中立。

三、社會科學研究議題的設定

由於自然科學與社會科學本質上的差異，因而影響研究議題的設定。基本上，研究議題有三種不同的型態。第一是解釋（explanation），第二是「理解」（understanding）或詮釋（interpretation），第三是「批判」（critique）。

「解釋」是相關或因果關係的陳述，就像氫加氧會變成水，水加熱100度會沸騰，這種因果分析是自然科學的專長，對此，已有獲得長足的進展。基本上這是「經驗的」（empirical），社會科學也嘗試這麼做，進行經驗的觀察，或建構經驗的理論。

「理解」是嘗試去瞭解經驗現象背後的動機，亦即人何以會有這樣的行為？此種行為背後的「意義」是什麼？在什麼樣的文化脈絡下，人們這樣子思考、這樣子行為，這樣子生活？

第三種研究的類型，稱為「批判」。社會科學的任何理論都反映了研究者個人的意識型態、情感與立場，沒有人膽敢說自己是完全客觀的。批判性的研究就是要把一些隱藏的價值立場、意識型態挖掘出來，進行嚴格的學術檢視。

自然科學研究「物」，社會科學關心的是「人」

社會科學要尋找表相背後的真實，自然科學何嘗不是如此。自然科學家在探究問題時，假定有「真理」存在，它一直存在那裡，不管人們有沒有意識到它。他們要尋找的「真理」是「大自然法則」，它與人的「自我意識」、「價值觀」、「情感好惡」沒有任何關係。萬事萬物為什麼會變成這個樣子，自有它的道理。社會科學與自然科學似乎有點不太一樣，自然科學研究「物」，社會科學關心的是「人」。物是不會變的，更正確地說，大自然律則永恆不變，不會因為人的主觀意識而變，但是「人」卻不斷地在變。

價值與社會科學研究

（一）社會科學特有的問題是「價值」。
（二）價值有幾個意義
1.道德判斷、情感好惡或偏見→最有爭議。
2.基於切身利害的自私考量→較無爭議。
3.洞見、靈感→同樣需要。
（三）社會學者真正關心→規範。
（四）大部分的社會科學家→不認為應該追求自然科學式的客觀、中立。

什麼是自然科學？

研究議題有三種不同的型態：
1.解釋。
2.理解或詮釋。
3.批判。

Unit 1-7 人文與社會的關係

一、人文

所謂「人文」是指人類的文化，而文化本身就是人類一切生活的總稱。因此，文化的產生與人類社會息息相關，無法區分。不同的種族或地域會產生不同的文化特色，不同的文化也會造就出不同的社會。

二、文化的特徵

（一）涵蓋性

古今中外，任何一個人類社會都有屬於他們自己的文化。然而，這些文化都會具有某部分共通的特性。例如：所有文化都會發明某種文字、語言或符號，來表達溝通或傳遞文化。

（二）累積性

文化的形成並非一時之間所成，而是經年累月在前人經驗上不斷累積成長的結果。它是一種由簡單而複雜，由粗糙而精緻，日新又新的發展。例如：古人使用火炬，後來演變成蠟燭，再進步到油燈時代；愛迪生發明電燈後，人類又進入另一層次的生活；而今，人類已發明出各式各樣的照明設備，藉此把人類文化帶進新的領域，這就是文化的累積性。

（三）約制性

人類創造文化，但同時也受文化的約束和限制。例如：一夫一妻的婚姻制度，不知何時已然成為規範人類行為的一環，若有人違背此一制度，則會招致批評或懲罰。事實上，自人類一出生，便不知不覺地受本身的文化所約制，因此，文化便成為引導人類言行的重要規範。

（四）差異性

正所謂：「三里不同風，五里不同俗。」不同種族或地域，會產生某種的文化差異。例如：中國人見面拱手作揖，西方人則握手、擁抱、甚至親嘴，紐西蘭的毛利人則是互碰對方鼻子。

三、人文與社會的關係

經由前面的介紹，我們知道文化的差異不僅存在於不同社會之間，即使在同一個社會中，仍會有不同的次文化存在。

（一）我族中心主義

由於我們從小到大已被原本的文化所約制住了，因此很自然地會將自己的生活方式或行為價值觀視為唯一合理，並以此標準評斷他人。所以，我族中心主義可以說是文化通象，幾乎各族群總會不自覺地以自身的文化為標準，來衡量與自己不同的文化，並且認為自己的文化是最優秀的。然而，若一個民族的我族中心主義觀太重，便會給人一種霸權的感受，而在此一社會中的其他文化便可能有被侵略、併吞、消失的危機。

（二）文化相對論

文化相對論主張，看待其他文化時，不應以自己的文化為基準，而採同理心，站在別人的立場來判斷事物，學習尊重並包容其他共存的文化。因此，文化相對論與我族中心主義恰巧相反。若一個社會裡的人都持有文化相對論的觀點，就會發現這個社會中各種不同的次文化均能彼此共存，發展出多元且和諧的社會。

總而言之，人文與社會的關係到底是和諧還是衝突，完全視社會裡的每一個人所抱持的態度而定。我們必須認清在多元民主與開放的社會中，每一種次文化都應受到尊重，且擁有自由開展的空間。

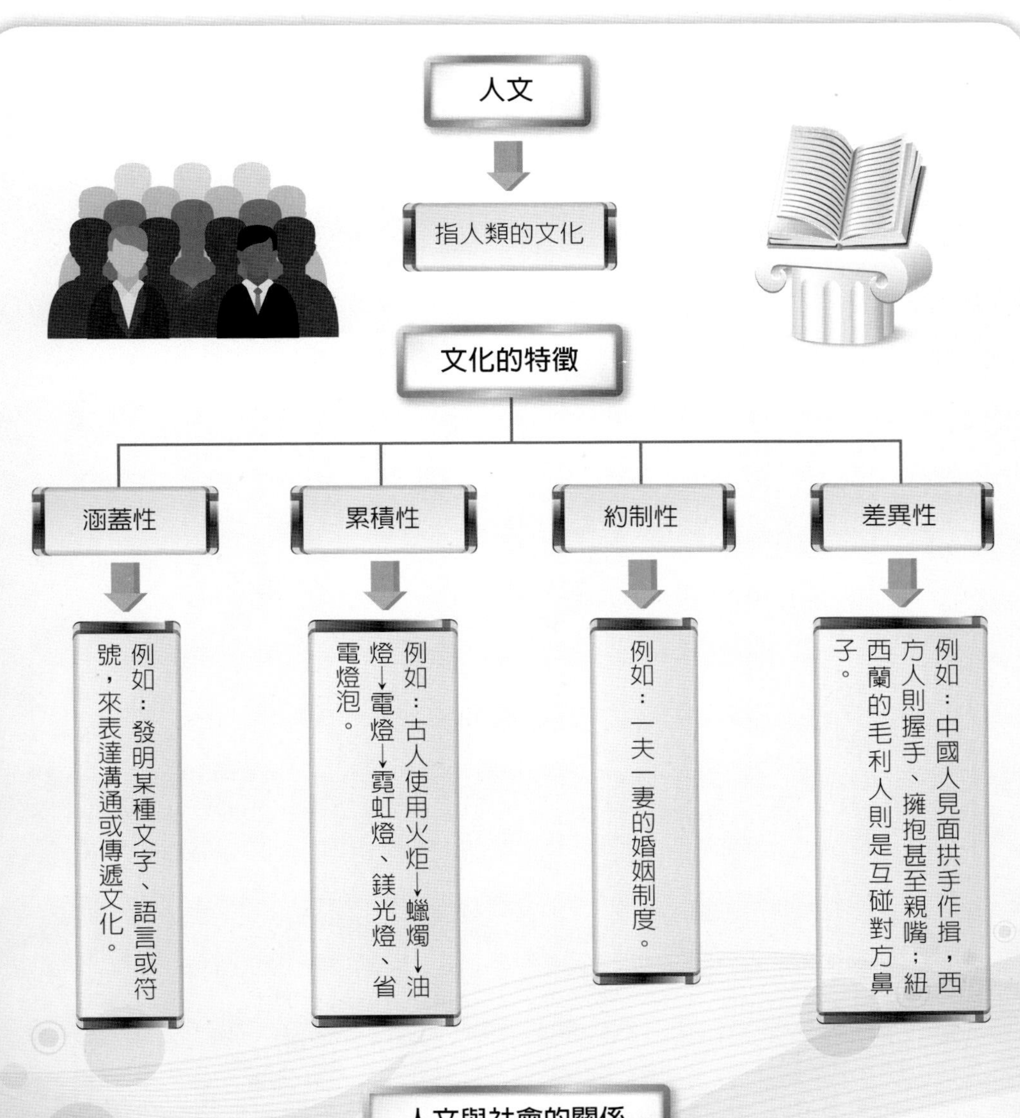
人文
指人類的文化
文化的特徵
涵蓋性
例如：發明某種文字、語言或符號，來表達溝通或傳遞文化。
累積性
例如：古人使用火炬→蠟燭→油燈→電燈→霓虹燈、鎂光燈、省電燈泡。
約制性
例如：一夫一妻的婚姻制度。
差異性
例如：中國人見面拱手作揖，西方人則握手、擁抱甚至親嘴；紐西蘭的毛利人則是互碰對方鼻子。

人文與社會的關係

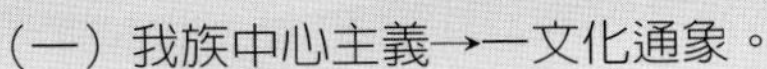

（一）我族中心主義→一文化通象。
（二）文化相對論→同理心。
（三）在多元民主與開放社會→每一種次文化都應受到尊重。

社會研究法

章節體系架構

Unit 2-1　社會研究之基本概念以及研究倫理

Unit 2-2　研究設計

Unit 2-3　社會科學研究方法

Unit 2-4　研究資料之蒐集方法

Unit 2-5　研究資料之分析與結果的判讀

Unit 2-6　社會科學研究的客觀性問題

Unit 2-7　研究偏見與互為主體

Unit 2-1 社會研究之基本概念以及研究倫理

一、理論與變項、假設與命題

（一）理論

理論是概念與概念之間的邏輯關聯，用來描述、解釋現況或預測未來。這種「邏輯關聯」也許是「相關關係」，亦即兩者伴隨而生；可能是「因果關係」，亦即一方影響另一方；也可以是「充分」或「必要」關係。因此，理論是可被驗證或是已被驗證的。例如：行為理論中的「習得無助感」就是人不斷的經歷失敗（自變項）會變得很消極，失去改變的動力（依變項），而這理論是可以被驗證的。

（二）變項

在討論變項（variables）前，先要瞭解何謂「屬性」（attributes）。例如：性別是變項，含有女性與男性兩個屬性；職業也可以是變項，但其內涵就非常廣，端視研究人員要如何歸類，所以，變項是一群具有邏輯性的屬性所組成。好的變項，其內涵必須具有「互斥性」與「周延性」（即包含各種內涵）。例如：將婚姻狀況視為一變項，可分為單身、已婚、離婚等屬性。

（三）假設

假設（hypothesis）就是一種命題，只不過它是以理論為基礎所發展出來的；也是對有待解決的社會問題或現象，提出的暫時性或嘗試性的答案。好的假設需具體化、可測量，變項間具有暫時性的關係，價值需中立。

（四）命題

命題（proposition）就是由概念或變項組成的句子，用來描述我們所要研究且具有邏輯關係的社會現象。例如：我們有自變項和依變項，可以形成一個命題，即個案量越大，社工人員越容易有倦怠感。

二、兩種邏輯模式

（一）演繹法（deductive logic）

演繹法是由已知的事實或理論來推論新的個案。換句話說，演繹的推理是從整體出發來建立獨特性。常見的數學模式推導、邏輯推論多屬演繹法。例如：社會控制理論提及，社會控制力越強，少年偏差行為越少。

（二）歸納法（inductive logic）

與演繹法相反，歸納法是由資料中找出一般性的法則，所以必須經由一個以上的特定事實或證據，歸納出結論。常見的有個案研究法、調查研究法、實驗研究法等。

三、因果模型

因果模型（causal model）是指反映x和y兩個變數之間非對應關係的一種數學模型，也是社會科學研究中較常用的分析模型。由於科學致力於分析世界的因果規律，這其中部分假設了一個前提，即每個事物都有一個前導事物。事物不會無緣無故自己出現或發生，它們是被引起的。

四、研究倫理

研究的進行，必須顧及其研究倫理，免得傷害到別人的權益。包括：1.尊重被研究者，不允許以人為實驗的對象。做任何研究前，先徵詢被研究者的同意，並妥善保管其基本資料，以減少人為的誤差。2.撰寫論文時，注意資料引用，尊重原作者的智慧財產權。

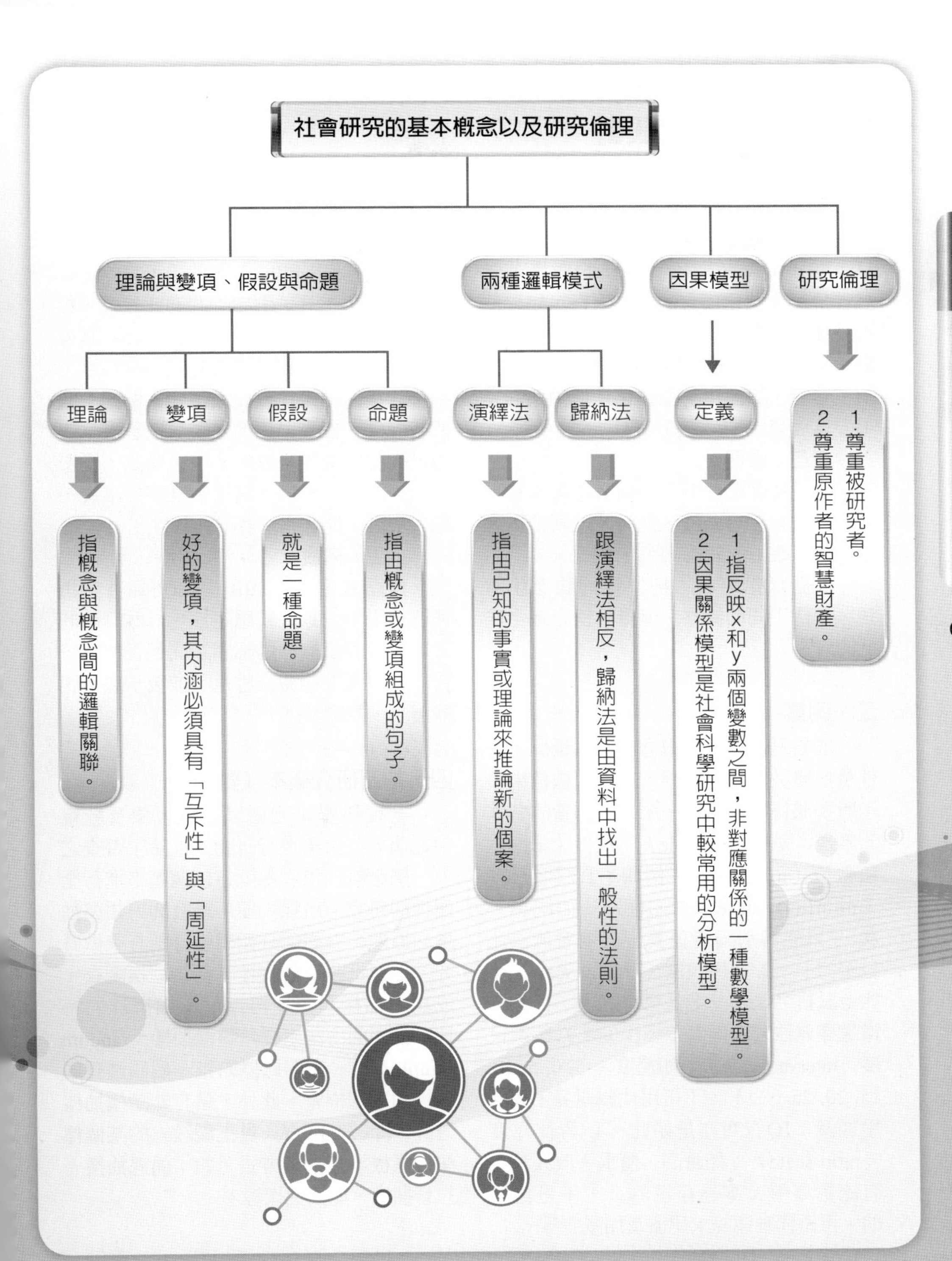
社會研究的基本概念以及研究倫理
理論與變項、假設與命題
兩種邏輯模式
因果模型
研究倫理
理論
變項
假設
命題
演繹法
歸納法
定義
1.尊重被研究者。
2.尊重原作者的智慧財產。
指概念與概念間的邏輯關聯。
好的變項，其內涵必須具有「互斥性」與「周延性」。
就是一種命題。
指由概念或變項組成的句子。
指由已知的事實或理論來推論新的個案。
跟演繹法相反，歸納法是由資料中找出一般性的法則。
1.指反映x和y兩個變數之間，非對應關係的一種數學模型。
2.因果關係模型是社會科學研究中較常用的分析模型。

Unit 2-2 研究設計

一、概念化與操作化

（一）意義

在研究中，理論有許多的概念，變項就是概念。變項有的容易觀察，如：性別、種族、年齡；但有的是抽象的，很難觀察到，如：自我尊重、職業倦怠感、性別主義等。概念化、操作化是把抽象的變項變為具體的、可測量的變項的過程。

（二）過程

1.在概念化當中，一個概念可能有不同的看法、意見分歧，此時，就要給概念化定義，如：無助感。

2.概念化定義：把模糊的觀念說清楚，釐清不同的觀察、測量，使它適合自己的研究。

二、測量

變數是用來測量概念，而測量反過來就是把變數量化的過程，亦即用數值來表示所要測得事物的量，所以，測量的基本元素是：變數（variable）、尺度（scale）和數值（number）。例如：1.類名尺度（nominal scale）：如性別（如同男／女， 只能辨別兩者差異，但兩者無法比較優劣）。2. 次序尺度（ordinal scale）：如考試排名（第一名比第二名優，但光知道這樣無法判斷兩者差多少）。3. 等距尺度（interval scale）：如溫度（-5, 0, 5, 10, 15, 20, 25……），不可用代數運算，只能用加減；IQ智商亦是如此。4. 等比尺度（ratio scale）：如身高、體重、收入等，有絕對零值（零是存在的），不是自設的，可做代數運算求比值及加減運算。

三、信度與效度

（一）信度

信度（reliability），就是可靠的，亦即一個測量工具，例如：問卷或量表，每次施測都會產生相似的結果（結果靠得住）。如果這個測量工具有很高的信度，則施測後的結果比較能被信服。例如：我們新設計一個憂鬱症的量表，把量表拿去給被醫生診斷為憂鬱症的病人測試，憂鬱症病人的量表分數（結果）應該要趨於一致；反之，則這個量表不具有信度。

（二）效度

所謂效度（validity）即可靠性，指測驗結果的一致性或穩定性。一個測驗的效度在於表示測驗內部問題間是否相互符合，以及兩次測驗分數是否前後一致。誤差越小，效度越高。

四、抽選研究樣本（對象）

社會科學研究係以社會現象及社會中之個人為對象進行研究，惟除了普查之外，勢必無法每次都就每個個體來進行全面性的研究。所以，運用統計的方法與抽樣的原理，針對部分個體進行調查來做研究，進而推論母群特性，稱為抽樣調查。成功的抽樣調查，可以反應出母群的特性。抽樣的方法主要是隨機抽樣（random sampling），亦即母群的每一個個體有同等被抽取的機會。此外，還有非隨機抽樣方式，即按照調查人員主觀設立的某個標準抽選樣本的抽樣方式，如：偶遇抽樣、立意抽樣、配額抽樣等。

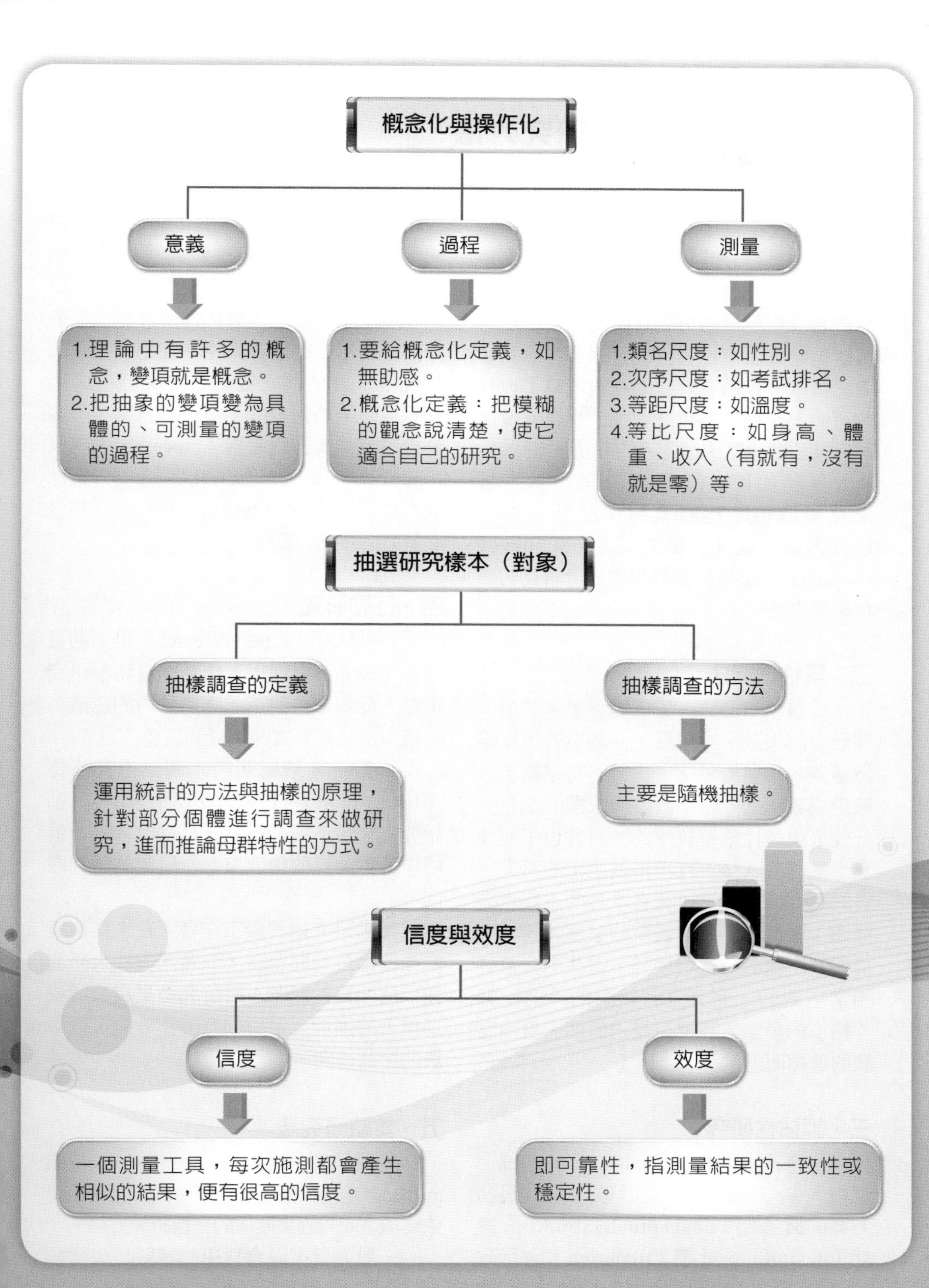
概念化與操作化
意義
過程
測量
1.理論中有許多的概念，變項就是概念。
2.把抽象的變項變為具體的、可測量的變項的過程。
1.要給概念化定義，如無助感。
2.概念化定義：把模糊的觀念說清楚，使它適合自己的研究。
1.類名尺度：如性別。
2.次序尺度：如考試排名。
3.等距尺度：如溫度。
4.等比尺度：如身高、體重、收入（有就有，沒有就是零）等。
抽選研究樣本（對象）
抽樣調查的定義
抽樣調查的方法
運用統計的方法與抽樣的原理，針對部分個體進行調查來做研究，進而推論母群特性的方式。
主要是隨機抽樣。
信度與效度
信度
效度
一個測量工具，每次施測都會產生相似的結果，便有很高的信度。
即可靠性，指測量結果的一致性或穩定性。

Unit 2-3 社會科學研究方法

一、調查研究法

在日常生活中，我們可能常會在街頭遇到一些人拿著問卷跑來找你填答，或是在家中莫名的收到一些郵寄的問卷，甚至有的是直接打電話來調查訪問。這些有的可能是某種「市場調查」，想要瞭解消費者的需求，以擬定適當的行銷策略；也有的可能是某種「民意調查」，想要瞭解民眾對某公共議題或候選人的看法。

無論如何，這些透過問卷為工具來蒐集資料，再將資料作統計分析的研究方法，就是「調查研究」（survey research）。這是社會科學中，最常見的一種研究方法。

二、質性研究法

「質」有品質、質感的意思。若用一種形容詞來談，「精緻」一詞也許可以略微涵蓋。相對於量化，它是不可用數字、數量來表現的，是屬於隱而未顯的部分。一般來說是比較不科學的，而且也不能硬套上某一公式後，就可得到固定的答案。質的研究涉及到被研究者本身的主觀意識觀念、生活經驗、成長時的家庭背景、價值觀及所處的時代環境等，這些部分都是相當主觀的，而且沒有絕對的「對」與「錯」的爭議，純粹只是出於個人自由意願的選擇而已。

三、評估性研究

所謂評估性研究（evaluation research）是指，為了達成評鑑並且改進人群服務方案的概念化（conceptualization）、設計（design）、計畫（planning）、行政（administration）、效能（effectiveness）、效率（efficiency）和效用（utility）等目的，而綜合採用的各種研究設計及方法（例如：實驗、調查、參與觀察等）的研究類型；也就是說，評估性研究是一種取向而不是單一的研究方法。在絕大多數的狀況下，評估性研究就是方案評估，因為評估研究的對象多半是一個方案，不論是檢討方案實施的過程（process）、成果（performance），還是對已完成的方案作成本效益分析（cost-benefit analysis），都是屬於方案評估的範疇。

四、行動研究

行動研究（action research）是由勒溫（K. Lewin）所創用，作為社會科學研究策略，促進社會改革及團體動力的認識，其後引用到教育實踐，受到廣泛注意。

行動研究最簡明的定義是由艾略特（John Elliott）（1991: 69）所提出，行動研究是社會情境的研究，是以改善社會情境中行動品質的角度來進行研究的研究取向。

行動研究指實際工作者，在工作情境中面臨困難的問題時，以質的方法來研究他們所面對的問題，將研究結果用來解決工作上的困境，進而提升工作效能，以解決問題為導向。

五、實驗研究法

實驗研究法（experimental research method）是指在控制條件下，探討自變項與依變項之間的因果關係的一種研究方法。

一般而言，社會科學的實驗較自然科

學的實驗更不容易，因為自然科學是在實驗室中進行實驗，對於無關研究的干擾因素能有效的控制或隔離；然而，社會科學的實驗並非「實驗室的實驗」，所以較不易控制干擾因素，並且由於研究的對象是「人」，基於研究倫理，因此無法隨心所欲的操縱自變項，故不易收到顯著的效果。

六、其他常見研究方法

（一）歷史研究法

歷史研究法（historical analysis）乃從歷史的脈絡中去尋找，然後再總結歷史的發展規律與經驗，研析當前人類所面臨的問題，甚至預測未來可能的發展走向。

（二）內容分析法

內容分析法（content analysis）係利用與研究議題有關的政府公報、廣播、電視、文件、書籍、報紙、期刊、回憶錄，以及相關人物的演講、談話內容等，來發現、佐證，或是支持自己對於研究議題的觀點。

（三）個案研究法

個案研究法（case study）係針對每一特殊事件或議題，給予詳細而深入的研究、觀察與分析。研究客體可能包含某一特定個體（例如：唐氏症孩童之行為模式）、某一特殊社會事件（例如：宋七力宗教事件、環保抗爭等）、單一地區或城市（例如：社會學家對於花蓮、臺東地區雛妓問題的探討）、整個國家（例如：研究我國經濟成長與宗教發展之關聯性），以及國際區域性或全球性問題等（例如：1990年代間，波斯灣戰爭發生的因果關係研究）。

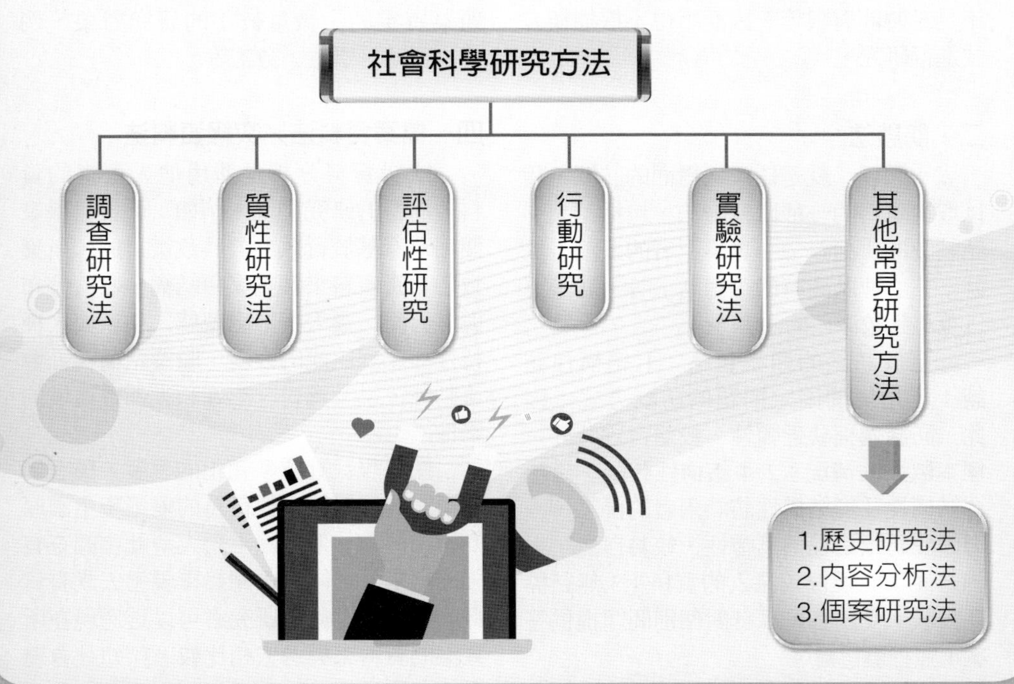

Unit 2-4 研究資料之蒐集方法

一、問卷法

所謂的「問卷」，是研究者針對研究目的所設計出來的問題，以幫助研究者蒐集資料的一項研究工具。一份正確的問卷必須包括四個部分，才能蒐集到完整的資料，即：1.標題，2.說明函，3.個人基本資料，4.問卷內容。

問卷中，問題的提問方式有兩種，一是閉鎖式問答、一是開放式問答，也有的問題是綜合這兩種型態的。研究者不論採用哪種提問方式，都需事先考量好研究目的及資料整理的問題。

在進行調查研究時，當然最好能蒐集完整對象的資料。但事實上，我們經常會面對各種的限制，包括：經費不夠、人力不足、時間有限等，因而不得不採抽樣方式進行研究。

二、訪談法

「訪談」就是透過面對面的訪問，藉以取得資料的一種研究方法，包括：大學甄試時的「面談」、專業記者的追蹤「採訪」、心理諮商時的「對話」等。訪談可以蒐集到較深入的內容。

至於訪談的類型包括：1.結構性訪談：泛指提問固定問題的訪談方式，因此，訪談過程缺乏彈性，較適合短時間、樣本數大的情況；2.半結構性訪談：是綜合結構性及無結構性訪談兩者的優點，一方面使訪談過程稍具彈性、較為自然，另一方面又能獲得較深入的資料；3.無結構性訪談：受訪者可以針對個別問題提供答案，並抒發己見。

三、觀察法

觀察法指研究者根據一定的研究目的、研究提綱或觀察表，在自然的情境中，用自己的感官和輔助工具，以蒐集研究資料的歷程。

觀察法的分類包括四種：1.依觀察者是否參與被觀察對象的活動，可分為參與觀察與非參與觀察；2.依對觀察對象控制性強弱或觀察提綱的詳細程度，可分為結構性觀察與非結構性觀察；3.按是否具有連貫性，可分為連續性觀察和非連續性觀察；4.依觀察地點和組織條件，可分為自然觀察與實驗觀察等。

觀察法應用在質化研究較多，例如：人類學、社會學、政治學等。其適用的主題為特定的、數量較小的研究對象，例如：部落、學生、勞工等。

四、檔案資料法／次級資料法

次級資料分析是運用他人蒐集的資料，而得的研究發現。例如：社會科學家使用政府基於行政或公共政策目的，所獲致的普查資料來調查家戶結構、收入分布與重分配、遷入與遷出型態、種族與人種特性、家庭組成的改變、職業結構、社會流動性，以及鄉村、市區和大都會區域的屬性。

隨著現代社會多元化的發展，學者們逐漸對於民眾態度與行為的變遷產生濃厚的研究興趣。他們除了對大型社會調查有強烈需求外，同時也開始重視過去既有資料的地位。因此，研究者可以透過現在所蒐集的資料來與過去相比較，探知社會變遷的各種現象。

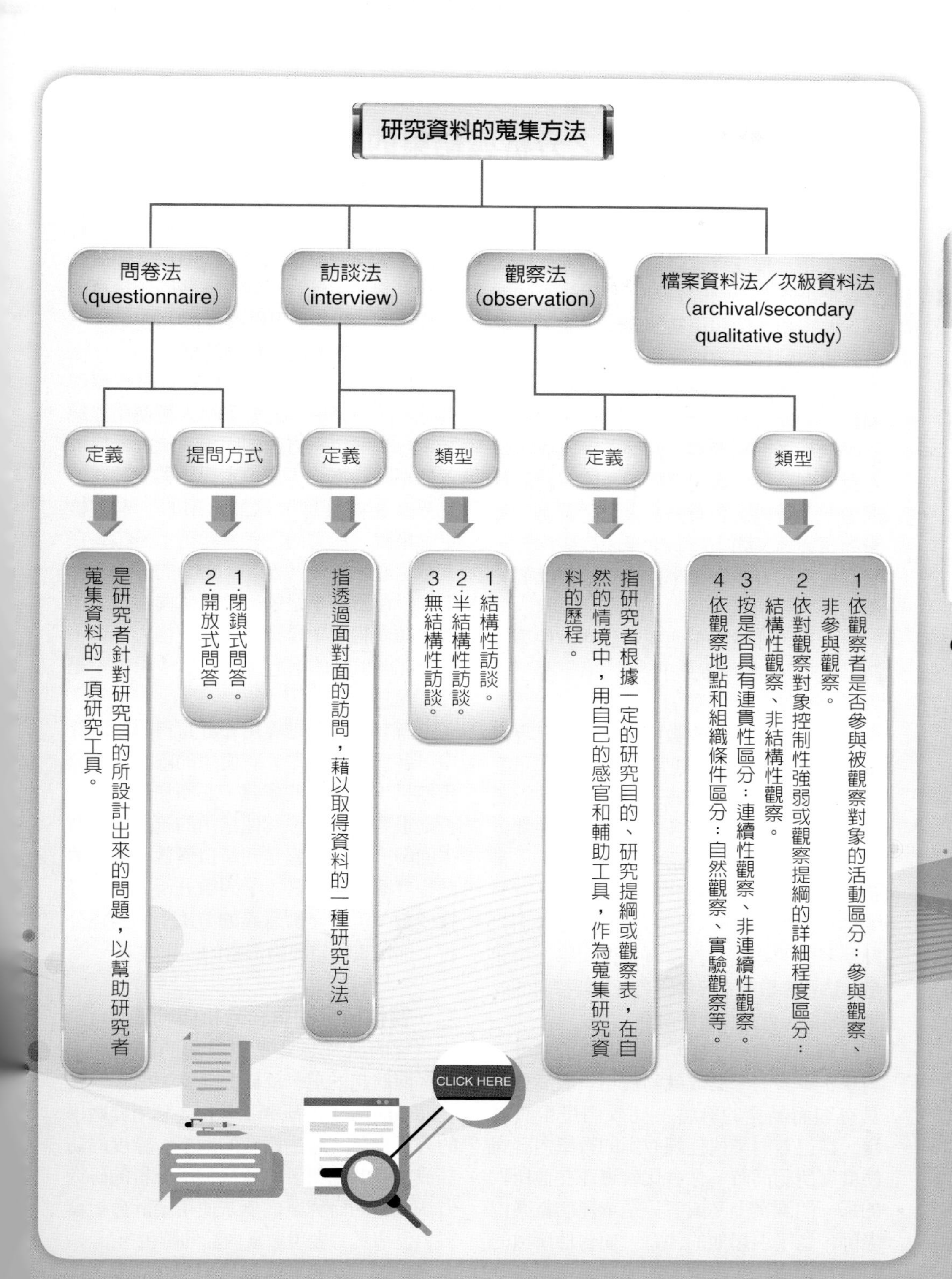
研究資料的蒐集方法
問卷法
(questionnaire)
訪談法
(interview)
觀察法
(observation)
檔案資料法／次級資料法
(archival/secondary
qualitative study)
定義
提問方式
定義
類型
定義
類型
是研究者針對研究目的所設計出來的問題，以幫助研究者蒐集資料的一項研究工具。
1.閉鎖式問答。
2.開放式問答。
指透過面對面的訪問，藉以取得資料的一種研究方法。
1.結構性訪談。
2.半結構性訪談。
3.無結構性訪談。
指研究者根據一定的研究目的、研究提綱或觀察表，在自然的情境中，用自己的感官和輔助工具，作為蒐集研究資料的歷程。
1.依觀察者是否參與被觀察對象的活動區分：參與觀察、非參與觀察。
2.依對觀察對象控制性強弱或觀察提綱的詳細程度區分：結構性觀察、非結構性觀察。
3.按是否具有連貫性區分：連續性觀察、非連續性觀察。
4.依觀察地點和組織條件區分：自然觀察、實驗觀察等。
CLICK HERE

Unit 2-5 研究資料之分析與結果的判讀

一、量化研究的資料分析與判讀

（一）量的研究

是指一種注重實證分析的研究典範，它會把調查蒐集到的資料，利用統計的方式，將現象或問題用數據表示出來，以進行分析與解釋的方法。所以，量的研究乃是一種立基於統計學上的研究方式，具有簡化、清晰的優點。

例如：發出問卷，詢問某社區居民是否贊成在社區內興建焚化爐，然後統計贊成者與不贊成者各有多少人，這就是一種量的研究。又如：在研究電視收視率時，我們也常用許多數據來作分析，因此屬於量的研究。

一般人在購買東西或者評估一件事情時，所採用的標準不外乎「質」與「量」兩者。「量」有「數量」、「重量」、「度量」等，有很明確的數據可以清楚呈現出來。像是「你有好多的朋友」、「你有這麼多本書」、「你好有錢，可以買好多衣服及東西」、「吃了好多食物，肚子快撐破了」，在這些日常用語中不難發現，「量化」的現象充斥在我們周圍。求職時，首要關心的大概就是可以領多少薪資；學校面對升學考試的結果，首重有多少同學金榜題名。這些靠數字來解釋研究者想要探討的成果的研究，就是「量的研究」。

舉個具體例子說明，「師長的態度」對學生本身的學業成就動機和爭取高分，具有顯而易見的影響。同學們是否有發現，自己若對某位任課教師的教學內容與態度有所認同時，你會比較專注在他所教的那一門課業上？或者只是單純欣賞某位老師，為了引起他的注意，便對他所教的科目特別專心，以優秀的成績來引起老師的注意？或者是哪一位老師比較嚴格，他所教的科目考試成績就比較傑出？同一位老師在不同的班級上課，他的教學態度及對同學的要求是否一致？這些問題透過成績及數字，我們是可以獲得初步的資料。

（二）數字的分析與解釋

抽樣是一門學問，數字的分析解釋更是一門大學問。社會科學大量使用「統計」，來解決這方面的困擾。統計學提供各種不同的方法，來檢定變數與變數間的差異或相關程度。以最常用的「卡方檢定」來說，所謂的「差異顯著」是指，在某個信心水準下（例如：95%的信心水準下），母體「不是同一的」；同樣地，所謂「顯著相關」是指，在某個信心水準下（例如：95%的信心水準下），母體不是相互獨立。

統計學廣泛地運用在社會科學的研究中，各種統計方法都有使用的限制，其分析結果也有獨特的意義，必須加以釐清，否則很容易誤解。其他常用的統計方法有「回歸分析」，它是判斷自變數影響因變數程度高低的工具；「因數分析」則是尋找變數、澄清變數意義的方法；「因徑分析」則用來檢定變數影響的因果機制。

二、質性研究的資料分析與判讀

質的研究是為了克服量的研究的不足，而興起的另一種研究典範。所謂「質（qualitative）的研究」是指，利用非數學的分析程序，藉由嚴謹的觀察、深度的訪談或文獻的蒐集，對資料加以分析的研究方法。質的研究雖然無法使用統計分析資料，但卻具有表現豐富內涵的特色。

例如：深度訪談幾位男、女立委，以

瞭解性別在問政上會造成哪些差異，這就是一種質的研究。又如：觀察原住民的穿著，我們會發現，不同身分地位與不同的場合，會有不同的穿著，將這些差異實際記錄下來而作研究分析，也是一種質的研究。

三、適用時機之比較

量的研究與質的研究雖然是社會科學的兩大研究方法，但早期的研究向來以「量的研究」為主，因為量的研究是經過實證所產生的知識，一般認為是科學的、可信的。直到1980年代，「質的研究」才慢慢被接受。質的研究雖是不可量化的資料，樣本也不大，解釋容易含有主觀意識，然而卻能深入事實真相作探討。以下將提出幾種標準，來比較量的研究與質的研究之適用時機：

（一）研究主題

研究主題若屬於一般性的事實或行為問題時，適合以「量的研究」為主；若主題屬於思想或情感類而無法量化的問題時，則宜採用「質的研究」。

（二）研究方式

研究方式若是採用問卷或電話調查，宜採用「量的研究」；若採用深度訪談，則宜採用「質的研究」。事實上，量的研究具有一定的研究程序和步驟；質的研究則極富彈性，沒有一定的程序。

（三）研究程度

若研究是屬於一般性的分析，可用「量的研究」；但若要對主題作深度的研究，則需使用「質的研究」。

（四）資料性質

若研究所蒐集的資料屬於數據化的量化資料，則宜採用「量的研究」；但若資料必須以文字敘述，則應採用「質的研究」。

（五）樣本大小

研究資料若需要大量的樣本作基礎，則宜採用「量的研究」；若只需要少量的樣本數，則宜使用「質的研究」。

量的研究與質的研究，兩者的異同，僅在於重點及資料的不同而已。質的部分，比較偏重於精神層面，諸如一般所謂的價值觀、信仰、象徵等名詞，比較屬於心靈層級，比較直接進入研究對象的主體世界的抽象感受。量的研究，則偏重針對某一群人、某單一事件，進行測量，利用統計的方式，讓數字來說話，讓研究者得到他所想要的結果。

四、質與量的運用

「質」與「量」的研究方法上之差異，導源於基本理論的架構不同所致，但是兩者間的統合一定是未來必然的途徑。所以，研究者不需要拘泥或者特別強調派別的不同，應採用實用的觀點及寬闊的學術心胸，重視研究方法的多元性。

研究者本身與被研究者一樣，都具有個人的喜、怒、哀、樂等複雜的情緒，再加上彼此生活背景的差異，興趣、習慣、價值觀往往大不相同。所以，研究者在選擇問題作研究時，一定要特別注意此點。選擇研究對象一樣要注意，千萬不要帶入自己主觀的意識及判斷，讓研究工作的過程及結果流於主觀，失去其客觀性，甚至主導整個研究的結果。

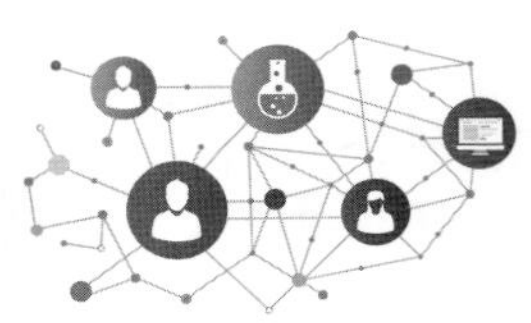

Unit 2-6 社會科學研究的客觀性問題

社會科學之所以稱為科學，必定具有科學的特性——客觀性。然而，由於「價值」（value）常是社會科學研究中的重要課題，例如：民主態度、金錢價值觀、工作價值觀等，因此要研究者保持其本身的客觀，就需特別瞭解下列的概念。

因此，不論是在日常生活中或是在從事科學研究中，要完全摒除個人先入為主的觀念、私人情感與喜好，以及本身的厲害關係，保持客觀中立的立場，確保超然的態度，實在是一件相當不容易的事，需要我們更謹慎的面對與自我提醒。

一、價值中立

在每個人心中都有一把尺，來衡量事物的好壞、是非、善惡與美醜，這個判斷的標準就是所謂的「價值」。例如：當看到援交女為了金錢而接客，你的想法是贊同還是反對？生日時，親友送的生日禮物，紅包等值的手錶或等值的玫瑰花束，在你心中，哪一樣禮物的價值最高呢？

價值雖然因人而異，但一般而言，社會價值觀客觀性越強的，越趨於一致。例如：殺人放火、騙財劫色等，都是不被大眾所允許的，且已成為放諸四海皆準的標準。

所謂「價值中立」（value free）則是指：研究者在研究過程中保持客觀，只依事實作分析，不受自己價值觀的影響而作價值判斷。由於不同的價值觀會導致研究結果的不同，因此，為了避免研究者本身成為研究誤差的來源，研究者必須保持「價值中立」。

例如：研究檳榔西施的存廢，研究者僅能就受訪者對檳榔西施的觀點作敘述，而不能加入研究者本身的主觀印象來作研究。又如：推甄口試中，口試委員對你的第一印象是主觀還是客觀呢？若你認為別人考上是因為純屬運氣好，那麼你的想法又是否客觀中立呢？

二、價值開展

學者韋伯（Max Weber, 1864-1920）所倡導的價值中立，雖深受社會科學家所推崇，但也有學者質疑，難道社會科學家就不能以自己的觀點或對社會有利的觀點來作價值澄清嗎？此即價值開展的問題。

因此，在價值開展中，研究者為了強調特定價值，而將某些可能的變數在解釋現象時予以忽略。例如：為了堅持人類平等與社會和諧的價值，研究差異的學者便只能從教育、環境上尋求解釋，而不會強調基因、資賦及構造上的不同。

我們若以臺灣的發電方式來作探討，究竟臺灣適合水力發電、火力發電，還是核能發電？水力發電在臺灣這種荒溪型河川上，功效的確有限；火力發電更是因原料及空氣汙染等問題，而逐漸被核能發電所取代；但是核能發電的安全性及核廢料的存放問題，卻又一直困擾著社會大眾。政府究竟該不該興建核四，則應審慎的評估與研究。又如：臺灣的外交政策常受中國刻意的打壓與排擠，因此我們對僅有的邦交國總是以實質的金錢援助為手段，看在國人眼中自然有許多不同的聲音，因為關乎納稅義務人的利益，如何判斷該與不該，可就不是三言兩語所能講明白了。

在社會科學研究中，我們所要釐清的是事實的分析，而非價值的判斷，特別是在處理具爭議性的社會議題時，更需注意下列幾點：

1.蒐集資料時需謹慎、客觀，避免因自身的主觀意識而使資料偏向某種觀點。

2.研究過程需公開、透明，每一過程均可以被檢視。

3.研究結果分析時，需保持中立、誠信，不刻意扭曲研究成果。

4.研究者的眼光與胸襟都要更開闊，廣納各方意見，形成多元價值，並達成美好的共識。

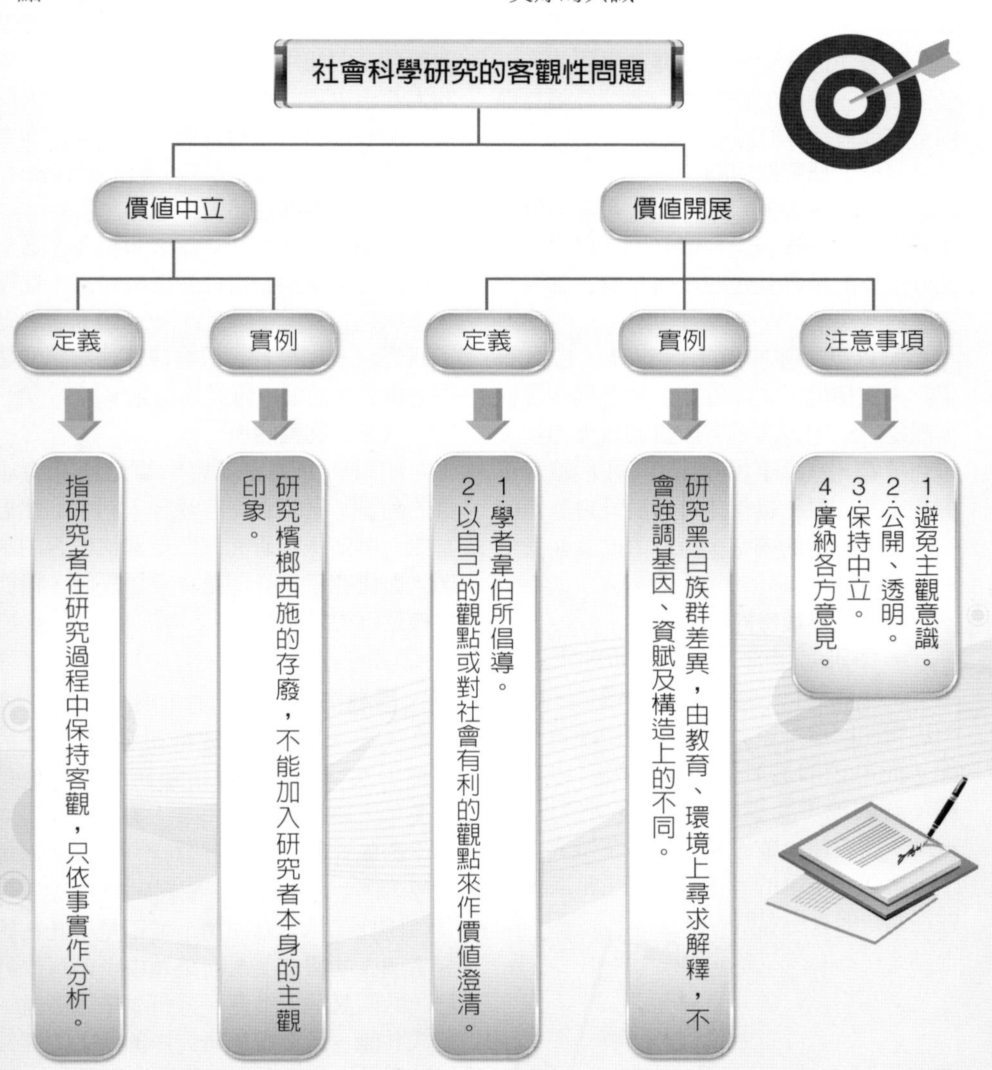

社會科學研究的客觀性問題
價值中立
價值開展
定義
實例
定義
實例
注意事項
指研究者在研究過程中保持客觀，只依事實作分析。
研究檳榔西施的存廢，不能加入研究者本身的主觀印象。
1.學者韋伯所倡導。
2.以自己的觀點或對社會有利的觀點來作價值澄清。
研究黑白族群差異，由教育、環境上尋求解釋，不會強調基因、資賦及構造上的不同。
1.避免主觀意識。
2.公開、透明。
3.保持中立。
4.廣納各方意見。

Unit 2-7 研究偏見與互為主體

一、研究的基本概念

何謂「研究」？研究是指，擬定一研究標的事物後，經由系統及科學的方法，來求證並印證所欲探討或求證的知識是有其意義的工作。為了讓研究工作能達到完美，其審慎的工作態度是非常重要的。一般而言，一個好的研究工作者，必須具備以下幾種最基本的能力：

（一）研究的目的

研究最主要的目的，無論是在自然科學界需要經過實驗過程或是人文科學，研究最主要的精神就是在釐清事實，讓真相完整的呈現。

所以，想要瞭解古今中外、自然科學、人文環境、人類遷徙、智慧創作等種種脈絡，一定要透過有計畫的研究過程及研究計畫，還原事實的真相，才能瞭解事實的來龍去脈，這樣才有助於社會整體的和諧與價值觀的統整，而最大的受益者就是社會大眾。

（二）事後檢討

一個研究報告，在歷經研究主題的選定、相關資料的尋找、實驗過程、數據的比對、印證到發表，是一連串辛苦的過程，而事後的檢討更是下一次成功的關鍵。好的態度要維持，不佳的地方要改進，「勝不驕、敗不餒」，用在研究者身上是再適合不過的，這雖是老生常談，卻往往為一般人所忽略。

二、研究偏見

（一）個人的主觀意識

由於參與研究者的成長背景各有差異，每個人對同一件事都有不同的主觀意識，而主觀意識的背後則存在著某種盲點與偏見。例如：蒙古人無法瞭解住在中原的人安土重遷的觀念。又如：對一個人的第一印象常決定你對這個人的評價，而第一印象便是一個人先入為主的主觀意識。

（二）選擇性知覺

一個人在接受或觀察一事物時，通常只會接受或觀察到自己想要的結果，此即「選擇性知覺」。因此，一個研究者在進行研究時，也很容易只選擇性地看到他想要的內容，而造成研究的偏見。

（三）利害關係

如果研究的主題會影響到研究者本身的利益，研究者便容易陷入利害的迷思當中。例如：若研究核四廠興建與否的議題，而研究者本身即是貢寮居民時，可能會導致研究者的偏見。

三、互為主體

「互為主體」是克服研究偏見的一種方法。雖然社會科學研究的對象是「人」，研究者本身也是「人」，在研究的主體與客體同屬一社會時，可以透過專家學者們共同的討論，減輕研究的偏見。

因此，「互為主體」並不是寄託在研究者個人的觀念上，而是藉由一個科學社群，共同討論、批評、分析，集思廣益、達成共識，以期盼使研究中的個人主觀偏誤減到最少，達到真正的價值中立。

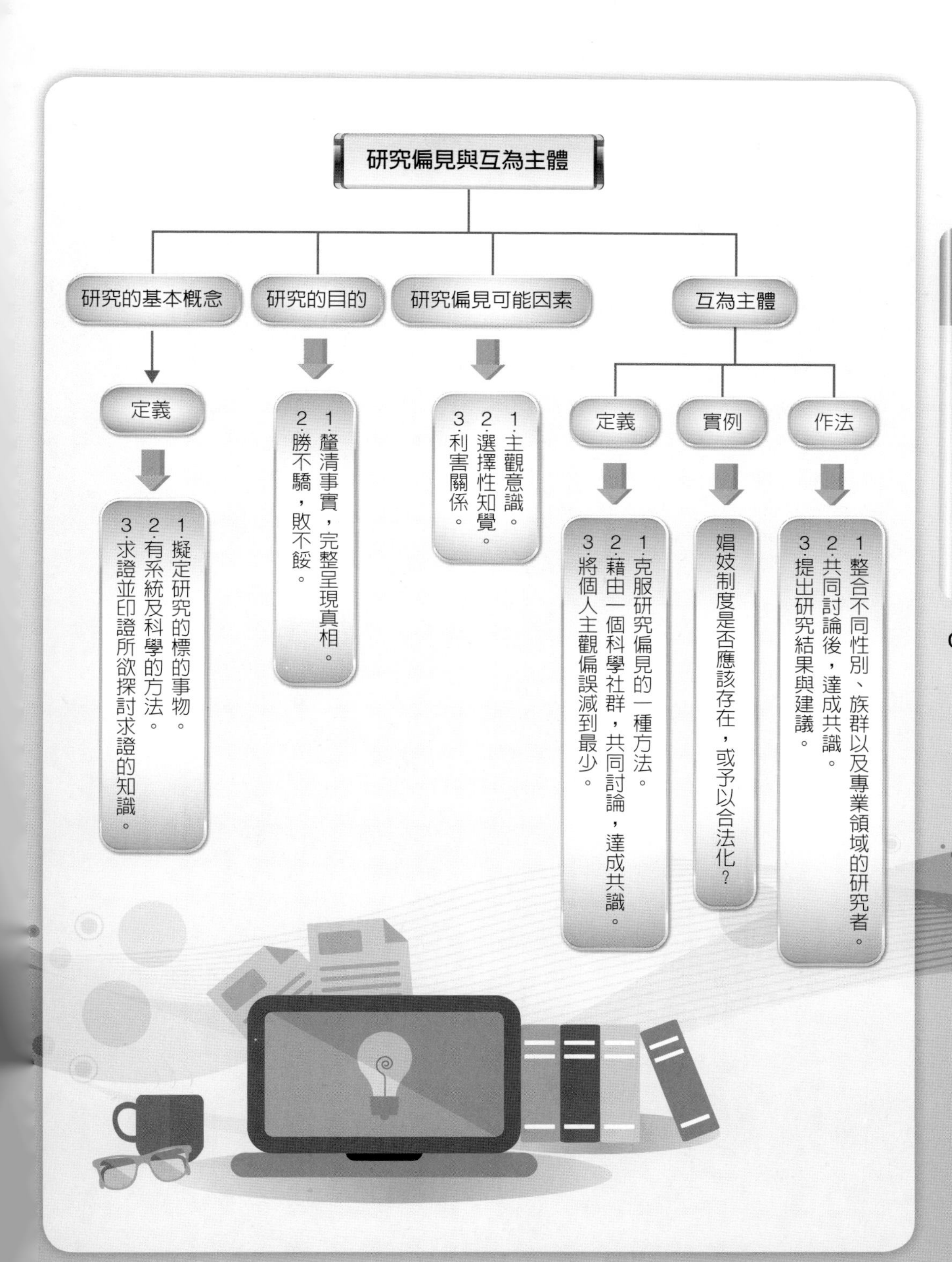
研究偏見與互為主體
研究的基本概念
定義
1.擬定研究的標的事物。
2.有系統及科學的方法。
3.求證並印證所欲探討求證的知識。
研究的目的
1.釐清事實，完整呈現真相。
2.勝不驕，敗不餒。
研究偏見可能因素
1.主觀意識。
2.選擇性知覺。
3.利害關係。
互為主體
定義
1.克服研究偏見的一種方法。
2.藉由一個科學社群，共同討論，達成共識。
3.將個人主觀偏誤減到最少。
實例
娼妓制度是否應該存在，或予以合法化?
作法
1.整合不同性別、族群以及專業領域的研究者。
2.共同討論後，達成共識。
3.提出研究結果與建議。

第 3 章

社會學學理

章節體系架構

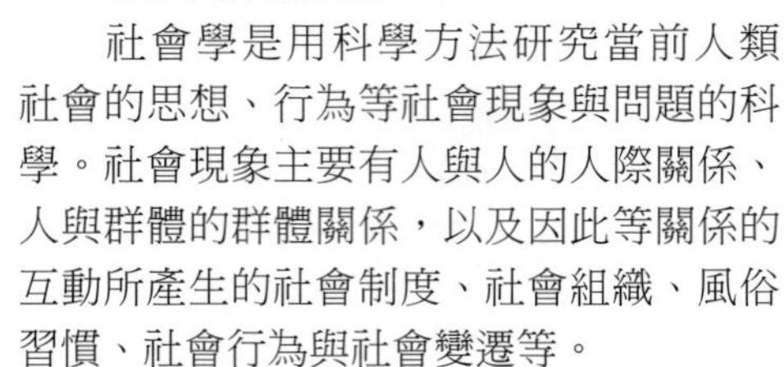

Unit 3-1 社會學基本原理

一、社會學是什麼

社會學是用科學方法研究當前人類社會的思想、行為等社會現象與問題的科學。社會現象主要有人與人的人際關係、人與群體的群體關係，以及因此等關係的互動所產生的社會制度、社會組織、風俗習慣、社會行為與社會變遷等。

就此學問內涵而言，社會學乃研究人類結合或社會的科學。然社會學隨著爾後的發展，有不同的界定，但大抵上可歸類為以下幾種：1.社會學是研究人類社會的，或社會的科學；2.社會學是研究社會團體或團體生活或人類結合的；3.社會學是研究社會組織，或社會制度的；4.社會學是研究人類關係或社會關係的；5.社會學是研究社會過程或社會互動的；6.社會學是研究社會行為的（《雲五社會科學大辭典》：111）。當中最常用的定義為，社會學是研究人類社會關係的科學。

二、基本社會學理論

（一）社會學的成立

社會學的建立，便是社會學家想以自己的觀念與方法，來瞭解人類的社會現象。特別是工業革命以後，人類社會文化不斷的發展，人類社會的組織結構便逐漸趨向複雜化。人類試圖對於己身所處的社會進行瞭解的慾望，也就愈形迫切，因此有社會學的出現。社會學成立的關鍵，和西方近代市民社會的成立有關。那時，社會神權至上的權威受到否定，個人有自由研究發表的空間，如此營造出社會學發展的環境。社會學一詞最早出現於學術領域之中，首推社會學的創始者孔德（Auguste Comte, 1798-1857），於1839年最先創立社會學這一門學問。

孔德對於人類社會的歷史，以人類精神進步的歷史加以區分，他認為人類的精神，經由神學、哲學、科學三個階段而前進。而對應三個階段的發展，人類社會亦以軍事型、法律型、工業型的社會型態進步前進。再者，他認為所有的知識，根據其複雜性，在到達實證知識過程中，並非同時到達，而有其位階性，即這些科學係依數學、天文學、物理學、化學、生物學的順序，獲得實證的特性，而社會學位居於這些學科的頂點。

（二）理論社會學與應用社會學

理論社會學，主要目的在探究、發現和建立人類團體生活的一般原理、法則，其重點在於求知，並探索社會現象的因果關係。應用社會學，社會學從純理的推論方面，擴展到正確而精細的應用方面，藉以幫助各種社會問題的解決。應用社會學可說是一種社會改良的技術，或是社會工程學，是對於特殊的個案，應用社會學的原理與方法加以解決，以改良社會狀況和促進社會福祉。從研究者動機來說，雖然可以將社會學劃分為這兩種，但是這兩者有密切的關係與相互的影響，因為理論可以作為行動的依據，而行動的結果也可以證實、改變或推翻理論。由於社會學的研究對象是社會，因此，社會學的研究對象相當廣泛，包括：家庭、組織、團體、鄉村社會、都市社會、社會階層、國家與國民全體等各種社會型態，以及與此有關的社會與個人、社會與文化等問題。

人類精神與社會發展三個階段

人類精神三階段	人類社會三型態
神學	軍事型
哲學	法律型
科學	工業型

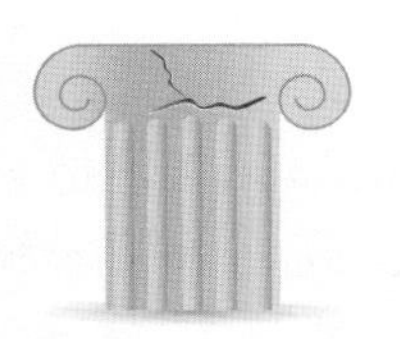

社會學古典三大家

社會學古典三大家	論　點
馬克思（Karl Marx, 1818-1883）	1.機械工業帶給社會的震盪。 2.資本主義社會的「剝削」關係。 3.資本主義社會的內在矛盾階級鬥爭。 4.異化／疏離。 5.工人在資本主義經濟制度下的無力感。
涂爾幹（Émile Durkheim, 1858-1918）	1.脫序與偏差。 2.隨著工業化的推進，人們不再做同樣的工作、不再有同樣的生活基礎，並且不再分享共同的道德準則和意識型態。在這樣的發展方向上，社會如何繼續地保持「整合」呢？將人們凝聚起來的基礎何在？ 3.社會整合基礎的改變。
韋伯（Max Weber, 1864-1920）	1.看到西方社會，由傳統取向轉為「理性」取向。 2.現代科層／官僚組織的特色：(1)勞力分工、(2)權力階級化、(3)成文法規、(4)非人性化、(5)因才任用。即是藉由理性計算和設計，控制不確定性，發揮最高效率，獲得最大效果。

資料來源：
https://drive.google.com/file/d/16Ir-Y5xMGyx7ywufHpqhMof5cruV-6tgHru3U68n_YhtUHy0X8WBRisv35HD/view

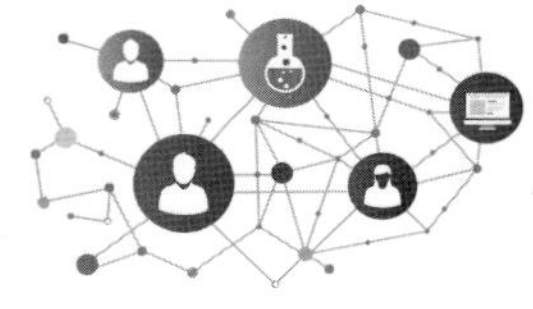

Unit 3-2 個人與社會

一、文化

（一）文化的定義

文化通常是日常生活中習以為常的部分。廣義來說，文化是由一群人所共同持有的信仰、價值、觀念、符號及行為模式。它構成了該群人生活與互動的準則，進而形成了該群人的共通經驗。

（二）文化的特徵

1.規範：規範是一社會規則，用以區分在特定情境中，某一行為是否適當。規範既是一「手段」，提供了人們交往時，可以採取何種行為；同時又是一種「目的」，建立了社會生活的準則，使人與人的互動有規則可循，並作為獎懲的尺度。

2.價值：價值是人們對於某些事務的好壞、對錯加以評估。事實上，每一社會都會對應讚許或禁止的行為作選擇，而成為人們一致遵守的規範，以維繫社會秩序。然而，價值並非等同於規範，規範被用來許可或不許可人類的外在行為，價值則是一內在標準，用以選擇或安排何者行動應優先。

3.語言與符號：語言與符號皆是一溝通系統。語言或字語的構成，對人類影響深遠，它使人們能儲藏有意義的經驗，並傳遞給下一代。透過語言，我們不僅能超越時空的限制、學習不同的經驗，也能加以整合，發展出抽象的概念。

符號可以是任意設定的圖案、手勢、聲音、表情等，也可以是約定俗成的，只要群體中的所有成員都明瞭與接受即可。

二、社會化

（一）社會化的定義

社會化（socialization）是一種互動過程，藉由此過程，社會對個人傳授其文化特質、生活方式或團體規約。學者史美舍（Neil Smelser）指出，社會化是人們學習與自己有關的角色旅行及態度的方法。

（二）內化

內化（internalization）意指一團體（或社會）所形成的價值觀與行為規範，經由社會化的過程，而成為其成員人格結構的一部分。內化之後，社會成員會「自然而然」地遵守這些價值和規範。

（三）社會化的機構

社會化傳遞給新進成員集體共享的價值規範、行為模式，確保了社會的持續運用。個人在其一生當中，會經歷許多不同的社會化機構，如：1.家庭；2.同輩團體；3.學校；4.大眾傳播媒體；5.工作場所。

三、團體與組織

（一）團體的定義

根據社會學者墨頓（Robert Merton）指出，所謂「團體」係指一群人以某種固定的方式互動，感覺自己屬於這個團體，而且別人也認為他是這個團體的一分子。

角色和地位都是組成社會團體的單位，而社會團體則是社會結構中的一個要素。社會團體是由兩個或兩個以上的人組成，他們具有共同的歸屬感，而他們之間的互動也是基於共同的目標，且對彼此間的行為具有某種期望，社會團體所以能將個人團結起來，就是基於共同的認同與相互關聯的地位和角色。社會團體是社會結構中一個重要的環節。

在分析層次上，社會團體可以視為連接微視社會學和鉅視社會學的環結。在探討較廣大規模的過程與結構時，我們會很快發現，每一個社會都必須面對下列基本需要：

1.組織活動，使個人獲得生活上必需的物質與服務，並使社會與環境之間維持平衡的關係。

2.保護人民，免受外部的威脅，並免受內部的威脅。

3.替換死去或移出的人口。

4.傳授新成員有關地位和角色的知識，以及占有地位與扮演角色所需要的技術。

5.解決衝突。

6.藉著賦予社會活動的意義和目的，激發扮演角色的動機。

（二）組織

1.組織的定義：組織係指為達成特定目標而形成的次級團體。相較於一般的團體，組織的人數通常較多、規模較大，結構也較嚴謹。

2.組織的型態：組織在結構上可區分為正式與非正式組織。正式組織明列了每一個部門的職責與功能，成員間角色與關係的安排也都有明文的定義與規定。正式組織能迫使成員遵守組織裡既定的法則。非正式組織則是成員在互動過程中所自願形成的，並沒有明文的規條，卻對正式組織有補充的作用。

3.科層組織的定義：科層組織是為了實現某些既定目的的手段，所表現的是一工具理性。它是西方理性生活方式在組織上的具體呈現，目的是有效率地將各種人力、物力資源動員起來，以滿足特定的需求。

四、偏差行為

（一）偏差行為的定義

學者柯恩（A. K. Cohen）指出，「偏差行為」是違反社會制度所期許的行為，亦即脫離了社會共同允許或接受的行為標準。

（二）偏差行為的功能

1.正功能：雖然偏差行為的存在，很少會被認為是恰當的，但換個角度來看，偏差行為仍可能有助於社會系統的運作，有助於澄清及界定社會規範、增強團體的凝聚力、刺激社會變遷，具有警戒效果。

2.反功能：社會或團體本身可消化相當質量的偏差行為，而不至於對運作產生嚴重的影響，但持續性或牽涉廣泛的偏差行為，便可能危及社會的運作，妨害人類社會複雜的互賴系統、動搖他人遵守規範的動機、危害團體生活所需的互信互賴。

Unit 3-3 社會問題

一、社會問題

所謂社會問題，有許多定義，如：1.社會問題乃是指社會上多數人視為違背社會規範的一種行為。2.社會問題即民生問題。凡人民的生活、社會的生存、國民的生計、群眾的生命，因失其適合、平衡、規律所發生的問題均屬之。3.社會問題是人類社會中所發生的一種情境，其影響足以危害社會全體，或一部分人的福利或生活安全，因而引起人們的注意，認為需要採取集體行動，予以對付或改善。

二、人口問題

人口老化的趨勢：由於經濟條件的改善與醫療衛生的進步，先進國家幾乎都已完成人口轉型，而開發中國家多數也正進入人口轉型的末期。因此，各地區人口的年齡層有越來越老齡化的趨勢。越是在先進國家，這種趨勢就越明顯。人口老化的問題包括：1.勞動力比重下降；2.社會支出的增加；3.社會態度的改變。

三、都市問題

都市社區中，存在的人與自然、人與社會，以及個人與個人之間關係的嚴重失調或衝突現象，即都市社會的弊病或病態，又稱城市問題。都市問題的類型包括：1.都市人口問題；2.都市生態問題；3.都市就業問題；4.都市交通問題；5.都市住房問題；6.都市犯罪問題；7.都市老齡化問題；8.都市問題對社會的影響。

四、貧窮問題

貧窮的定義包括：1.貧窮線：以臺灣而言，政府將「最低生活費用」的概念視為貧窮線，低於此線者即為貧窮人口。2.相對貧窮：是指貧窮線的界定並非只看人們固定的生理基本需要，也考量社會當時的生活狀況，定出一條社會所接受的貧窮線，並隨著時間而有所調整。

五、失業問題

所謂失業意指未獲得任何有薪工作的狀態。在經濟學範疇中，一個人願意並有能力為獲取報酬而工作，但尚未找到工作的情況，就被認為是失業。現代社會中還有所謂的摩擦性失業問題，意指擁有高學歷的人士不一定能找到符合自己喜好的工作，也不願意投身於低階勞動市場工作，造成不屈、不就的窘境。

六、自殺問題

根據聯合國世界衛生組織（World Health Organization, 1986）的定義，自殺是個人故意對自己採取毀滅性行為，以終止自己的生命。自殺死亡率每十萬人大於二十人以上者，即屬於高自殺率。自殺行為包括三個要素：1.自殺意念；2.自殺未遂；3.成功自殺。

七、色情問題

色情（pornography）一詞可追溯自古希臘文，「porno」意指「最低級的女奴」，也就是「妓女」（prostitutes）；「graphos」則有描繪（writing）的涵義。可知，色情一詞之本意就是指描述妓女生活的文字或藝術品。經過歷史的演進，色情開始以各種不同的樣態與方式呈現。

其實，色情在人類文明中存在已久，因為性慾是人類原始的慾望之一，可是文明社會通常認為公開討論「性」是不道德的，所以在「需要」與「得不到」的落差中，剛好給色情產品一個發展的機會。民眾認為色情行業的存在不必然完全負面，有其正面作用，可見民眾已經合理化、卻沒有正當化色情行業。正因如此，色情行業及其從業人員得以有存在的理由，卻必須背負社會汙名。民眾對於色情活動有矛盾的情結，既寬容又擔憂。

八、環境問題

隨著文明快速演進的腳步，更加速了環境破壞的情形，逐漸擴展成全球性的環境問題。例如：1.臭氧層破壞：太空的有害輻射進入地表，危害生物生存；2.地球暖化：冰山融化，海平面上升，氣候變遷；3.有害廢棄物越境：擴大汙染範圍；4.開發中國家公害：造成酸雨等全球性公害及拖累全球環保執行；5.熱帶雨林減少：造成地球暖化、生物滅種；6.沙漠化：糧食危機；7.海洋汙染：破壞海洋生態、人類健康；8.酸雨；9.野生動植物瀕臨絕種。

九、醫療問題

現代醫療體制的組成，包括所有提供、資助、管理和使用醫療保健的人和組織。在現代化社會中，醫療體制的構成是由數以千計醫療單位（從小診所、地方醫院到大型醫學中心）、為數龐大的專業人員，以及由國家或私人機構所承辦的保險體系所構成；而完整而複雜的醫療體制，是現代化過程的結果之一，其目的在於掌握人口的健康狀況，同時運用有效而合理的管理方式，達到最高的成本效益。

十、老人問題

高齡化是近年來各先進國家普遍面臨的現象，臺灣人口成長趨緩，人口老化問題嚴重，政府有必要扮演更積極的角色，將少子化所衍生的勞動力減少、扶養負擔加重等衝擊降至最低，且繼續推動各項老人福利政策與服務方案，讓所有長者都享有健康、自主及有尊嚴的晚年生活。

對於社會問題的分析

社會變遷		社會解組		社會問題
物質文明變遷快 非物質文明變遷慢	➡	規範喪失 規範衝突 規範崩潰	➡	精神失常 藥物濫用 犯罪、自殺 離婚、代溝 失業、貧窮等

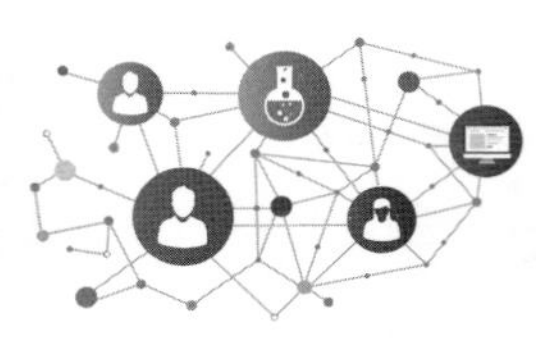

Unit 3-4 社會差異與不平等

一、社會階層化（階級關係）

（一）階級的定義

馬克思指出，階級並非所得群體（income group），而是由個人藉著以生產為手段而產生的私人財產，所擁有之關係組合而成的群體。

階層化（stratification）：意指社會中按照某一個或數個標準，例如：財富、權力或聲望等，被區分為各種不同的等級。此一區分等級的方式或產生的不平等狀態，即為社會的階層化。

（二）不平等的定義

1.不平等的定義：學者史美舍指出，不平等指的是人民在追求像金錢、權力和聲望等社會報酬時，缺乏公平的管道，即並非人人皆有同等的機會。

2.不平等觀點下的「階級」、「階層化」

(1)階級：指因不同的層面（如：經濟或權力）而形成的階級，在追求金錢、政治或名望時，有不平等的、有利於自身階級取得的管道。

(2)階層化：此不平等的、有利於自身利益取得的現象，一代傳給一代，而形成社會階層化的過程。

二、性別差異

（一）生物性別

藉由生物上第一或第二性徵，來界定男性與女性。

（二）性別認同

即我們對自己是男性或女性的想像。學者馬克白和傑克林（Maccoby & Jacklin）認為，涉及了三個過程：

1.模仿（modeling）：在此一過程中，小孩模仿大人的行為，而且通常是以他們生活中最親近的人為模仿對象。

2.強化（reinforcement）：通常使用鼓勵或處罰方式，來使小孩作出適合自己性別的行為。例如：女孩子做家事會受到鼓勵，男孩子太娘娘腔則會被制止。

3.自我社會化（self-socialization）：學者孔伯格（Lawrence Kohlberg）指出，兒童經由文字和非文字的社會互動來「社會化」自己。兒童經由觀察同輩團體的反應，漸漸明瞭何種行為會受到別人的尊敬、何種行為會被歧視，因而採取最想從他人那裡獲得尊敬的自我形象。

（三）性別理想

係指文化上所認定的男生或女生的形象。例如：女生的形象是溫柔、順從；男生的形象是勇敢、積極。

（四）性別角色

意指在一特定文化中，人們會對不同性別的舉止行為有所期待，而這期待同時也決定了男性和女性的社會地位。

（五）性別角色差異理論

1.功能論：學者認為，性別角色的差異對社會的運作具有正面的功能，是一種使兒童社會化與性別關係規則化的方法。

2.衝突論：衝突論學者柯林斯（Randall Collins）指出，性別不平等是基於支配團體（男性）和服從團體（女性）的衝突而來。而男性之所以能支配女性，是因為男性比女性強大，在性別階級上可強迫女性服從。

3.女性主義理論

(1)自由主義／改革的女性主義理論：

強調要讓女人擁有與男人一樣平等的公民權，主張女人也是人，應該要與男人一樣享有不可讓渡的自然權利，而不應該因為性別因素而遭受差別待遇。

(2)馬克思主義的女性主義：鋪陳馬克思的論述，對女性在資本主義社會中所受的剝削與宰制，提出適當的解釋。

(3)激進的／革命的女性主義理論：性別不平等乃是父權體制的必然現象，也是社會首要的不平等。

(4)社會主義的女性主義理論：社會主義的女性主義理論同時認知到經濟的（資本主義）及性別的（父權體制）兩個體制，因此也被稱為雙元論。

三、族群關係

（一）民族與種族的不平等

學者殷格（J. M. Yinger）界定「民族團體」（ethnic group）為「一個較大社會的一部分，其成員被自己與其他人認為具有一個共同文化，並從事與其共同源流和文化為主的各種活動。」殷格的定義，包括了三個重要部分：

1.語言、宗教、人種、發源地。

2.此團體中的人們具有共同的價值規範與行為模式，並使自己與其他團體截然不同。

3.成員共同參與以他們的特質和文化背景為中心的活動，例如：慶祝特有的節日，像中國的新年。

（二）強勢團體與少數團體的關係

1.同化：透過自願或不自願的方式，使少數族群文化或社會認同消失，而與強勢團體之間的差異減至最少，甚至是完全沒有的地步。

2.多元主義：多元主義強調不同族群立基於平等的基礎，各自保有自己的文化、習俗等。

3.立法保障少數族群：想法類似多元主義，但進一步採取法律途徑，明文規定保障少數團體。

4.人口遷移：強勢團體運用其權力，迫使少數團體遷移他處，以減少不同族群彼此接觸的機會。

5.持續鎮壓：可能採取武力或明文立法，以壓迫少數族群。

6.剷除：不同族群間的衝突可能被激化，而導致強勢族群採用極端的方法，如：用屠殺來摧毀、澈底瓦解少數族群。

（三）造成種族不平等的原因

1.態度與個人價值：不同種族的人格特質與價值觀，是造成不平等的原因。

2.社會互動：不同種族間良好的接觸過程，有助於減少歧視，增進彼此的瞭解。

3.經濟因素：尤其在資本主義社會中，人們對稀有的、報酬較佳的工作機會會極力爭取。當面對的競爭者是不同族群的成員時，彼此的敵意就會引發或增強。

4.家庭、教育和工作上的性別不平等

(1)家庭上：在傳統家庭中，父親整天在外工作，母親幾乎負起了所有的家務勞動。

(2)教育上：社會對性別角色的不同期待，也反應在教育過程中。例如：女生被教導要服從，但男生則相反，被教導要有進取心、要勇敢。

(3)工作上：雖然有越來越多的婦女走出家庭，進入工作領域中，但大多數的職業婦女卻受僱於低薪的「女性」工作。

Unit 3-5 社會制度

社會制度是維繫團體生活與人類關係的法則，是人類在團體生活中為了滿足或適應某種基本需求，而建立的有系統、有組織、公認的行為模式。因此，社會制度是一個團體所共同遵循的行為法則。

正功能：制度是為了滿足人類的需求而產生的，每一個制度不論對個人或對團體，甚至是對文化都具有功能。制度對個人的功能：1.滿足個人的需要；2.指導個人行為。制度對團體的功能：1.維持秩序；2.加強社會關係。制度對文化的功能：1.保存既有的文化；2.創造新文化。

反功能：1.制度的僵化；2.少數人的壟斷；3.一味地模仿。

一、家庭制度

（一）家庭的定義

社會學者史美舍指出，家庭是由一群人經由血緣、婚姻或領養關係而組成的團體。他們形成了一個經濟單位，負起照養兒童的責任，並且往往生活於同一住所內。

（二）家庭的功能

1.社會化的功能：家庭是一個人社會化的最重要單位。家庭是一初級團體，一個人自出生後的成長過程，深受其家庭成員的影響。

2.經濟的功能：家庭原是最小的經濟單位，不僅是生產、消費、分配的場所，也同時左右了成員食、衣、住、行各方面的需求。

3.提供情感與友誼：家庭提供了成員親密的情感慰藉與關懷。

4.性的規範：家庭提供了性慾的滿足，而且對性行為加以規範、制度化。

二、教育制度

社會學者史美舍指出，教育為一個社會將價值觀、技能和知識，從一個人或一個團體傳輸給另一個人或另一個團體的正式管道。

教育體制是指關於各級各類教育之間及其與外部相互關係的制度，主要包括：教育的辦學體制、投入或投資體制、資源的籌備機制、學制、各級各類教育的比例原則與調節機制、管理體制等。教育體制的改革與發展，主要受到政治體制、經濟體制、科技體制，以及宗教問題、民族和種族問題等外部因素的制約；同時，又受到教育自身在層次、規模、種類等方面的發展水平這樣的內部因素影響。教育體制具有強烈的時代和國家特徵。

三、宗教制度

（一）宗教的定義

1.涂爾幹（Emile Durkheim）根據神聖的事物、信仰、儀式和教會的互相關係，提出了一個著名的宗教定義：「一個與神聖事物相關的信仰與儀式的思想體系，這些信仰與儀式將所有奉行的人聚集在一個被稱為教會的道德社群中。」

2.江斯頓（R. L. Johnstone）認為，宗教是「一群人藉以解釋他們認為超自然和神聖的事物與現象，並對之反應的一套信仰行為的體系。」

（二）宗教的功能

1.提供精神的慰藉與支持。

2.維持社會秩序及規範。

3.提供生活目標和意義。

4.預言的功能。

四、經濟制度

（一）經濟制度的定義

在聚集資源、生產與分配財貨的過程中，所有相關的職位、規範及角色所形成的社會形式，稱為經濟制度。

（二）經濟制度的功能

1.提供社會足夠的財貨與服務，以維持生存。

2.對生產的產品做一適當分配。從分配而得的報酬，是維持生產意願的必須條件，維持了社會的穩定與持續運作。

3.提供勞物與財務的消費。

五、醫療制度

醫療制度的最初形式是自費醫療制度，醫生診療疾病，病人付給報酬。它存在時間最久，分布空間最廣。隨後出現的是19世紀後期的健康保險制度或醫療保險制度，是指一個國家或地區按照保險原則為解決居民防病、治病問題，而籌集、分配和使用醫療保險基金的制度。它是居民醫療保健事業的有效籌資機制，是構成社會保險制度的一種比較進步的制度，也是目前世界上應用相當普遍的一種衛生費用管理模式。1883年德國頒布的《勞工疾病保險法》，其中規定某些行業中工資少於限額的工人應強制加入醫療保險基金會，基金會強制性徵收工人和雇主應繳納的基金。這一法令標誌著醫療保險作為一種強制性社會保險制度的產生。特別是1929至1933年世界性經濟危機後，醫療保險立法進入全面發展時期，這個時期的立法，不僅規定了醫療保險的對象、範圍、待遇項目，而且對與醫療保險相關的醫療服務也進行了立法規範。目前，所有發達國家和許多發展中國家都建立了醫療保險制度。

後來，1927年日本頒布《健康保險法》，1965年美國聯邦政府制定強制性的健康保險計畫。1920年代後，發展一種國家保健服務制度，資金的來源依靠稅收，由國家財政支出中撥出一定數量作為衛生經費，大多數的醫療服務是免費或部分免費。

六、權力與政治體制

（一）權力的定義

1.個人層次上：韋伯對「權力」提出了有名的定義，即在社會關係中的行為者雖然遭受抵制，仍可實現自我意願的可能性。

2.團體層次上：派深思（Talcot Parsons）指出，權力是為了利於目標達成，而動員社會資源的能力。因此，權力對於派深思而言，也是一種資源。

3.零和理論：將權力視為有限商品，假使一方得到了較大的權力，另一方的權力便會減少。

（二）政治體制

是指政權結構的組織形式及相關法律和制度，簡稱政體。政體一般指一個國家政府的組織結構和管理體制，在不同的歷史時期、不同的國家和地域，政治體制都不盡相同。政體包括了一個國家縱向的權力安排方式，也稱為國家結構形式；它還包括了各個國家機關之間的關係，通常稱為政權組織形式。

Unit 3-6 社會變遷

一、社會運動

社會運動意指專注在某個議題上來進行的開放性政治結合，政治科學已經發展出一套用來進行社會運動的雄辯理論，強調群眾運動與新政黨形成之間的關係，以及討論社會運動在設立議程與影響政治人物上所具有的功能。

在封建社會裡，政治活動是由與土地的經濟關係來決定。現代的社會運動之所以變得有可能，是由於更廣泛的文學散布，以及社會在工業化以後勞工流動性的增加。像現代軍隊、政治社團與群眾運動這些組織性的社會結構，獲得了言論自由、教育以及經濟的相對獨立。

二、人口

（一）人口學

人口（population）意指一個社會中的人數。人口學（demography）是對人口的組成、特質、結構及變遷的科學研究。人口學是社會學的一個領域，與其他學科相較，具有下列特色：

1.人口學偏向採用測量方法做量化分析，本身即擁有一套數據系統和資料分析技術。

2.人口學的研究資料，主要來自官方的普查或統計數字。

3.人口學主要以人口數量為變項，來說明社會現象。

4.人口學重視時間、空間變遷的因素，一方面研究不同時間中的人口現象，一方面也研究同一時間中不同空間的人口現象。

三、都市、城鄉關係與社區

（一）都市

1.都市的定義：沃爾斯（Wirth）將都市（city）定義為：「一個土地廣大、人口密集和永久性的定居場所，那裡住著一群無法直接生產食物的各式各樣的人。」

2.都市的特徵：(1)依賴郊區的生產供應食物；(2)居民並非屬於同一經濟或階層或相同職業，具異質性；(3)居民的居住分布狀態會依其收入、社會地位、到達先後、次文化等而異。

（二）都市社區與鄉村社區的差異

1.都市社區：都市社區意指一個集中在有限地域內的人口集團，其在法律上具有財團法人的地位，在政治上具有地方政府體制的規模，在經濟上具備了分工和互賴的特徵。都市社區主要的營生方式不是直接依賴自然環境，如耕種、捕魚等來獲得食物，而是靠著工商服務業或其他專門技能。在人與人互動的社會關係上，多半較為間接。

2.鄉村社區：鄉村社區是由住在一有限地區內具有共同利益，並有共同滿足其各方面需要的一群人所組成。美國社會學辭典為鄉村下了一個定義：「面對結合的一個地區，比鄰里大，在此地區內，多數的居民利用他們集體生活所需的社會的、經濟的、教育的、宗教的及其他的勞務，並在基本的態度和行為上有一致的看法。」

（三）社區

學者蘇諾（Schnore）指出，社區（community）是一群人植根之地，成員在每日的生活中相互依賴，並舉行許多活動來滿足成員的經濟及社會的需求。

學者浩里（Hawley）也為「社區」下定義，認為社區意指一關係的結構，經由此結構，為特定地方的人口提供給日常生活的必需。因此，社區是有地理界線的社會團體，而人們在一特定地域內共同生活的組織體系，通稱為地域團體。這種團體至少有三個要素：

1.它是一個有邊界的人口集團。

2.它有一個或多個共同活動或服務中心。

3.它的居民具有地緣的感覺，或某種集體的意識和行為。

四、全球化議題

全球化議題主要有社會變遷與現代化兩大議題：

（一）社會變遷

係指社會的生活、行為模式、文化和結構，隨著時間而引起的基本變化。社會變遷在個人層面上，影響了日常生活中互動的模式；在結構層面上，影響了大型的社會制度。

（二）現代化

現代化的定義：「現代化係指從一個社會的結構轉變到另一個結構的過程，而且通常是指由傳統的民俗社會轉變到都市工業社會的過程。」現今的世界，大部分的國家正邁向此一變遷。現代化廣泛地包含了許多變遷，一般都視為將技術、生活方式、社會組織、生產模式等，變得較為「進步」、較為合乎「理性」的各種努力。

1.依賴理論（dependency theory）：依賴理論認為，在現代化過程中，西方已開發國家對第三世界低度發展國家的援助並不是無條件的，而是一種不平等的交換。依賴理論並宣稱，低度開發國家其工業化或現代化之所以無法成功，不在於本身條件不夠好，而是因為核心國家對他們的剝削。

(1)新馬克思依賴理論：新馬克思主義的依賴理論，採用了馬克思主義對帝國主義的批評，認為低度開發國家其實是西方資本主義擴張的結果，而西方資本主義本質上即是帝國主義。

(2)依賴發展論：依賴發展論特別重視歷史與結構因素，介於馬克思主義和結構主義之間。依賴發展的概念由卡杜索（F. Cardoso）提出。他研究拉丁美洲的發展經驗，發現邊陲國家也有發展的可能，即可以某種程度的資本積累和工業化。然而，藉由外國資本而邁向工業化所需的社會及經濟成本卻相當高，結果在國內形成國際化部門和非國際化部門的「結構雙元性」。

2.世界體系理論（world system theory）：華勒斯坦（Immanuel Wallerstein）探討了15世紀與16世紀初期歐洲逐漸形成的獨特經濟實體，提出世界體系理論，認為當全球已邁向資本主義體系時，研究現代化即是把整個世界都放入此體系中。

華勒斯坦將世界區分為兩種系統，一是世界帝國（world empire），係由單一軍事和政治指揮系統下的若干屬地組成的帝國；另一是世界經濟（world economics），只將若干地區和國家納入同一體系中，但是沒有一個一統的中央政治權威機構。

Unit 3-7 社會控制

一、社會結構

社會結構（social structure）是一個在社會學中廣泛應用的術語，但是很少有明確的定義，最早的使用應該在20世紀初漢語社會科學的形成時期。在當前的漢語社會科學中，這個模糊的概念仍然被廣泛使用。廣義而言，它可以指經濟、政治、社會等各個領域多方面的結構狀況；狹義而言，在社會學中主要是指社會階層結構。但是在歐美社會理論語境中，社會結構常常在更加抽象的層次上使用，用來指獨立於有主動性的人並對人有制約的外部整體環境，經常與「能動性」對立使用。一定意義上，這種對立類似於「社會VS.個人」的對立。

所謂的「社會結構」，就是「社會成員間社會關係的安排」。在太陽系中，各行星是靠著所謂的引力結合，物質靠分子的結合，房屋結構靠梁柱和隔間的結合。結構影響構成分子之間的關係，而社會結構是安排了社會式的人際關係，社會結構具體表現在人群社會關係的結合。

把社會結構分成許多成分，將有助於瞭解，在微視社會學的組織水平上，個人的行為因地位和角色而定型；這些地位和角色，把個人與更大的社會結構連結起來，占有這些社會地位的人組成團體；而在微視水平上的許多團體，又連結成鉅視水平的社會結構，如：經濟體系、政治體系和家庭。

二、角色

每一個地位都帶有社會所規定的「角色」（role），亦即期待的行為、義務和權利。地位和角色不同之處在於：一個人占據某一個地位，而扮演某一個角色。角色不能單獨存在，必須與其他有關的角色在一起才能存在。正如沒有雙親的情況下，就不能瞭解子女的角色。通常一個人的地位要扮演幾個角色，如一個學生，對老師要扮演學生的角色，而對同學、家人也要扮演其他角色。每一個地位所包含的好幾個角色，合稱為角色組（rolo set）。

（一）角色表現

就某一個角色來說，應該如何扮演它的期望，常與實際表現有所出入。角色是一種社會劇本，而每一個人都以自己的方式來詮釋這個劇本。然而，角色期待通常相當寬鬆，允許個人自行加以詮釋，但詮釋也有一定的限度，如一個刑警在逮捕犯人時，對犯人的動作要超過什麼限度，才算是不道德或不合法，這就是角色的表現。

（二）角色緊張和角色衝突

在每天生活的過程中，大多數人都會盡可能地依照角色期望去表現。但是，這並非一件容易的事，有時，甚至是不可能的事。人有時候會發現，自己很難符合角色的要求。社會學家用「角色緊張」一詞，表示個人不易符合角色要求的問題。

角色緊張通常起源於「角色衝突」，當扮演某一個角色，無形中阻礙了其他角色的扮演，這時，角色衝突就發生了。如一個士兵，他可能會發生強烈的角色衝突，因為他們一直是在不該殺人的環境中長大，所以許多人已不使用武器，卻突然要面對開槍和丟炸彈殺人的場面，這即是所謂的角色衝突。

1.角色的定義：角色是依地位而來的行為模式。

2.角色組：意指一連串配合某一特定

地位的角色集合，例如：父親在工作場所有其做事與對待同事的方式，但回到家後，就需扮演丈夫和父親的角色。

3.角色期許：角色是藉由他人對我們的期許所定義的，例如：我們期許學生用功念書、父母需教養小孩等。當人們沒有根據既有的期許來扮演他們的角色時，就會被投以異樣的眼光，甚至被譴責。

三、制度

（一）制度的定義

制度是一個大規模的互動，是被設計來滿足某些社會需求的角色和地位的群集。因此，制度是人為的設計，用以將社會資源導入意欲滿足一種或多種社會需求互動固定模式中。制度的基本功能，即是穩定不同人們的互動，成為多少可預期的角色模式。

社會學家用「制度」一詞來表示這種廣被接受且相當穩定的角色、地位和團體的結合體，而制度的發展旨在滿足社會的基本需求及長期生存。

（二）制度的兩種功能

1.外顯功能：它通常是制度所要實現的光明正大而明確的任務。

2.潛在功能：它是那麼始料未及與不被認可的副產品。

家庭、經濟、政治、教育、宗教及其他制度，都是社會結構的基本成分，而社會中的生活，就以這些制度為中心組織起來。

四、社會

（一）社會的定義

1.廣義的社會：係指人類當中社會關係的總體。學者金斯堡（M. Ginsberg）主張，社會是人類關係的整個組織，包含了所有一切人與人的關係，無論是直接或間接、有意識或無意識。

2.狹義的社會：是指一種特殊的和較具體的人類結合而言。學者費希德（J. H. Fichlet）指出，一個社會是有組織的人們的一個集合體，在一共同地區內，彼此合作以滿足基本需求，並有共同的文化，在功能上是特殊的單位。

（二）社會的特徵

學者馬許（March, 1967）指出，一個被定義為社會的團體具有下列特徵：

1.明確的疆域。

2.主要來自生殖人口的新陳替代。

3.包羅萬象的文化，可以滿足社會生活的所有需求。

4.「政治上」的獨立，即一個社會不能是其他任何系統的附屬體系，除了可能會存在的一小部分外。

人生主要扮演的角色

人的一生中必須扮演的九種主要角色
1.兒童或子女／2.學生／3.工作者／4.公民／5.配偶或夫妻 6.家長或家務者／7.休閒者／8.父母／9.退休者

資料來源：劉禹婕，Super的生涯發展理論。tpfile.tcavs.tc.edu.tw/teacher/00834/

第 4 章

社會工作

章節體系架構

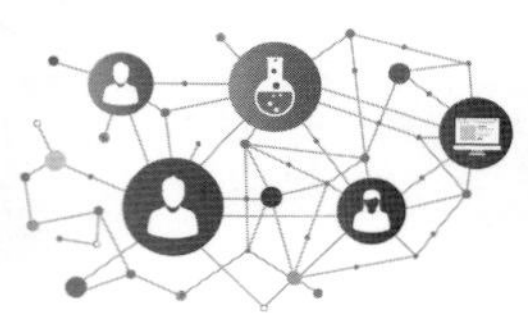

Unit 4-1 社會工作的基本概念與專業發展

一、社會工作的意義、功能與實施過程

（一）社會工作之意義

社會工作一詞，是由英文social work翻譯而成。全美社會工作學會（NASW）於1973年提出一個綜合性的社會工作定義：「社會工作是協助個人、團體、社區增強或恢復其社會功能的能量，以及創造有利於達成目標的社會條件的一種專業活動。」

（二）社會工作之功能

1.解決的功能：社會工作的基本功能是透過助人活動的過程，對福利對象所面臨的生活問題或困境給予適當的協助，提升個人或家庭的能量，以解決問題。

2.恢復的功能：恢復個人或家庭受創的社會功能，包括治療和復健層面，藉由治療或處理，以使福利對象恢復原有的社會能力，維持正常的生活功能。

3.預防的功能：社會工作可預防因社會制度可能對社會成員造成生活障礙的潛在因素，分析其原因，設法控制，並積極的預防社會問題的發生。

4.發展的功能：社會工作的實施能激發並發掘社會資源及個人潛能，促進社會的正向轉變，認識環境中的社會福利資源，加以有效運用，並維持良好的互動與交流。

5.資源提供的功能：社會工作者運用專業工作技巧，發掘、運用、協助及組織社會資源，增進個人在環境與社會中的適應力，運用資源、解決問題。

（三）社會工作之實施過程

社會工作是一種專業助人的過程，由政府專業組織透過各種助人活動的提供，以科學的知識為理論基礎，以藝術的運作為實施過程，所進行的人群服務。社會工作的宗旨在於預防和解決社會問題，恢復和增強人們的社會生活功能，以達到個人、團體、社區和整體社會之最佳福利狀態制度化。因此，社會工作是一種助人活動、服務過程、專業活動、實施方法、社會制度。

二、國內外社會工作的起源、歷史演進與未來發展

（一）國內外社會工作的起源

1.國內社會工作的起源：臺灣戰後的1949至1982年間，社會工作所呈現的是「擺盪在黨政控制與知識依賴間的社會工作」。

2.國外社會工作的起源：社會工作成為一種專業或一門學科，乃是近百年的事情，世界各國最早的社會工作起源皆為貧民救濟或個人慈善事業，多由教會或私人舉辦，為一種局部性或暫時性的救助工作。

（二）國內外社會工作的歷史演進

1.國內社會工作的歷史演進：1997年，《社會工作師法》通過並開始實施，有證照者稱為社工師。

2.國外社會工作的歷史演進：1601年英國《濟貧法案》通過，以及德國的漢堡制（1788年）與愛爾伯福利（1852年）、

慈善組織會社（1869年）與睦鄰組織運動（1884年）、赫爾館（1889年）的實施，使救助工作具體化、制度化，惟仍未成為一具系統科學的專業工作。最後才形成全國性的社會安全制度。

（三）國內外社會工作的未來發展

1.國內社會工作的未來發展：社會工作未來發展趨勢，朝向「民營化」、「專業化」和「本土化」。

2.國外社會工作的未來發展：朝向綜融式的教育方式和多元性的運用模式，不再是以往把個案、團體、社區分得太過清楚。

三、國內外社會工作專業化之過程

（一）國內社會工作專業化之過程

從非專業到專業，歷經近半個世紀。臺灣社會工作發展由民間宗教團體開其端緒，主要是由基督教會或天主教會在臺灣推動社會服務工作，引進西方社會工作方法；至於其他民間社會服務，則泰半採用非專業的服務方式。1980年代，醫療機構開始推動醫療臨床社會工作制度，政府也開始研擬在社會福利機構實施社會工作制度的可行性，並逐漸在公立社會福利機構引進社會工作員制度。 一直到1997年《社會工作師法》立法通過後，臺灣社會工作專業制度才取得法制的基礎。

（二）國外社會工作專業化之過程

1601年英國《濟貧法案》通過與實施，使救助工作具體化、制度化，惟仍未成為一具系統科學的專業工作。美國社會工作專業鼻祖瑪麗・理察門（Richmond, Mary E.）著有《社會診斷》（*Social Diagnosis*）一書，首次將助人的工作加以研究和講授，此為社會工作專業開端。

1930年代，受佛洛依德精神分析理論影響，社會工作開始用「心理暨社會診斷」（psychosocial diagnosis）及「心理暨社會治療」（psychosocial therapy），自此以後，社會工作乃愈形專業化。

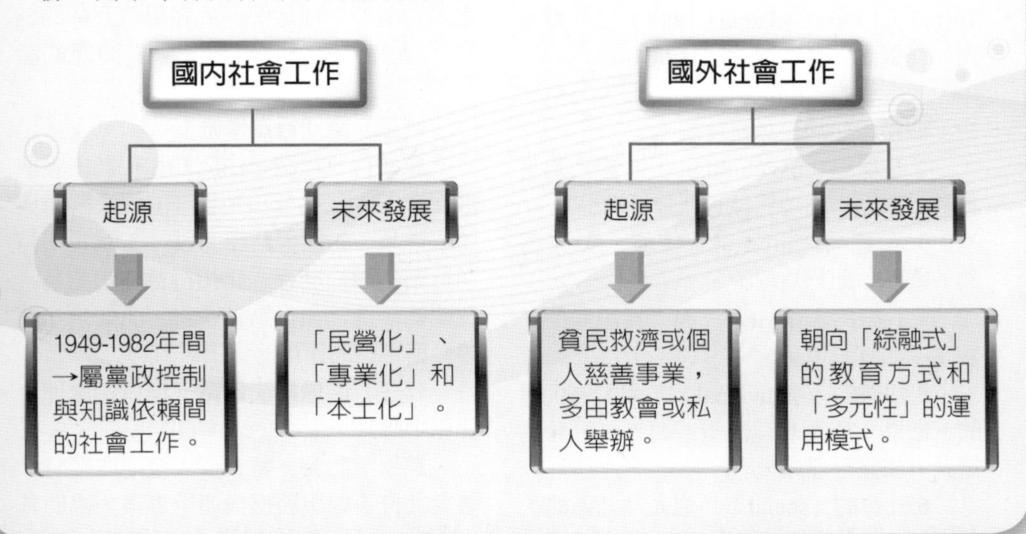

Unit 4-2 社會工作的知識基礎與理論

一、社會工作知識基礎

社會工作是一門理論與實務並重的學科，強調科學知識運用於事務以及實務回饋於理論的過程。就社會工作的知識基礎而言，包括外借理論和實施理論。所謂「外借理論」是指，社會工作為了使其實施理論化，常需運用其他社會科學之理論，或以其他社會科學理論為依據，或加以解釋或推廣運用於其實務中。所謂「實施理論」又稱「助人模式理論」（helping model theory）或「理論架構」（theoretical framework），即社會工作實施時，為了達成助人的工作目標，依據實際工作經驗所研擬之助人工作模式與理論架構。

二、社會工作的理論與實務

（一）社會工作理論

姚奮志的社會工作理論分類乃依據 Turner（1996）、Pane（1997）之分類基礎，從觀點到有關理論的分類如下：

1.生理的（biological）（視人為生物的）觀點：如神經語言理論。

2.心理的（psychologic）（視人為生物的）觀點：如功能性心理分析理論。

3.心智的（mental）（視人為學習的）觀點：如行為理論。

4.心靈的（spirit）（視人為思考的）觀點：如認知理論。

5.個體的（individual）（視人為沉思的）觀點：如冥想理論；或視人為經驗的觀點：如完形理論。

6.社會的（social）（視人為社區的）觀點：如女性主義社會心理理論；或視人為社會的觀點：如原住民、角色理論。

7.環境的（environmental）（視人與世界有關聯）觀點：如系統理論。

（二）社會工作的實務

1.個案工作：社會個案工作是以個人為著眼點，透過個人與其所處之社會環境作有效的調適，以促使個人成長、發展或解決問題的一連串工作過程。

2.團體工作：又稱小組工作，是一種為了某種目標而有相互協作的個體組成的工作群體。

3.社區工作：指以社區為對象的社會工作介入方法。

三、社會工作實施常用的理論或觀點

（一）心理暨社會學派

主張對個人問題的瞭解必須由「人在情境中」的觀點著手，強調個人的行為是因為個體心理狀況與外在環境互動的結果，以人與情境的互動來檢視問題的產生。

（二）認知行為學派

認知行為理論是由認知和行為主義演進而成的，包括三項特徵：1.解決問題與產生改變；2.重視科學方法；3.監視和控制行為的認知歷程。認知行為理論認為，在認知、情緒和行為三者中，認知扮演著中介與協調的作用。

（三）問題解決學派（含危機處理、任務中心）

該學派認為，當一個人遭遇問題時，透過社會資源服務機構運用專案，協助其解決問題的過程。目的在於幫助個人或家庭處理其目前所無法克服的難題，並利用此方式充分發揮其自我功能，使其將來在面對同樣的難題時，能有較佳的處理方式。

（四）生態系統理論

將人際關係分成了四套依次層疊的環境系統，這些系統彼此之間又相互影響。四個系統為：微系統（microsystem）、中系統（mesosystem）、外系統（exosystem）、宏系統（macrosystem）。之後，還添加了第五個系統：時間系統（chronosystem）。

（五）基變觀點

基變（radical）社會工作強調要由社會因素來瞭解問題，並經由喚起個人意識，採取集體行動，以達到排除或促進社會的變遷。其主張包括：揭露社會工作理論與技術中所隱藏的道德與政治爭議，批判社會工作的知識與實務將社會問題個人化，反省社會工作所有的照顧或控制功能及案主自決等。

（六）女性主義觀點

社會工作者對女性主義的觀點，主要是訴求女性在社會、家庭、團體中，能與父權主義的結構平起平坐，建立起社會結構、支持性系統與組織化。然而，女性主義思想最主要還是以社會女性主義與自由女性主義兩大主義最具影響力。

（七）增權與倡導取向

本論點主張案主要去定義己身的未來藍圖，相信自己有能力，並在社工人員的協助下實踐願景，而反對施恩式的方式，干涉主義社會工作。

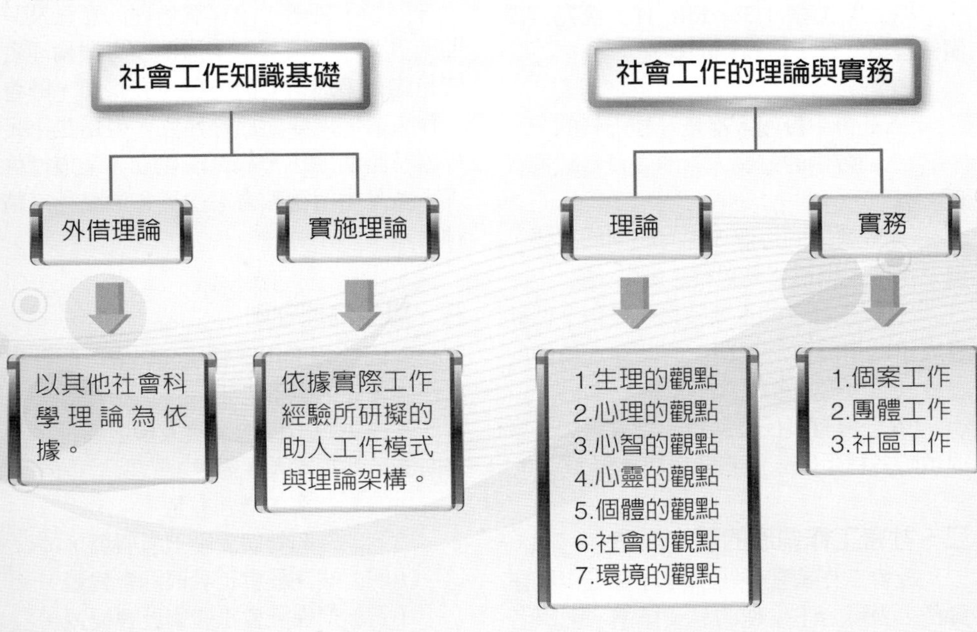

Unit 4-3 社會工作的價值與倫理之整合與應用

一、社會工作的價值體系

對人、對社會及對社會工作有不同價值觀。

（一）巴特力（Barelett, H. M.）提出六項普遍為社會工作所接受的價值觀

1.個人應受到社會的關懷。

2.個人與社會是互相依賴的。

3.個人對他人負有社會責任。

4.個人有人類共同的需求，但也有個人的獨特性，即個人是異於他人的個體。

5.民主社會的本質在使每個人的潛能得以充分發揮，並透過社會參與來盡社會職務。

6.社會應有職責提供機會，讓每一個人克服困難，達成自我實現。

（二）戈登（Gordon, H.）認為六種價值建構社會工作實務的基礎

1.社會最基本的關注對象是個人。

2.社會中每個人都是互相依賴的。

3.社會中的每個人對他人負有社會責任。

4.社會中的每個人都有相同的需要，但是每個人也都有其獨特之處。

5.民主社會的重要特徵，是每一個社會成員的潛能都能發揮，同時經由積極的社會參與來盡社會的責任。

6.社會有責任協助每一個成員去克服或預防各種阻礙，使其能自我實現。

二、社會工作倫理的基本概念

社會工作倫理是「引導社會工作者在實務上表現合乎倫理的專業標準」。學者的闡釋包括：

（一）社會工作倫理的定義

是由英文ethics in social work直譯而來，它是專業社會工作者專業行為的道德標準，這些準則包括有倫理、哲學、人道與科學的內容。社會工作是基於人道主義和民主社會哲學而形成對人的服務，並且涉及人權和社會倫理的課題。

（二）社會工作倫理的信念

社會工作倫理是社會工作依其哲學信念和價值取向，發展而成的一套倫理實施原則，以作為引導與限制助人活動的依據，也可以說是社會工作用來表徵專業行為和指揮其行為的一組道德準則或標準。

（三）社會工作倫理的重要性

內政部於1998年頒布了《社會工作倫理守則》，更顯示出專業倫理的意識及時間的重要性，培養職業道德或專業倫理實踐是工作中最重要的一環。在臺灣，社會工作人員制度雖然已經建立，但還是不足以維持整個運作，故更需建立專業道德倫理，並且由道德教育來啟發和激勵社工精神倫理。

三、專業倫理守則

美國社會工作學會（NASW）的社會工作倫理守則使命包括：

（一）致力促進全體人類之福祉，並協助滿足其基本人性需求。

（二）為案主增強力量。

（三）為弱勢與受壓迫者服務。

（四）關注社會正義與社會變遷。

（五）促進社會正義與社會變遷。

（六）尊重文化、族群的多元發展。

四、倫理的兩難與抉擇

（一）定義

抉擇社會工作倫理的兩難是指：

1.一種問題的情境或是問題無法獲得滿意的解決困境。

2.社會工作專業人員必須面臨由兩個相近的選擇，或在相等的價值之間為擇一的困境。

（二）種類

社會工作者在從事助人工作的過程中，面對專業倫理兩難可歸納為九大項如下：

1.意義含糊和不確定。
2.職責和期望的衝突。
3.專業知識對案主權益。
4.徵求同意。
5.分享有限的資源。
6.案主有興趣或社會工作者感興趣的。
7.有效調適方法的選擇。
8.專業關係的有限性。
9.不作價值判斷。

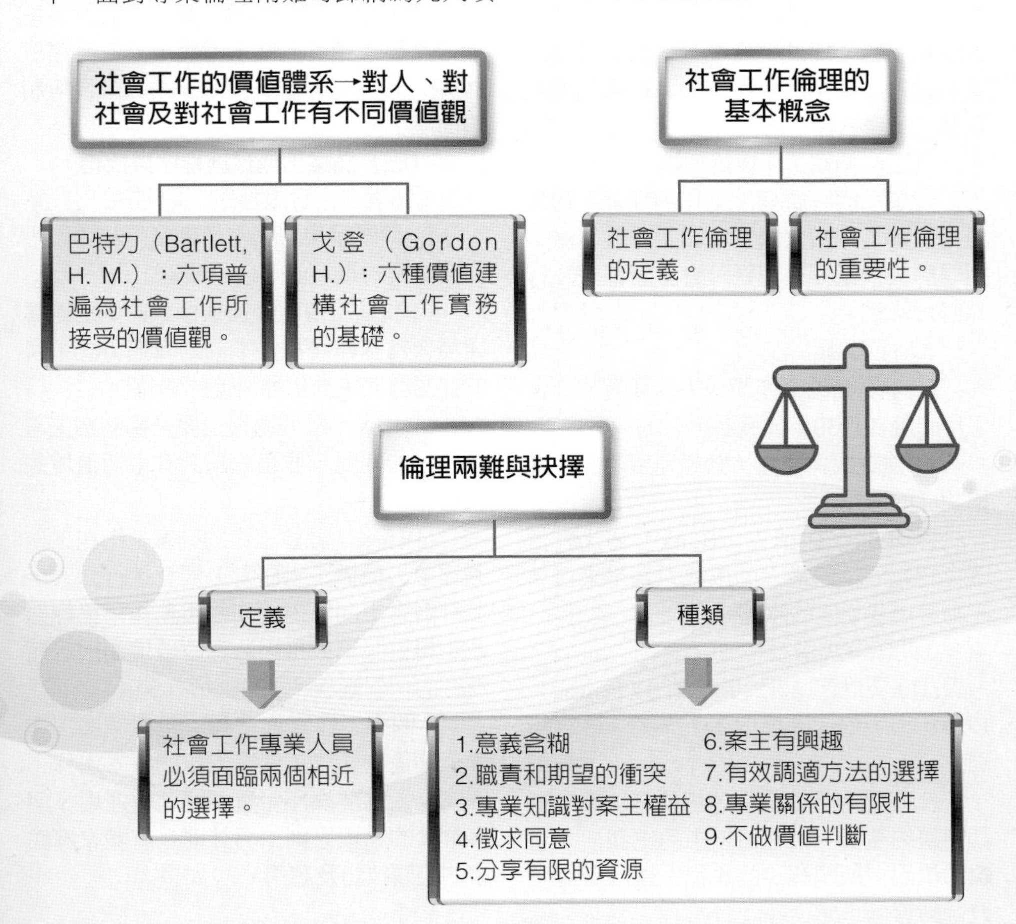

社會工作的價值體系→對人、對社會及對社會工作有不同價值觀
巴特力（Bartlett, H. M.）：六項普遍為社會工作所接受的價值觀。
戈登（Gordon H.）：六種價值建構社會工作實務的基礎。
社會工作倫理的基本概念
社會工作倫理的定義。
社會工作倫理的重要性。
倫理兩難與抉擇
定義
社會工作專業人員必須面臨兩個相近的選擇。
種類
1.意義含糊
2.職責和期望的衝突
3.專業知識對案主權益
4.徵求同意
5.分享有限的資源
6.案主有興趣
7.有效調適方法的選擇
8.專業關係的有限性
9.不做價值判斷

Unit 4-4 社會工作方法之應用

一、社會個案工作

（一）個案工作之基礎

社會個案工作是社會工作三大直接方法之一，它是一門非常基礎的課程，也是社會工作入門的課程之一。尤其在當今多元且複雜的社群及快速變遷的社會環境中，以個人及家庭為主的個案工作服務模式，更顯其重要性且越來越被肯定及運用，它亦是作為解決個人及家庭等問題的方法和手段。而社會個案工作的三種核心基石，即：哲學理念與價值、科學知識和理論、工作過程技巧與方法。

（二）個案工作實施理論

一般所謂社會個案工作的理論，通常是指個案工作四大學派，如：功能學派、問題解決學派、心理暨社會診斷學派及行為修正學派。

1.功能學派

(1)本學派的工作模式主要從賓州社會工作學院在1930年代發展出來的。

(2)強調關係建立、動態運用時間與機構功能的運用。

(3)本學派以蘭克（Rank）為代表。蘭克認為，個體最大的改變力量是來自其主動與自我肯定的意志。

2.問題解決學派

(1)主要以芝加哥大學波爾門（Perman）1957年出版的《社會個案工作》一書為基礎。

(2)在工作方法的特色主要有：個案對其問題的釐清、人在情境中的主觀性、問題的核心、問題解決的途徑、做決策與採取行動等。

3.心理暨社會診斷學派

(1)是社會個案工作首先發展與應用的工作方法之一。

(2)主要以精神分析理論為基礎進行修正。

4.行為修正學派

(1)屬於巴洛夫（Pavlovian）學派與史金納（ Skinnerian）學派。

(2)該學派的基本假設是：由於行為主要是反應或操縱而來，因此，人的身體症狀與其他心理反應一樣可以經由學習與制約而產生。

（三）個案工作實施程序與技巧

1.個案工作實施程序

(1)問題呈現：案主準備呈現其問題，而簽訂契約是這個階段的關鍵工作。

(2)預估：預估是指依個案的個別差異與需要為基礎而提供不同的處遇方式，目的在認識案主於每種情境的獨特性。

(3)介入：這個過程主要是協助案主澄清自己的問題，並藉此幫助其生活情境的改變。

(4)結案：社會工作的結案是指在工作過程中，機構（工作者）同意進行介入，並針對案主問題提供某些服務後，已經要截止提供服務或是因為客觀環境的限制而進行的一個過程。

2.個案工作實施技巧：包括個案工作專業關係的建立、個案工作的基本過程、個案介入處理程序、資源連結與運用、個案會談的原理原則；另外則是有關家庭訪視的相關技巧及應用。

（四）個案管理

指由社會工作專業人員為一群或某一案主統整協助活動的一種過程，在此過程中，藉著各個不同福利及相關機構之工作人員相互溝通與協調，而以團隊合作之方式為案主提供其所需之服務，並以擴大服務之成效為主要目的。

二、社會團體工作

（一）團體工作之基礎

社會團體的工作意義即在經由一套有系統的工作方法，輔以專業社會工作的知識、技術及經驗，來增進團體成員社會功能上的發展。

（二）團體工作實施模式

團體工作模型區分為三大類：社會目標模型（social goals model）、治療模型（remedial model）和交互模型（reciprocal model）三種。

（三）團體工作之過程與技巧

1.過程：是指兩個人以上的集體，追求共同目標，使成員間從陌生到熟悉，培養互相依賴信任與人際互動的程序階段。

2.技巧：社會團體工作之技巧可分為程序性技巧（procedural skills）和互動性技巧（interactional skills）。程序性技巧是指團體工作進行的方法論和知識上的步驟，包括團體成員需求資料蒐集、團體工作目標決定與處置，以及團體工作評估報告等等。互動性技巧是指帶領團體成員互動溝通與行動之技巧。

三、社區工作

（一）社區工作之基礎

社區工作的基礎在社區，即運用社會工作技巧，號召社區在地力量，推動相關計畫，以促進人民福祉。

（二）社區工作之實施模式

1.地區發展模式：引導社區居民關心、參與社區問題與需求溝通、討論等取得意見一致的技術。

2.社會計畫模式：瞭解問題事實並提出理性解決方法、事實發現與分析的技術。

3.社會行動模式：將議題具體化，而後組織民眾採取集體行動、質問、直接行動、談判等面質的技術。

（三）社區工作之過程與方法

1.過程：建立關係、需求評估、社區規劃、社區行動、成效評估。

2.方法

(1)會談：會談是提供個案服務的重要方式，社工人員必須要有傾聽的能力，主動的與有選擇性的瞭解案主所要表達的訊息。

(2)訪視：訪視就是親身實地觀察，以瞭解實際上的狀況。一般最常被訪視的地點是案主的家庭。

(3)記錄：記錄指的是記載社工人員與案主的整個接觸中，對案主問題及處理問題的記載。

Unit 4-5 社會工作的實施領域

一、醫務社會工作

醫務社會工作是指醫療院所的社會工作實施，有的稱它為醫院社會服務或臨床社會工作。社會工作者服務的主題是解決與病人及家屬有關的經濟的、社會的和情緒的困難。

二、精神病理社會工作

是醫務社會工作的一環，運用社會工作專業知識與技術於精神疾病的預防、治療、康復和復健，是有關經濟的、社會的、情緒的以及家庭方面的專業服務工作。

三、學校社會工作

是以社會工作的專業原則，在學校體系中透過社會工作的專業知識、技術與方法，解決存在學校體系、家庭和社區三者之間，可能影響學生之問題的社會工作專業服務。

四、工業社會工作

是運用社工專業知識和技術，去瞭解工業體系、工業機構、工業設施、企業和職員勞工等各個問題，透過相關社工人員和專家的協助，運用該單位的資源及社會資源，解決相關的各種調適問題，以維護其身心健康和工作環境的良好。

五、司法矯治社會工作

司法矯治社會工作是指專業社會工作者和志願人士，堅持以人為本的精神，運用專業理論和方法，動員一切有關個人、家庭、團體及社區等資源，幫助罪犯或其他社區處遇期間，矯正錯誤、修正行為模式、適應社會生活並積極地發揮其潛能的一種專業福利服務。

六、兒童社會工作

指以未滿12歲之兒童為對象所實施的專業助人服務活動，可依其實施對象分為廣義及狹義兩項：1.廣義上：指以全體兒童為對象，目的在於增進兒童身心健全發展，提升其社會功能。2.狹義上：是指以特殊兒童（身心障礙、偏差或資賦優異）為對象，以協助其改善現況、解決問題，以恢復或增進社會功能為目的。

七、少年社會工作

指以未滿18歲之兒童為對象所實施的社會工作專業服務方法，主要在為少年提供一個正常的生長環境，以促進其人格正常發展，並協助因家庭變故對少年所造成的不利影響，得透過各種服務方式之提供，得將不利影響降到最低程度，以保障少年，促進國家發展。

八、老人社會工作

應用社會專業服務方法，如工作方法包括：個案、團體和社區，以及家庭層等，以年滿65歲以上的老人為對象，充分協助老人生活過程和相關問題，使其頤養天年的一種服務活動。

九、身心障礙者社會工作

以身心障礙人士為對象，協助解決心理、職業、生活適應等相關問題的一種專業服務。

十、婦女社會工作

指運用社會力量，對因生理、心理、天災、人禍等因素，造成的肢體殘疾、功能缺損、患病無靠、流離失所的婦女提供人道援助，使她們醫治創傷、減少損失、安居樂業，像正常人一樣（或接近正常人一樣）生活。

十一、家庭社會工作

指以家庭所有成員為對象所實施的專業助人活動，亦稱為家庭治療或夫妻聯合治療。

十二、跨文化社會工作

多元文化實務工作將是21世紀社會工作在少數族群服務情境與解決問題時的主要重點。社工員在服務案主時所提供的增權、賦能，以及生態環境架構、服務、評估、介入時，都必須能符合並考量案主的價值與文化上的差異，以便有效提供助人的專業服務。

十三、災變社會工作

專業社工累積了各種面向的實務經驗後，因為常需面對社會各層面的問題需求與服務供給，並需在困境中解決問題，故最需具備的三種特長：一是資源連結與整合的能力，二是整體考量的規劃能力，三是靈活反應相互支援的能力。從實務經驗來看，社工在災後工作的歷程中，發揮的主要功能有：資源連結、參與重建規劃、支援服務、反應需求、個案管理等。

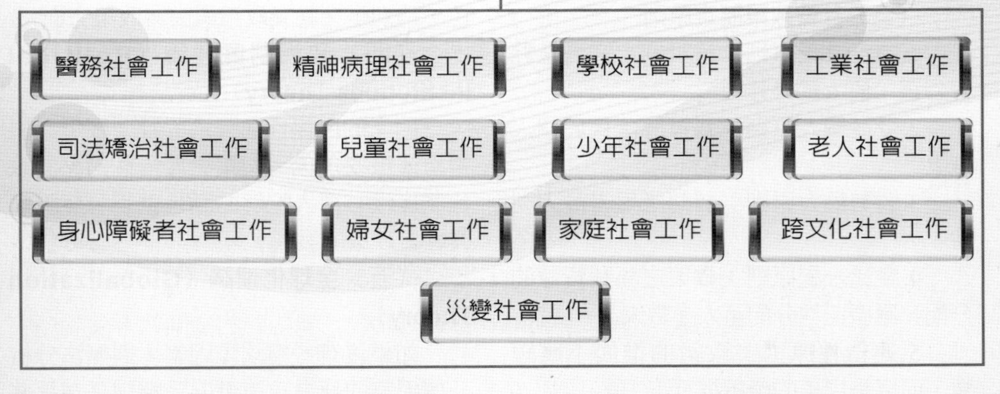

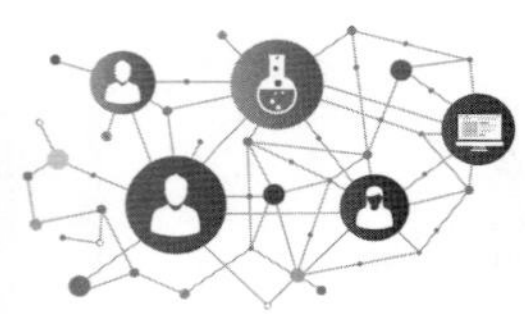

Unit 4-6 社會福利政策

一、社會政策立基之價值或原則

（一）社會政策的四種基本價值

1.維護個人自由

在民主政體，認為個人自由是基本人權的一部分，因此其所產生的社會政策，強調維護個人的自由。

2.推動機會平等

在社會政策裡，平等（equality）的概念是一個相當重要的議題。馬歇爾（Marshall）認為，福利國家必須排除不適當的不平等，而讓適當的平等存在，因為這對於經濟安全與健康維護是必須的。

3.促進社會正義

透過社會政策照顧弱勢者，並促使人民自由地追求更高層次的生活水準，以克服現代社會存在的各種不平等狀況，達成社會財富重分配的目標。

4.保障公民權利

保障公民權利旨在保護個人政治自由，免受政府和私人組織的侵犯，保障個人能夠參與國家的公民和政治生活，享有平等的權利，不受歧視或政治壓迫。

（二）社會政策制定原則

1.制定公正原則：政策制定需考量社會公正，使大眾得其利。

2.受益個人原則：政策應落實於個人身上。

3.弱勢最大原則：弱勢應獲得最大利益。

4.廣泛分配原則：政策之福利資源的分配，應廣泛地分配至大多數人上。

5.連續性原則：政策的推展不應短暫，而需是周延的延續推行下去。

6.國民自主原則：政策制定的最終目的是協助國民自主，而非依賴。

7.緊急原則：應針對當前社會問題，迅速提出解決的政策。

二、社會政策發展之理論

（一）現代化理論（Modernization Theory）

當一個國家關於現代化的這些指標高度發展之時，其社會政策也會跟著發展起來；相對來說，一個尚未現代化的國家，其社會政策發展必然也相對落後。

（二）權力資源理論（Power-Resource Theory）

強調左派政治勢力對於社會政策有正面影響。工會與勞工運動的政治結盟和權力分配狀況，與他們是否能夠在政治上真正地去爭取勞工利益有關。

（三）政黨分化理論（Parties-Difference Theory）

原則上，執政黨派在政策的公眾意見建構以及政策決定過程當中，扮演重要角色，特別是在就業政策與失業政策方面。

（四）政治制度理論（Political Institutions Theory）

國家的自律性在一國的社會政策發展中扮演重要角色，如果對於一個國家的政治制度沒有深入瞭解的話，就不可能瞭解其社會政策的發展。

（五）全球化理論（Globalization Theory）

如果沒有考慮國際因素，則無法分析一個國家的社會政策發展。特別是在那些稍晚才工業化的國家，為了能夠提高企業產品的競爭力與品質，企業勞動人口的工作條件會被改善。

三、社會政策的制定過程

（一）問題提出階段

針對立法相關問題與各項意見進行資料蒐集與資料分析，如：召開公聽會、座談會等。

（二）諮詢討論階段

將蒐集來的意見與科學性證據，諮詢相關學者專家，研擬可能方案。

（三）提案審議階段

將各種可行方案提出討論，透過公開與各種政治活動，進行方案整併或是選擇較佳方案，如：我國立法院將法案進行各種協商。

（四）立法頒布階段

透過立法流程，將法案或政策透過審定與表決過程，確認與公布，如：我國立法院將法案三讀通過的流程，即為此例。

四、社會政策的執行

社會政策經由國家以立法與行政為手段，提高國家生活水準，促進經濟和社會均衡發展所採行的基本原則或實施方針。

（一）福利輸送

晚近學者強生（Johnson）等人倡議「福利多元化主義」，認為福利資源在輸送過程中，採用「福利混合」（welfare mix）的方式，整合國家、市場和社區的力量。

（二）福利組織

福利組織是福利資源輸送體系。現有趨勢是，福利服務的提供由中央移至地方或社區，且消費者與受雇者也參與決策過程。這種措施既可降低科層弊端，又切合地方需要。

（三）資源：財源籌措及給付方式

1.財源籌措：中央與地方應針對社會福利財源籌措事宜，進行明確的權責劃分。

2.給付方式：社會福利給付分為現金給付和實物給付。未來將由現金給付改以發展實物給付為主。

五、社會政策執行成效之評估

（一）政策評估之基本概念

政策評估是確定一種價值的過程分析，但在狹義上，卻是在調查一項進行中的計畫，就其實際成就與預期成就的差異加以衡量。

（二）政策評估之過程與方法

1.政策評估之過程：有五個方面應是公共政策評估標準的必要內容，包括：目標標準、投入標準、公平與公正標準、效率標準，以及公民參與及回應。

2.政策評估之方法：從評估活動的方式可分為：正式評估和非正式評估。

(1)正式評估：指事先制定完整的評估方案，由專門的機構與人員按嚴格的程序和規範所進行的政策評估。

(2)非正式評估：指那種對評估者、評估程序、評估方法、評估資料都未作嚴格要求而進行的局部的、分散的政策評估。

Unit 4-7 社會立法

下列乃社會福利法規之執行與應用。

一、老人類

老人福利服務在高齡化社會中益顯其重要性，向為政府施政重點，自1980年《老人福利法》公布施行，1997年、2007年全文修正公布以來，政府與民間更據以積極推展各項福利服務。另為因應高齡化社會之快速變遷所引發新的需求，《老人福利法》於2015年12月9日再次修正公布。除《老人福利法》外，現行老人福利尚包括《敬老福利生活津貼暫行條例》。

二、兒少類

根據《兒童及少年福利法》第2條之規定，所稱兒童指未滿12歲之人；所稱少年則指12歲以上未滿18歲之人。

兒童及少年保護工作係指對兒童及少年負有保護、教養責任者，或具維護兒童及少年權益及福祉者，因違反《兒童及少年福利法》之相關規定，致使兒童及少年遭受身體虐待、精神虐待、性虐待；或因照顧上的疏忽，致使兒童及少年的健康或福祉遭受到損害及威脅；或因權益遭受不法侵害或剝奪時，這些權益或福祉受影響之兒童及少年與其家庭成員，即是兒童及少年保護工作的主要服務對象。

三、婦女及家庭類

為促進婦女福利、維護婦女權益、提升婦女地位以及家庭和諧，目前政府已完成之婦女福利及家庭類相關立法工作，包括：《特殊境遇婦女家庭扶助條例》、《性騷擾防治法》、《性侵害犯罪防治法》、《家庭暴力防治法》、《兩性工作平等法》。

四、身障類

自1980年及1981年相繼公布《殘障福利法》及其施行細則，奠下我國推展身心障礙福利服務之基礎；1990年、1995年及1997年修正增列障礙等級，1997年復將法案名稱修正為《身心障礙者保護法》，明定身心障礙者之醫療、教育、就業、福利服務、交通、無障礙環境及稅賦優惠等措施權責機關，也專章明列醫療復健、教育權益、促進就業、福利服務、福利機構及罰則等，並配合臺灣省政府功能業務與組織之調整及《地方制度法》、《行政程序法》之施行，及因應推展身心障礙福利服務需求，於2001年11月、2003年6月及2004年6月修正公布《身心障礙者保護法》部分條文，以保護身心障礙者合法權益與人格。另為配合環境變遷，積極保障身心障礙者之權益，並使身心障礙分類與國際接軌，將《身心障礙者保護法》更名為《身心障礙者權益保障法》，於2007年7月11日經總統公布。現行為2015年12月修正公布實施。

五、社會救助類

依據《社會福利政策綱領》，社會救助是社會安全體系最後一道防線，必須扮演最適當安全網的角色，確保有需要的民眾得到適切救助，維持基本生存水準，並進一步積極協助具工作能力及意願者脫離生活困境。是故，「主動關懷，尊重需求，協助自立」，可謂是我國社會救助之核心價值。我國《社會救助法》係於2015

年12月30日修訂。

六、社會保險類

社會保險係社會安全制度中重要的一環，目前，我國的社會保險體系係按職業別分立，不同職業別的社會保險制度有不同的主管機關。目前衛生福利部所主管之社會保險業務包括：國民年金保險、全民健康保險及規劃中的長期照顧保險，提供國民健康照護及老年基本經濟生活保障。另透過保險費補助，讓各類弱勢民眾參加健保、國保之權益獲得保障。現行相關法令，包括；《全民健康保險法》、《勞工保險條例》、《就業保險法》。

七、其他立法

包括：《原住民敬老福利生活津貼暫行條例》、《老年農民福利津貼暫行條例》、《勞動基準法》、《就業服務法》、《職業訓練法》、《安寧緩和醫療條例》、《國民住宅條例》、《社會工作師法》、《人民團體法》、《志願服務法》、《公益勸募條例》。

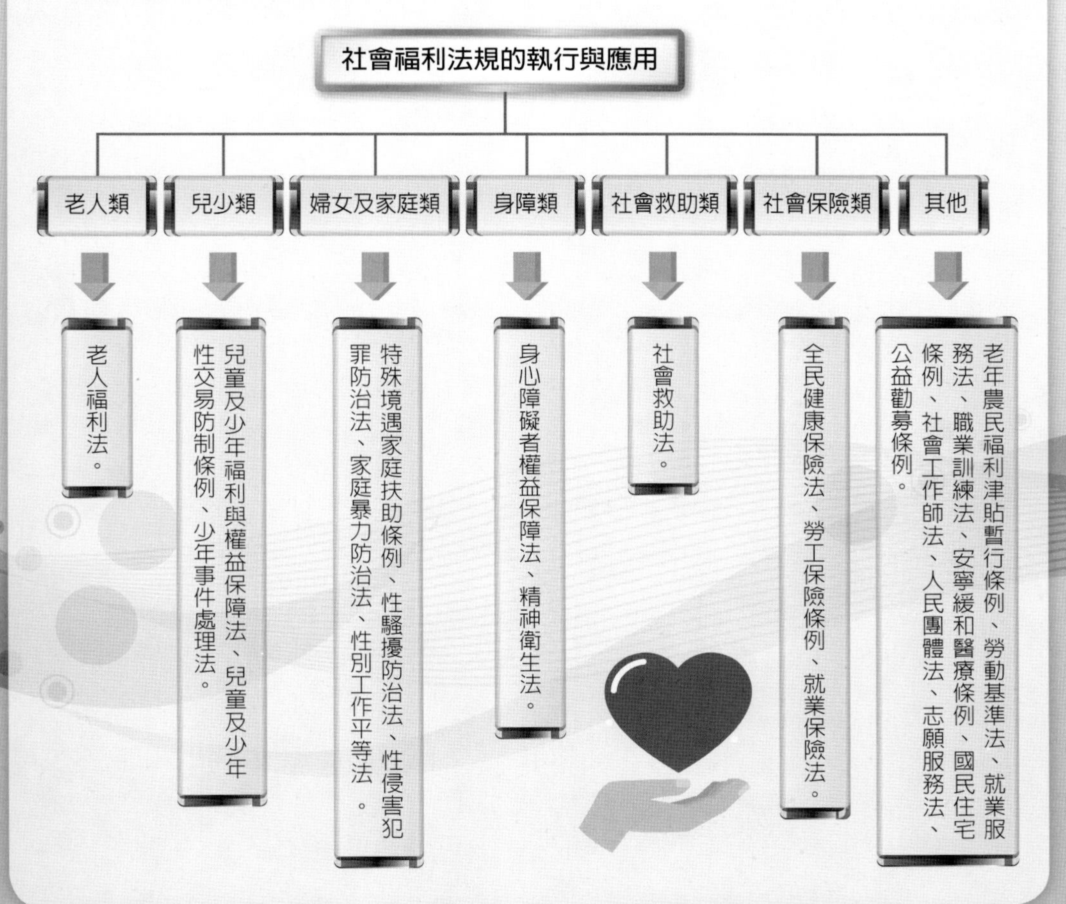

政治學學理

章節體系架構

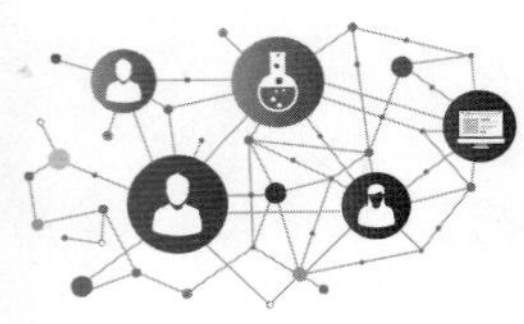

Unit 5-1 政治的意涵與基本概念

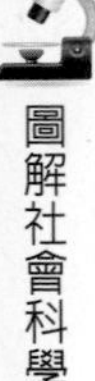

一、政治、權力、權威和正當性

(一)政治

有學者認為，政治是規範性目的的實現。這一類的意涵，主要是根據道德的規範來立論，例如：柏拉圖認為，政治的基本任務就是要建立正義。他的學生亞里斯多德界定國家就是一個社群，目的在實現最高的善。肯定這一類政治意涵的學者認為，它可以鼓舞一個政治社群追求這些道德標準的實踐，而且這些標準有助於賦予政治社群施政的方向，激起政治社群從關心私利問題轉移到公益的問題。

(二)權力

權力(power)指的是個人或團體握有對他人的控制能力。權力可以在兩人的互動之間存在，國家的權力則是一種對國民的統治權。有學者認為，政治為權力現象。這類定義最主要是強調權力為政治研究核心。H. Lasswell與A. Kaplan指出，權力的概念可能是整個政治學最基本的概念；政治過程即是權力的形成、分配與運用。Lasswell又說：「政治的研究就是勢力與擁有勢力者的研究。」

(三)權威

所謂權威(authority)是指有正當性(legitimacy)的權力，而正當性是指權力的行使被統治者接受。韋伯曾歸納出三種權威類型，包括：1.傳統型權威(traditional)；2.魅力型權威(charismatic)；以及3.理性/法定權威(rational-legal)。

(四)正當性

所有的近代理論皆將正當性和那些加諸某一種秩序之中的權威性、合法性(lawfulness)、約束性或正確性(rightness)的性質緊緊相扣；換句話說，假如一個政府或國家具有「統治權」(the right to rule)，則我們視之為「具正當性」(legitimate)。一般而言，政治系統的正當性，是建立在傳統的正當性、法律的正當性，以及領導者所獲得的權力行使的正當性上。

二、政治體系

在理論上和技術上，對於政治體制的研究是屬於政治學的領域，稱為比較政治學。由於比較政治學是專門性的，學者們仍缺乏一種針對所有形式的政府的廣泛研究。學者間也爭論是否有可能建立起一個廣泛的政權分類系統。在政府比較上，最傳統、也最常用的方法是二分法(例如：民主與專制，而這並不是一種類型學)，大多數學者傾向於研究並比較兩種或三種不同的政權形式。或許唯一例外的是專家們對於選舉制度的比較，他們使用大量的資料和數學來計算何種形式的選舉制度，能產生最穩定、最持久和最能代表民意的政權。一般而言，政治體系主要可概分為民主政體、立憲政體、專制政體、獨裁政體、威權政體、極權政體等。然而，政治體系會依各家學說而有所不同。

三、民族與國家

(一)民族

就客觀要素而言，民族乃是由血統、生活、語言、宗教與風俗習慣所組成；就主觀要素而言，民族即民族意識，指民族構成分子在主觀上感覺自己的民族與別的民族有所不同，以及自己與其民族有「利害與共」的情感。民族意識於民族間相互接觸、衝突、抗爭時，乃更活躍而顯現出來。

（二）國家

國家的要素包括：人民、領土、政府與主權，分述如下；

1.人民：人民是國家的基本要件之一，國家基本上因人民而生存，人民是指所有國民。一般而言，有三種方法可以取得國民的資格——出生、婚姻及歸化。

2.領土：領土應是一國家管轄權的範圍，表示管轄權的開始和終止之界線，包括：領地、領海和領空，亦即國家擁有排他管轄權的全部「領域」。原則上，任何國家只能在其領域內行使管轄權，這就是所謂的「領土主權」（territorial sovereignty）。

3.政府：基本上，政府是國家的代理人，國家是抽象的名詞，政府則是國家的決策執行體。按照《國際公法》之規定，國家一定要有一有效的政府來盡義務、享權利。

4.主權：主權是指國家擁有至高無上的決策與執行政策的權威。主權的觀念首先由16世紀末《國家論》作者布丹（Budin）所提出，其目的在支持君主在其轄境內享有完全的管轄權，以對抗較小的封建領土、教廷與神聖羅馬帝國皇帝的種種權力主張。主權理論對民主國家的奠定，具有頗大的作用，它一方面削弱國境內的地方勢力，為增強中央主權的勢力提供理論基礎；另一方面也在理論上，抗拒了境外勢力對民族國家的限制。

四、民主、威權與極權

（一）民主

民主主義指支配國家的權力不屬於特定階級，而合法地給予社會成員全體的政治型態，即指全體人民的權力。民主政體的共同特徵是一種依「人民主權」、「政治平等」、「大眾諮商」與「多數統治」四項原則，所組織的政體形式，隨著「代議民主」而成為第三波民主潮流後的民主國家主要形式。

（二）威權

威權主義（authoritarianism）乃由authority（權力）一字而來。簡言之，即集中權力於某一群人（通常為政黨），一切決策、政治權力、經濟政策皆由執政黨「一黨專政」，個人不得壟斷國家的政治權力，更沒有其他政黨可以分享其權力。在威權政體下，獨裁者集中權力於自己或單一政黨，來控制與管理人民。不同於極權政體將政府權力擴張到社會每一個層次中，並對人民生活進行全面控制，威權政體對於人民的非政治生活面向給予有限的自由，不一定採取嚴加控制的方式。

（三）極權

極權主義（totalitarianism）則由totality（總計、總和）一字而來，具有集中權力的意涵。其指的是「權力主義」，通常指某一人或政黨、特定群體以獨裁的方式壟斷政權。一切決策、政治權力、經濟政策皆由獨裁者所掌控，沒有第三人或是政黨可以分享其權力（例如：法西斯極權）。極權獨裁政體（totalitarian dictatorship）是融合現代技術與專制統治的產物，如：以前的德國納粹黨及蘇聯共產黨，乃至現今的北韓與古巴政權。

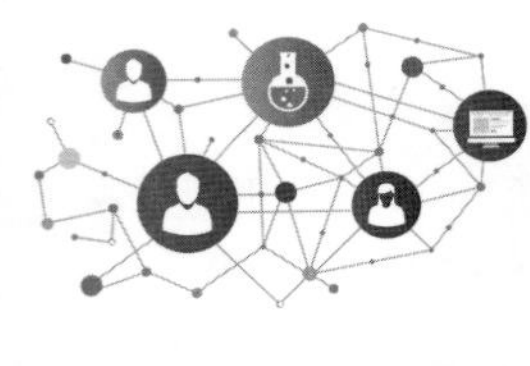

Unit 5-2 意識型態與政治理論

一、意識型態

「意識型態」一詞，最先由法國哲學家狄崔西（Antonie Destutt de Tracy）於1796年所創，法文為「idéologie」，原意是「理想的科學」，亦即一門關乎「idée」的學問「ologie」，旨在探索人類思想觀念的性質與來源之間的關係，以及其與實踐上的關係。這個研究方法之所以必要，是因為當時的西方已經出現了有別於基督教神學傳統的思考框架，也就是社會學家韋伯（Max Weber）所謂「解魅」（disenchanted）後的現代理性之思維框架。然而，更重要的是，此一理性卻在實踐過程中帶領法國大革命走向暴民專政，引發一連串的白色恐怖。此演變也讓狄崔西想進一步以客觀的科學方法，來理解該革命所標榜的理性、進步、自由、平等、博愛等啟蒙運動的政治理念，究竟所指為何，企圖藉由還原這些理念的真正意涵，以便作出適當的評價。

二、人權與民權

（一）人權（human rights）

人權是以人的資格而享受的基本權利，其概念是凡生而為人，具有人格，即享有此種基本權利，不因時、地、膚色、性別、出身而異。

人權亦指一國政府所應保障人民享有的各種基本權利。標舉出人權的範圍，同時也標舉出國家權力的限度。

一般憲法中所列的人權包羅萬象，大體上，歸其內容有平等權、自由權、受益權、參政權等四大類。

（二）民權（civil rights）

民權是指人民所擁有的權利，此等權利受憲法以及有關地方事務的地方法律之保障。此等權利包括：個人的自由、宗教信仰的自由、言論、出版、集會的自由，以及公平審判與保護個人財產利益。

現代美國民權運動（U.S. Civil Rights Movement）是20世紀為自由而奮鬥的最重要運動之一。1950年代末期，數百萬的美國國民由於膚色而遭到壓迫與褫奪公權，此事震驚世人，因為全世界許多國家的國民都認為美國是第一流的民主國家，由白人領導的國家，作為其他國家的典範，希望從人類壓迫的歷史中掙脫出來。

最後，美國國會於1964年通過了《民權法案》（Civil Rights Act of 1964），內容規範了美國境內不得採取種族隔離，也規定對黑人、少數民族與婦女的歧視性作為是非法的。它結束了美國自立國以來長期的黑白種族隔離政策，被認為是人權進步的里程碑。

三、政治理論的類別

（一）規範性理論（normative theory）

規範性理論常被視為「政治哲學」，包含「政治意識型態」（political ideology），討論倫理、道德或應然性（ought）的問題。這類理論的建構常從一個難以根據事實驗證的概念（如：正義、公道）或爭議性很大的假定（如：人性善惡），透過演繹推理出一套政治理論，例如：霍布斯（Thomas Hobbes, 1588-1677）

的社會契約說（the social contract）。它也常是一位政治思想家對美好政治社會生活的主觀憧憬與描述，如柏拉圖主張理想的國度，應由哲君（philosopher king）來治理。

（二）經驗性理論（empirical theory）

經驗性理論通常被視為「政治科學」，強調理論的建構需有經驗事實的根據，運用科學的方法，客觀地、重複地驗證，以求得精確的理論基礎，如：理性抉擇理論（rational choice theory）。

四、政治文化與政治社會化

（一）政治文化（political culture）

「政治文化」這一概念，自艾爾蒙（G. Almond）於1965年首次使用，如今已成為政治研究中常常出現的概念。它指政治體系的成員對政治的心理取向，是一種群體的現象，其構成要素包括：信仰、情感與態度。

（二）政治社會化

「政治社會化」一詞在政治學中普遍使用是1960年代以後的事。此一概念係由政治心理學家海門（H. H. Hyman）首先提出。一般而言，探討「政治社會化」之涵義，可分為兩大類：第一類強調個人獨特的成長、個人學習，尋求個人獨特的需求與價值；第二類社會塑造個人使之合乎既存的模式，或從政治系統的需求來看政治社會化。根據白魯洵（Lucian Pye）的界說，政治社會化係指個人發展對政治世界的認識，並獲得對政治事務的辨認、判斷與瞭解的過程，經由此過程，將人們導入政治文化，並認清其政治自我。

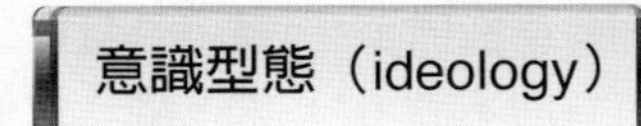

1976年法國哲學家狄崔西（Antonie Destutt de Tracy）所創，原意為「理想的科學」。

服膺社會學家韋伯(Max Weber)所謂「解魅」(disenchanted)後的現代理性框架。

政治理論

規範性理論

經驗性理論

Unit 5-3 政治制度

一、政治制度

政治制度是指在特定社會中，統治階級透過組織政權以實現其政治統治的原則和方式的總和。從更為廣泛的角度看，政治制度是指社會政治領域中要求政治實體遵行的各類準則或規範。政治制度是隨著人類社會政治現象的出現而產生的，是人類出於維護共同體的安全與利益，維持一定的公共秩序和分配方式的目的，對各種政治關係所作的一系列規定。

至於政體（form of government）則是國家的政治、統治型態，即國家政治體系運作的形式。一般用來指涉一個國家政府的組織結構和管理體制，在不同的歷史時期，不同的國家和地域，政治體制都不盡相同。政體主要可概分為民主政體、立憲政體、專制政體、獨裁政體、威權政體、極權政體等，並依各家學說而有所不同。對於政體理論的比較研究，主要集中在西方。從古希臘時期各種樣式的城邦制度，一直到啟蒙運動後的制度實踐，各種體制紛紛登場；從柏拉圖到亞里斯多德，再到密爾，西方政治思想家們對國家政體進行了長期的總結和研究。

二、政府體制

我國憲法對政府體制的設計，是依據孫中山先生創立中華民國遺教的「權能區分」、「五權分立」為基礎，國民大會代表人民行使政權，是為「政權機關」。總統及五院為「治權機關」，行使國家各種統治權力。同時經由「政治協商會議」，將總統、行政院、立法院三者的關係，定位為「修正式的內閣」，亦即總統僅為國家元首，行政院為國家最高行政機構，並向立法院負責。而司法、考試、監察三院，依憲法規定，均應「超越黨派，依據法律，獨立行使職權」，均為憲法本文體現「權力分立予均衡」原理的明證。

然而，臺灣在歷次修憲之後，政府體制已大異於憲法原始規定。一般認為目前臺灣的政治體制類似於雙首長制，但是在實際運作上仍與法國第五共和的雙首長制有所差異，這是需要明辨之處。換句話說，政黨輪替前，多數時間為強人政治；政黨輪替後，由於在位（陳水扁）總統缺乏強人政治條件，同時又不尊重「多數治理」民主原則，堅持成立以執政黨（民進黨）為骨幹的「少數政府」，以致朝小野大，陷入政府難以推動施政的憲政危機。總之，這種擺盪性雙首長制，深受國會政黨生態之影響，在實施時，需要政治人物的民主素養配合。

三、立法機關

（一）代議理論

1.反映說（resemblance model）／鏡子理論（mirror theory）：有些理論家（如：盧梭）曾指出，民主國家不應主動創制政策，而只應忠實反映社會的民意，猶如一面良好的鏡子。

2.獨立判斷說／自由代表說／全權委託說（trustee model）：18世紀的柏克（Edmund Burke）認為，議會並非一群代表互相敵視的不同利益的使節之集會，而地區的目標與偏見不應凌駕全民共同理智產生的公益。

3.委任說（delegate model）：潘恩（Thomas Paine）認為，立法代表儘量或不要行使自我判斷，只是一種代表行動而已。

4.綜合說：皮特金（Hanna Pitkin）指出，假使我們有充分的瞭解，就不應以「代表性」作為衡量民意代表的唯一標準。事實上，完全的「反映」民意是不可能的，因為選民對政治議題不見得有強烈明確的看法，因此，「獨立判斷」的能力是良好代議士所不可或缺的。另一方面，在少數的情況下，選民對問題有強烈的主張時，民意代表若要尋求連任，就要順應民意、「反映」民意。

（二）立法機關的功能

1.制定或修改憲法；2.控制預算；3.監督功能；4.選舉權；5.司法功能；6.調查功能；7.傳達訊息功能；8.象徵功能。

四、行政機關

（一）政務官

凡是決定國家行政方針、富有政治責任的人，稱為政務官。他們可能是民選的，也可能是民選的高級官員直接任命的重要人員，除非法律特別規定，他們通常沒有固定的任期，一旦失去信任，就得辭職，並對其政策之成敗負政治責任。政務官的任務包括：制定或決定政策、監督政策的執行及公共關係。

（二）事務官

凡是依照既定方針實際實行而負行政責任的人，稱為事務官。他們是透過某種法定方式進入公務人員系統。今日的公務人員取才系統，是依據成就或才能的標準，這些標準往往比較客觀。事務官的任務包括：協助政務官制定政策、執行政策、協助政務官公共關係進行及表達、彙集各種利益和意見。

五、司法機關

（一）司法獨立

1.獨立審判：法官只隸屬於法律之下，不受上級機關、行政機關或民意機關的指揮或命令。2.機關獨立：司法機關需與立法、行政機關立於平等之地位，各級司法機關亦應脫離行政機關之系統，獨立組織。3.法官保障：欲貫徹法官之獨立審判，俾使其不畏懼權勢，不計進退，因此對法官之職位需有相當之保障，即法官的任用皆經公開選拔方式，一經任用便成為終身職，其地位獲得法律保障，非因違法失職，不得免除其職務。

（二）司法審查制度

1.對法律不作主動的審議，關於是否違憲的問題，基本上採取不告不理的態度。2.不作行政或立法部門的諮詢者，在法律和命令尚未形成問題前，不預先表示意見。3.對正負面政策或其他政治糾紛，在沒有成為法律或命令前，亦不表示意見。4.只宣判法律無效，並未撤銷此法律。

（三）司法機關的功能

1.裁判的功能；2.創造新法的功能；3.監督執法的功能。

Unit 5-4 政治學的研究類型與發展階段

政治學是19世紀中葉從哲學發展出來的。及至19世紀末20世紀初，政治制度的分析又逐漸脫離政治哲學而獨立，成為政治學研究的「顯學」。然而不久後，制度分析又被主導20世紀英美政治研究的主流——行為主義（behavioralism）運動所取代。此研究取向萌芽於本世紀初，奠基於1930年代，大興於60年代，迄今是當代政治學門的主流之一。雖然在70年代初期又出現了「後行為主義」（post-behavioralism），但這只不過是修改行為主義者某些研究定向的偏差。因此整體來說，政治行為主義是20世紀政治學的新典範。基於此，政治學的發展乃分為三個階段：傳統主義時期、行為主義時期與後行為主義時期，分述如後。

一、傳統主義時期的政治學（19世紀至二次大戰）

（一）背景

政治學是19世紀中葉從哲學發展出來的。

（二）主張

1.政治哲學掛帥（19世紀中葉前）

(1)哲學與政治學難以區分。

(2)政治學多夾雜於倫理道德的命題，在方法論上多依賴演繹解釋法。

(3)傾向以規範為主題，多關心評價政治的標準；也注重政治思想或政治史的研究，以哲學研究途徑或歷史研究途徑為主，如：希臘時代的柏拉圖、亞里斯多德，中古世紀的聖奧古斯丁，近世紀的馬基維里、霍布斯、洛克等。

2.法制研究為主（1880年以降）

(1)開始採用法律研究途徑和比較研究途徑，焦點集中於法律及政治制度。

(2)主要描述當時的政治制度與過程，以法律文件與憲法規約為主要資料基礎，亦重視政治史。

(3)方法上主要仍屬「描述性」（descriptive），重點放在描述政府制度典章。

二、行為主義時期的政治學（二次大戰至1960年代末）

（一）背景

1950至60年代，嚴厲批評制度研究與規範理論而建立其地位。行為主義者認為，制度僅具有描述性而欠缺嚴謹的分析，制度的規則與管制顯示人們應該怎麼做事，但實際上卻可能不是如此，政治學者應該更重視實際可以觀察到的行為。另外，對於行為主義者而言，價值與事實之間的分界也要重視，規範政治理論僅能關心價值問題，充其量只能成為意見的陳述或是表達，無法提供證據解決爭議性問題。

（二）主張

1.政治學最終可更近似一門科學，能夠進行預測和解釋。政治學的目標是建構有系統、有經驗的理論。

2.研究應以理論為定向和導向。社會科學的研究，理論與資料之間應有密切的互動。

3.分析應以個人或團體行為為焦點，而非僅以政治制度為焦點。在分析時，應該區分事實問題與價值問題。

4.社會科學各科間基本上是一致的，若科際間能更密切的合作，會更有助益。

5.政治學者對方法論應該更有自覺、更求精確與精通。

（三）主要研究

1.以「行為」作為研究焦點。

2.重視觀察證據（事實）與價值中立。

3.理論化傾向。

4.科學的研究程序。

三、後行為主義時期的政治學（1960年代末期以降）

（一）背景

1.許多行為主義者為了追求技術的精確，而忽視政治問題必須與目標價值有所關聯。

2.1960年代末期，歐美國家的社會運動興起，如：反戰、婦女運動、學生運動、環保運動等。

3.新馬克思主義的影響，抨擊一貫強調共識、穩定變遷的歐美社會科學界。

（二）主張

伊士頓（David Easton）於1969年提出「後行為主義的革命」（The New Revolution in Political Science），要求政治學者擴大研究視野，重視公共議題並提供解決之道。「實質需重於技術，若兩者需犧牲其一——事實上，魚與熊掌未必不可兼得——則與當代迫切社會問題發生關聯，並對這些問題從事探索的活動，應重於精通研究工具本身。」

（三）主要研究

1.後行為主義所修正的不在於探討問題的研究途徑及方法，而是研究取向上採取更寬廣的視野。

2.當代主要研究：選舉研究、政治文化或態度、比較研究、調查研究與方法論等。

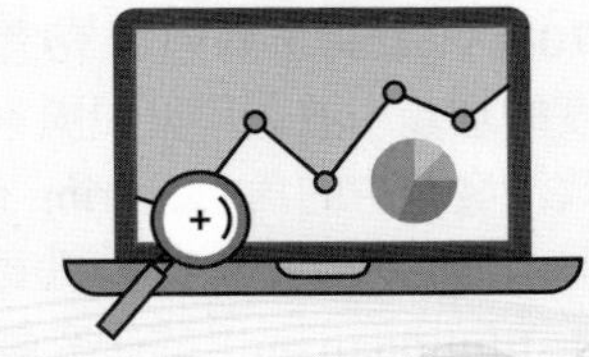

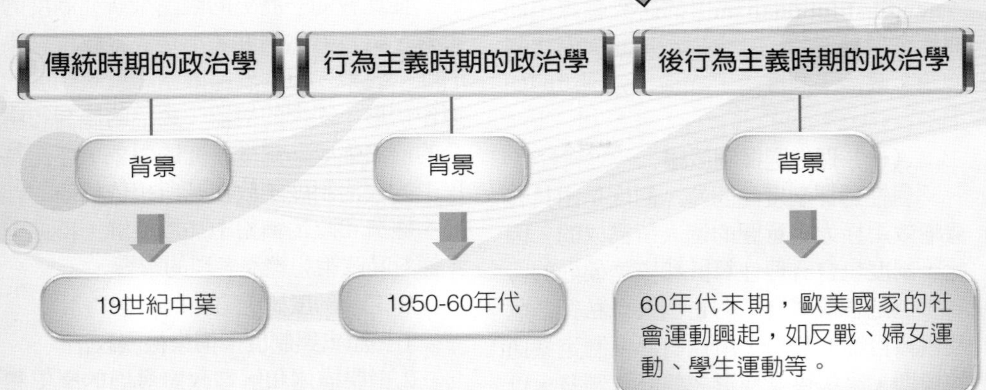

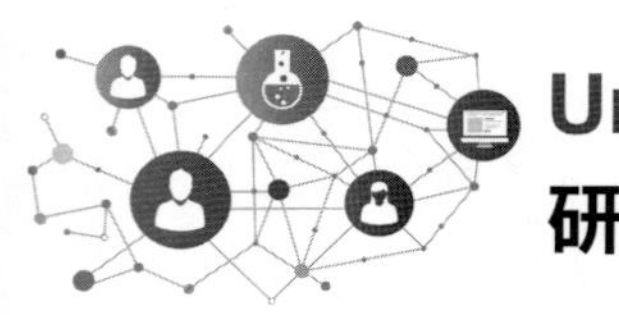

Unit 5-5 研究方法與方法論

一、政治學的研究途徑比較

研究途徑（approaches）可以引導研究者朝向政治學研究的各種不同方式，內容包括試圖提出他們對於「政治學的核心主題」為何的答案，也包括取得證據的方式、如何確保理論研究的性質，以及提出有關政治本質與動能過程的各種基本假定。

二、制度研究途徑

政治制度研究指涉政治系統的規則、程序與形式化組織，以及其對政治實際活動的影響。長期而言，法律、哲學與歷史研究是制度研究得以在政治學中成為一個自主研究領域的主要根源，但其遭受了具有方法上的弱點、反理論性、對自由民主體制過分理想化等批判。

1970年代末期，許多研究者重新定義了制度的意義，並重新重視國家與重要制度在政治發展中的角色（bring the state back in），開展了當今「新制度主義」（new-institutionalism）的研究軸線，即理性選擇制度論、社會學制度論與歷史制度論（政治學制度論）三種，分別說明如下：

（一）理性選擇制度論

理性選擇制度論認為，制度是由具有清晰效用極大化意圖的個人所構成的，因此，制度也會有理性算計和表達偏好的行為，但是各機關為了防止個人自私行為危及組織目標的實現，所以有必要制定共通的規則，來提供某種形式的社會制裁，以降低私人不合作行為所帶來的社會成本。

（二）社會學制度論

社會學制度論認為，受到文化論與社會學中組織理論的影響，認為制度是人類生活中受到文化、思想、價值等影響而自然形成的一套規範，用於人的行為與人之間的互動關係，包括有形與無形的規範。而人從一出生就處於制度中，受到制度的影響非常大，個人的行為會依照該套規範行動，使得個人能符合社會的期望，與他人的互動也能合乎時宜，因此，制度形塑了個人的行為。當舊制度無法滿足社會上普遍流行的文化、價值、思想、觀念時，制度就會面臨變遷，更強調必須將個人行為置於一較大的參考架構下，而文化、社會結構、組織認同、工業部門是界定利益的重要因素，嘗試將人類行為納入到總體層次的制度要素去理解，組織權力的正當性來自組織成員的授予，其間有賴一套為大家所接受的遊戲規則、文化價值和制度規範。

（三）歷史制度論（政治學制度論）

從比較的一歷史的觀點來研究制度的影響，認為雖然制度並不是決定政策結果的唯一要素，但制度卻限制和反映制度的運作情形，國家的機器、政治的體制和中介的機構都成為制度研究的對象，亦認為民主的政治制度應放在其所相依相偎的社會、經濟和政治網絡中加以瞭解，再進一步探討其政策和經濟表現的影響。

總之，制度研究方法的特徵為：

1.從歷史與制度架構來檢視政治。

2.主要描述和解釋政府發展的歷史和組織形式。

3.同時具歷史性與規範性的特質。

4.採質化研究。

三、行為研究途徑

行為階段（the behavioral stage）是20世紀西方政治學最主要的轉變，它在二次大戰時即開始萌芽。政治學的行為研究，亦稱為行為主義（behavioralism）。惟就行為階段而言，行為研究途徑又分為行為主義研究途徑與後行為主義研究途徑兩種，分述如下：

（一）行為主義研究途徑

1.分析的單元是個人的政治行為。

2.使用科學方法解釋政治的因果關係。

3.採用量化研究。

4.強調事實面。

5.特別關注英美模式。

（二）後行為主義研究途徑

1.傳統研究與行為主義的整合。

2.量化與質化研究並重。

3.事實和價值並重。

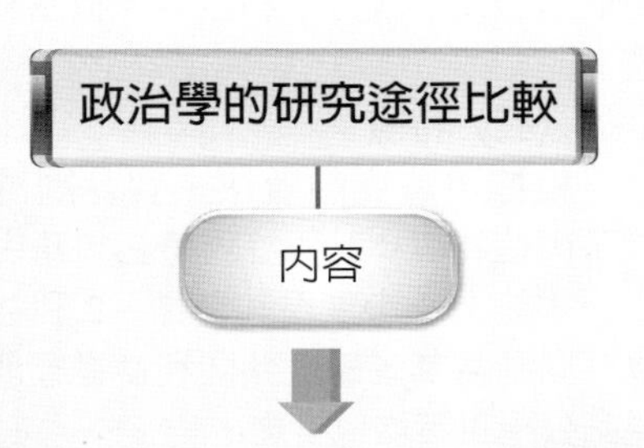

政治學的核心主題、取得證據的方式、理論研究的性質等。

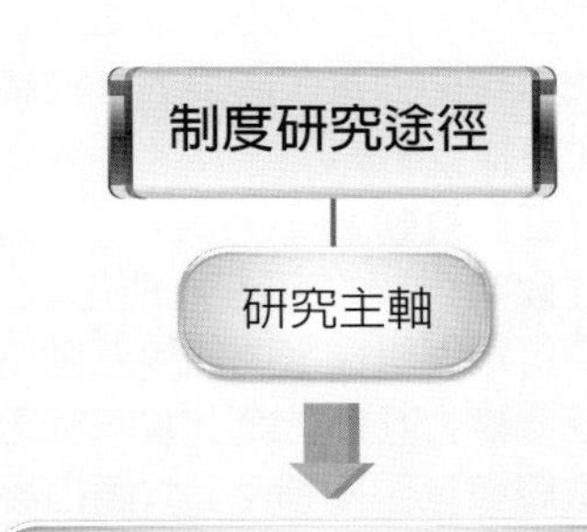

1.理性選擇制度論。
2.社會學制度論。
3.歷史（政治學）制度論。

行為研究途徑

階段分類

1.行為主義研究途徑：使用科學方法，解釋政治的因果關係。
2.後行為主義研究途徑：量化和質化研究並重。

Unit 5-6 政治行為與互動

一、政治行為與互動

（一）政治行為

所謂政治行為乃指政治係組織領導者運用權威與影響力，透過磋商、妥協等方式獲取社會資源並解決組織問題，俾使組織行為合法化及達成組織目標的歷程。

換言之，政治行為是組織內所屬之個人或團體，透過權力的運用，以遂其個別目的之行為。簡言之，政治行為就是權力的運用行為，而「權力」就是使別人接受控制或影響的力量（影響力大於權力；權力則大於權威）。

（二）互動

在政治行為的範疇下，個人之間如何互動？組織與組織之間如何互動？尤其如何進行「權力互動」？其實，權力互動可分為微觀與巨觀兩種：1.微觀指發展和運用策略，以創造和提升人際間權力運用成效的行為。2.巨觀指團體間或組織間的權力互動。組織權力關係互動的方式，至少有下列五種：

1.多元參與：多元化時代，權利是分享的。

2.協商談判：成員應該平等地表達自己的意見。

3.整合歧見：溝通協調作決定。

4.民主參與：自主管理，人人擁有相同的參與機會。

5.鼓舞激勵：激勵與歡呼是成員繼續為組織目標努力的最大動能。

這裡所謂「互動」，廣義而言乃指「政治溝通」（political communication），意指個人或團體透過表達管道，把政治性訊息傳達給其他個人或團體，希望產生影響的過程。

二、利益團體

（一）定義

1.伊薩克（Alan Isaak）：利益團體可以視為具有共同利益、向社會提出主張的一群人。

2.呂亞力：除政黨以外，凡具有政治目的來從事政治活動，或經由政治程序來爭取團體及組成分子利益者，稱為利益團體。

（二）特徵

根據伊薩克的看法，利益團體具有以下兩個特徵：1.利益團體必須藉由組織化，才能進一步實現其目標。2.利益團體以共同利益為基礎，共同利益從經濟性利益到公平正義均包含之。

三、政黨

（一）定義

政黨是建立在特定社會與價值基礎上，經由政治資源與職位之取得，而影響公共事務處理的制度化結合。

（二）特徵

1.社會層次的特徵：政黨含括一定的社會基礎，但只是社會的部分而非全部，亦即政黨反映了社會上存在的某些期盼或需要。

2.政治層次的特徵：政黨對政治有特定之價值判斷，因而影響其政治目標與互動。其次，政黨活動的主要目標，在於掌握政治資源、追求權力，以影響政治。

（三）功能

1.民主國家政黨的功能：包括反映

與彙集民意、提名候選人、從事競選活動、組織政府或監督政府、甄拔政治人才，以及溝通和傳播的功能。

2.非民主國家政黨的功能：包括塑造民意與組織政府。

四、選舉與投票行為

（一）選舉

1.性質

(1)權力說：此說認為，選舉權為一種自然的權利，個人有權決定如何行使。每一個公民都應該有投票權，且人人一票，一票一值。此種立論首倡者為盧梭，認為投票是人與生俱來的權利，所有人均生而平等，對國事之處理具有同等的發言權。

(2)義務說：此說認為，投票是控制政府的一種手段和公民應盡的義務。選舉權並非人與生俱來的自然權利，而是政治上應盡的義務。

(3)折衷說：此說認為，選舉權應從兩方面論其性質。從選民的角度而言，選舉權係一種權利；從社會方面而言，選舉權又可說是個人對於社會應盡的職責。因此，由於它是一種權利，個人有相當的自由行使之；也由於它是一種義務，個人行使它時，應依法受相當之限制。此說係前兩項學說的調和與折衷的說法。

2.功能：民主國家選舉的主要功能，可歸納為：(1)決定國家主要執政者及政策取向；(2)提供政治參與的管道；(3)政治社會化的機制。

（二）投票行為

民眾可以透過選舉制度，以選票來對政治人物或政策表達偏好，是民主政治中最具體且規律的參與行為。從廣義的角度來講，前述各種選舉的內涵，其具體的表達形式，都可算是選民的投票行為，只是不同的選舉內涵、參與投票的人員條件，以及投票的規則設定，會有所不同。就民主政治下的投票行為而言，學術討論的內涵，集中在定期選舉之下，民眾對於政治人物、政黨或是政策偏好表達，而投票的結果也將是決定這些政治人物、政黨與政策，分別取得政治職位、權力或是政策去留的依據。

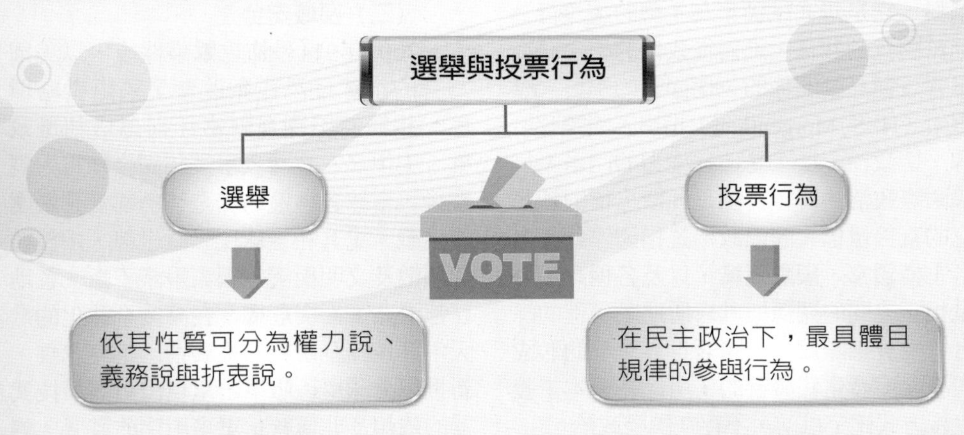

Unit 5-7 國際關係

一、全球化與國際政治

（一）全球化

全球化（globalization）這個名詞在近十年來成為人們熱烈討論的話題，它是指人類生活在全球規模的基礎上發展及全球意識的崛起，國與國之間在政治、經濟貿易上互相依存。全球化亦可以解釋為世界的壓縮和視全球為一個整體。政府決策者、政黨領袖、工商界、學術界、工會領袖乃至大眾傳媒，無不談及全球化的影響及其如何改變我們的生活。許多人視過去二十年國際貿易及投資增長為全球化。全球化正在推倒各國疆界，使全球經濟一體化。有些人把全球化比喻為「地球村」。對於「全球化」的觀感是好是壞，目前仍是見仁見智。近代全球化的風潮，已和地方化結合成「全球在地化」的研究。

（二）國際政治

國際政治是指全球性的政治活動，它與國際關係、國家間的互利與合作、各個國家的政治動態有很大的關係。作為一門學科，它是研究以國家為主體的國際行為的跨國互動關係，進而從政治的視角研究影響這種互動關係的一切因素的學科。摩根索（H. S. Morgenthan）指出，國際政治像一切政治一樣，是追逐權力的鬥爭。無論國際政治的終極目標是什麼，權力總是它的直接目標。國際政治是指國際社會中各主權國家、國際組織，以及各種政治力量相互之間的關係與其矛盾運動過程的綜合。由於國際政治是隨著世界市場的形成與發展而產生和發展的，所以在資本主義生產方式確定以前，不存在國際政治。

（三）全球化與國際政治

全球化與國際政治的共同核心話題之一，就是主權國家（sovereign state）的角色變遷，以及政治權力、經濟發展、社會動能之間的互相影響。

二、國際組織與區域安全

（一）國際組織

國際組織是具有國際性行為特徵的組織，可以解決國與國之間的各項事務。國際組織可分為兩種主要型態：

1.政府間國際組織：成員都是主權國家或其他成員不必為主權國家的國際組織（如：歐盟和世界貿易組織）。從法律角度來講，政府間的國際組織必須有一部公約作為基礎，並且有一個法人的設立。

2.非政府間國際組織（NGOs）：任何國際組織，凡未經政府間協議而建立，均被視為是為這種安排而成立的非政府國際組織，包括：獨立組織、民間組織、第三部門、志願協會。

（二）區域安全

2001年911恐怖攻擊事件後，以美國為首的全球反恐作戰改變了國際戰略環境，相繼於美國在阿富汗掃蕩塔利班政權、美伊二次波灣戰爭及美國全球軍力調整後，全球各地區的安全情勢都受到嚴厲的挑戰。尤其在全球反恐戰爭後，由於核武擴散及文明衝突等因素爭議不斷，各地區都潛藏著衝突危機。在高度全球化的今天，區域安全研究的重要性已不容忽視。新世紀全球反恐戰爭，呈現出對高科技武器的依賴及非傳統化軍事衝突的發展，讓戰略與區域安全理論的發展，體現出新的內涵。大國之間的權力競逐、合作與防範策略的靈活運用，使國家安全考量的因素日趨複雜。為了因應國際戰略與區域安全新情勢的發展，各國莫不重視區域安全情勢發展的變化，並積極籌謀有效的因應策略。

（三）國際非政府組織

1.定義：國際非政府組織（International Non-Governmental Organization）泛指由民間人士所建立並獨立於政府，以解決各國、跨國問題作為主要目的的國際組織，都可成為國際性非政府組織。其工作範疇廣泛，包括：環境保護、人道援助、消滅貧窮、監察各國人權狀況等不同範疇。

2.貢獻

(1)監察各國政府及企業：國際非政府組織以獨立身分去監察各國政府及不同企業，當出現問題時，便以壓力團體的身分出現，向政府或企業施壓，以改善狀況。

(2)為各國提供人道救援：相對於一個主權國家，國際非政府組織在人道救援上擁有更多的優勢，例如：這些組織在遇到災難時，不會出現像政府需要向國會請求撥款救災而受到政客阻撓的情況，因此在救災時往往能更加迅速。

(3)提高各國人民公民意識：國際非政府組織所涉獵的社會議題廣泛，藉著行動提高世界各國人民的公民意識。例如：於人權問題上，國際特赦組織致力於監督各國侵犯和踐踏人權的情況，提高了各國人民對自身基本權利的認識。於環境教育上，綠色和平、地球之友等環保機構都會大力推行各種不同形式的公民教育，讓各國人民思考個人對自然環境的角色與責任。無國界醫生為落後國家提供義務醫療服務，宣揚了人道主義精神，同時提高了世界各國對戰亂國家和落後國家的關注。

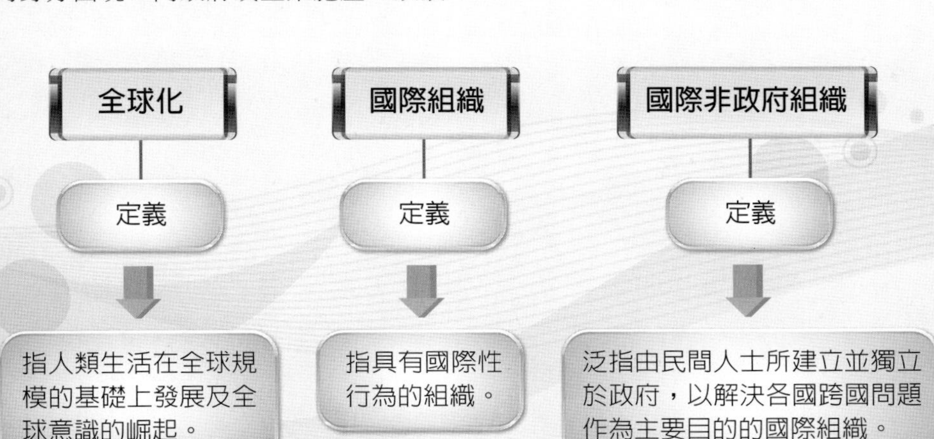

第 6 章

民意與公共關係概論

章節體系架構

Unit 6-1 民意和民主政治

一、民意與民主的基本概念

民意與政策制定的關係，可以從兩個角度來探討：

（一）多數統治論

在民主的社會，儘管每一個人以及團體都有自己表達的權利，但是一旦付諸於立法或行政程序時，多數統治論的立場還是無可挑戰的。

（二）代議政治論

在民治代議社會，人民選舉代議士替他們制定公共政策。這種方式的好處是，議員可以有充分的機會，將複雜的公共政策作澈底的討論。缺點是，最後付諸表決的方案往往是一個妥協的產物，而且多數票決的結果未必符合多數民眾的意願，在這種情形下，「妥協意見」將取代「公共意見」，成為立法及行政的民意基礎。

因此，民意與政策制定的關係，在立法機構表現的比較明顯，而政府當局的施政，也要不斷的與國會溝通，尋求他們的支持。行政當局的施政，固然要順應民意，但是當面臨危機時，民眾也期待政府領導的決心與智慧。

二、民意形成過程

Hennessy（1985）曾列舉出幾個研究民意來源的方法，包括從生理性主義的途徑、幼兒成長的途徑、社會組織的途徑、經濟決定論的途徑等。根據這些研究途徑，意見是那個來自於理性的判斷，或者是成長的過程，或者是社會團體的影響，或者是經濟地位的關係。Hennessy認為，這些理論都可以解釋民意的形成，而且可能互相影響，所以有待資料的蒐集、假設的驗證、變數的控制等步驟，以建構更完整的理論。

Erikson與Tedin（2007）指出，個人在幼年時花相當多的時間在家庭，所以，家庭成員間的態度會彼此影響，尤其是家長對於子女的影響更為明顯，例如：政黨認同，因為子女會揣摩父母的想法，甚至改變自己的想法以迎合他們心目中的父母想法。

同僚團體也是影響民意的來源之一。當年齡逐漸成長後，個人也會接觸到越來越多的政治議題，剛好跟同年紀的朋友討論政治議題，尤其是在剛好年滿20歲有投票權的時候。

學校則是另一個影響意見的來源。在小學與中學階段，學童會從課程中學習到愛國主義、服從權威、公民責任等，而這樣的教育過程有可能會提高日後對於政治的參與。學者曾發現學童與老師之間，對於政府的角色看法相當一致。

三、政府政策與民意的互動關係

在民主國家政策制定的過程中，民眾常常有機會被詢問到其對特定公共事務的意見，這種民意的表達是直接但被動的。例如：政府機構在針對特定問題研擬政策時，常常會透過舉辦座談會與公聽會的方式，邀請與該政策有關的學者專家和各方代表，就政策問題的相關事項提供諮詢、交換意見，甚至進行辯論，以蒐集民意。但座談會與公聽會所能容納的人數有限，其所提供的意見，並不能代表多數民眾的意見。故而在民意的表達方式中，一般認為，民意調查與公民投票所展現的民意具有代表性，最接近多數的民意。然而，民意調查與公民投票並不是沒有限制與缺點。其最大的缺點在於使用少數文字表示一個政策，並無討論內涵與釐清細節的機會。再者，以全民為對象作意見調查活動進行公民投票，並非是探詢民意，而是製造民意。因為一般民眾對公共事務的瞭解十分貧乏無知，這是所謂「理性無知」（rational ignorance）的問題。

四、政治行銷與競選

（一）政治行銷

政治行銷乃指任何一種以會增值主張為訴求的運動（campaign），來試圖改變民眾的認知、態度或行為。因此，「愛到最高點、心中有國旗」，以國旗（政治符號）作為訴求是政治行銷。「青年之愛」以集會方式透過人際互動，以達到政治圖騰（國旗）的目的，也是政治行銷。

（二）候選人形象

「候選人形象」指的是某一候選人在選民心目中所擁有的特質或條件，也就是選民對某一候選人所形成的認知或態度，而具有相當穩定者。瑞恩（Rahn）等人將「候選人形象」加以概念化，認為「候選人形象」是由候選人能力、個人特質和情感三部分所構成。

（三）選民區隔

選民，又稱為選舉人，是在一個選舉中有權參與投票的民眾。在普選中，選民就是當地城市的市民或本國人民。在一家上市公司，選民就是股東，包括散戶。選民權利除了投票，還有棄權和投廢票。向候選人質詢政綱，就是一種選民權利。

（四）出口民調（exit polls）

出口民調又稱「出口調查處」，是指在投票所外訪問才剛投完票的選民，其主要目的乃是用以估計選舉的結果。其優點為可以定時的方式蒐集結果並進行統計，對於爭取時效的新聞媒體而言，提供了即時更新的服務。更何況根據美國等地過去實施的經驗來看，其最後結果與選舉的真正結果相當接近。

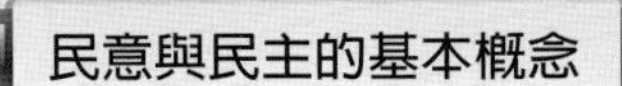

多數統治論：一旦付諸於立法或行政程序時，多數統治論的立場還是無可挑戰的。

代議政治論：人民選舉代議士，替大家制定公共政策。

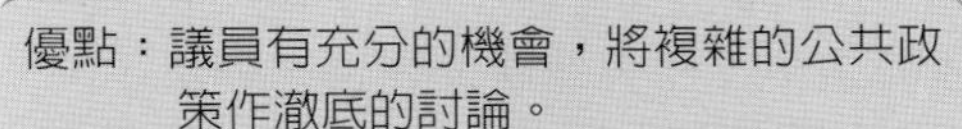

優點：議員有充分的機會，將複雜的公共政策作澈底的討論。

缺點：「妥協意見」將取代「公共意見」，成為立法及行政的民意基礎。

Unit 6-2 民意與新聞傳播、選舉

一、民意與媒體的關係：新聞媒體對於民意的影響

民意學者李普曼（Walter Lippmann）在《民意》（*Public Opinion*, 1922）經典之作第一章〈外在世界和人們腦中的圖像〉（The World Outside and the Pictures in Our Heads）所提出「人們腦中的圖像」，可說是「議題設定」模式觀念的溯源。拉查斯斐（Lazarsfeld, 1944）等人認為，媒體有架構議題的能力。柯亨（Bernard C. Cohen）在《報業與外交政策》（*The Press and Foreign Policy*, 1963: 13）一書中指出：「報紙或許不能直接告訴讀者想什麼（what to think），卻可以告訴讀者想些什麼（what to think about）」，則是年代較近的直接啟示。申言之，大眾媒體報導多的議題，容易成為民眾重視的議題，也容易成為民眾談論的議題，傳播媒體無異為民眾設定議題，激起民意形成的取向。

二、反映民意的管道：從傳統管道、民意論壇到網際網路

近年來，由於網路技術的飛速發展和網際網路覆蓋面的日益擴大，網際網路已經成為公眾表達和交流的重要平臺。有網友提出，網際網路開闢了民意訴求新管道，網路民意的「力量」在近兩年越發強大，對現實生活產生越來越大的影響。例如：2014年臺灣九合一選舉，臺北市市長選舉由柯文哲與連勝文對決，網軍（婉君）所發揮的影響力，在在說明網路聚集的力量勢不可擋。繼前行政院毛治國院長向「網軍大神」求智慧後，2015年2月14日馬英九辦公室痛定思痛，也舉辦網路浪潮新思維研習營，邀請協助臺北市長柯文哲勝選的和沛科技執行長翟本喬等人講課，馬英九、吳敦義、馬辦祕書長曾永權及科長以上官員均參加。

三、新聞媒體在民主社會扮演的角色與功能

（一）充實政治知識

宣偉伯（Wilbur Schramm）認為，大眾媒體能擴大民眾的視野，視野的擴大與知識的充實息息相關，所以，大眾傳播能充實閱聽人的知識。

（二）促成迷惘和澄清局勢

迷惘的產生是因為訊息不足或訊息內容互相衝突。唯獨傳播媒體對事件的後續報導，會提供更詳細的說明，探討事件的前因後果，貢獻解決問題的切實可行辦法，具有澄清局勢的作用。

（三）形成態度

從日常生活中，人們可以發現由媒體所形成態度的實例不勝枚舉。人們從傳播媒體的內容中，對交通安全的速率限制、生態環境的問題、能源危機、國際局勢、政治論題等都會形成某種態度。

（四）引導議題設定

大眾傳播另一個認知的影響是議題設定。讀者可以從新聞報導中學到哪些問題最重要、哪些問題是次要的，也就是說，傳播媒體可以對問題賦予重要性。

（五）擴大信仰系統

人們從大眾媒體的內容中知道了很多人，知道了很多地方，也學到了很多事

物，無疑地，他們的認知層面擴大了，他們的信仰體系也寬廣多了，其中包括：宗教、家庭、政治等。

（六）塑造價值觀念

事物實用性的一種動量叫作價值。精神價值是大眾媒體在認知方面的影響所不可忽略的，大眾媒體常針對某些事件，具體而微地報導了它的原委，閱聽人從它的報導中可領會出價值觀念。

四、傳媒與選舉

傳媒與選舉的關係，常成為議論焦點。尤其傳媒與選舉的關係，向來都是傳播研究的問題。

第一個問題是，有關個別傳媒，在選舉中為特定候選人「助選」的問題。研究者如何探討新聞傳媒在戰情激烈的選舉中的報導，怎樣發揮其議題設定的角色？另外，也會對某些評論文章作出分析，看看是否有個別傳媒在選舉中為特定候選人「助選」的問題。

第二個問題與主要適用於電子傳媒的平等時間原則有關：當候選人太多而時間又一定要平均分配時，結果是否只會令每位候選人都沒有足夠時間表達自己的政見？當所有表面證據都顯示其中幾位候選人根本沒有可能勝出的時候，讓所有候選人有平等時間是否不切實際？

就「平等時間」問題而言，沒有人會懷疑「平等時間原則」（equal time rule）的原意是好的，但有可能會衍生出副作用。說到底，「平等時間原則」的基礎，道理很簡單，那就是選舉應該公平、公開、公正，對每一位符合資格的候選人，都應給予同等的機會。如果一位候選人在電子傳媒中經常出現，而另一些候選人卻沒有太多機會在媒體中向選民解釋自己的政見，那麼整個選舉就很難說得上是完全的公平了。

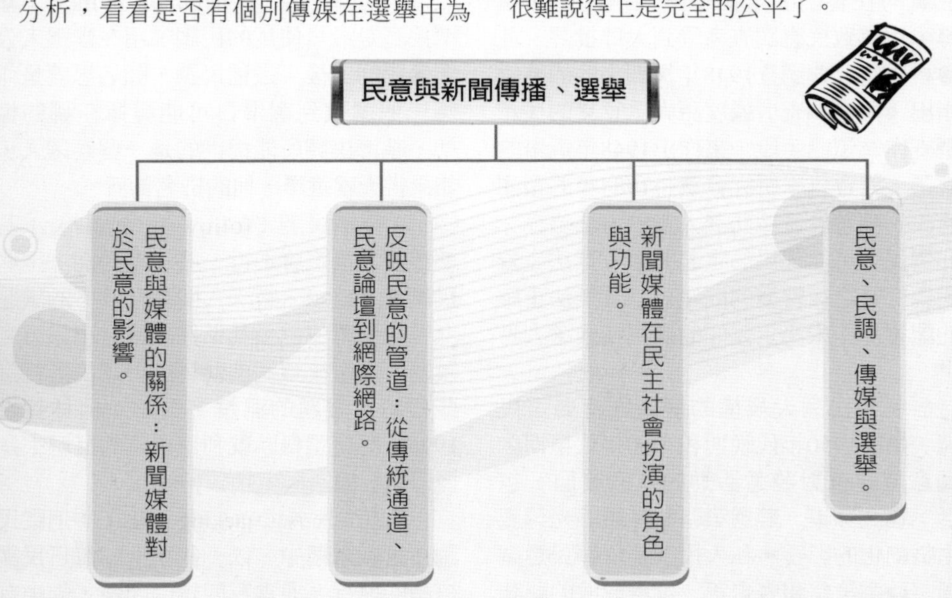
民意與新聞傳播、選舉
民意與媒體的關係：新聞媒體對於民意的影響。
反映民意的管道：從傳統通道、民意論壇到網際網路。
新聞媒體在民主社會扮演的角色與功能。
民意、民調、傳媒與選舉。

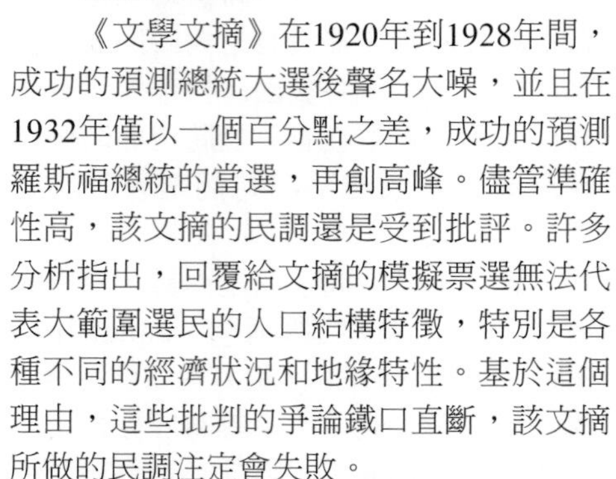

Unit 6-3 民調和政治競選

一、民意的發展

《文學文摘》在1920年到1928年間，成功的預測總統大選後聲名大噪，並且在1932年僅以一個百分點之差，成功的預測羅斯福總統的當選，再創高峰。儘管準確性高，該文摘的民調還是受到批評。許多分析指出，回覆給文摘的模擬票選無法代表大範圍選民的人口結構特徵，特別是各種不同的經濟狀況和地緣特性。基於這個理由，這些批判的爭論鐵口直斷，該文摘所做的民調注定會失敗。

雖然該文摘在1946年的預測失敗了，不過包含蓋洛普的美國民意調查機構，成功的預測出羅斯福總統的當選。1948年11月，由蓋洛普所領導的三個國家民調機構，每一個都預測共和黨的杜威將贏過民主黨的杜魯門。這個總統大選的預測誤導，也導致民意調查者受到大肆批評。社會科學研究會調查1948年民調失敗的結論指出，民意調查者過度將大眾意見的民意調查作為預測手段，來作出1948年選舉的當選。社會科學研究會還將1984年的預測錯誤，歸咎於選擇訪談人選的方法錯誤、非選民與可能選民的定義問題、無法發覺選舉行為之後轉變的問題，以及無法正確的配置那些未決定偏好的選民在候選人身上。

私人民調大規模的擴展進行競選民調，始於1950年代晚期和1960年代早期。民意調查會對競選活動的各個層面，包括：資金募集、競選策略和媒體曝光等產生戲劇化的影響。私人民調都依賴民意調查、競選策略和廣告等。選舉成敗的祕訣就在：具備洞悉選民希望、恐懼和欲求，然後用策略、語言和形象去達到上述訴求。

二、民意調查的意義與種類

（一）何謂民意調查？

「調查」和「民意調查」是以問人們問題來蒐集資料的一種方法，民意調查用的是社會科學許多研究方法當中的一種，就是調查法（survey）。當調查應用在市場瞭解時，就是市場調查（market survey）；而拿來瞭解民意趨向時，就是民意調查（poll）。

（二）民調的種類

不同形式的選民民調，可以提供不同的訊息：

1.基準民調（benchmark polls）：基準民調是最早使用的民調，用在候選人公布參選的前後。這種民調，顧名思義是作為一個選戰到選舉日可能發揮在哪的標準。基準民調所能提供的是一個候選人，如果當天就選舉，他的排名為何。

2.後續民調（follow-up polls）：基準民調之後還會進行一些小型民調，這些民調長度較短，較深入關注在時下的議題上。如果幕僚已由基準民調擬定出訊息和議題，那麼後續民調就可以對選民進行這些標語、議題的測試。例如：柯林頓在1996年總統選舉時就利用民調的反應來選擇口號、標語。

3.追蹤民調（tracking polls）：追蹤民調在選戰末期中，以一些小型的每日民調持續的進行。通常質問幾個問題，當中有模擬選民投票日會投票給誰的問題，還有基本人口統計特徵的問題，以及監控選民對某些議題的看法或是目標選民的意見。

4.出口民調（exit polls）：指的是在投票所處進行調查，就是在人們已經投完票後對他們加以調查，這種調查是以面對面的訪問方式進行。

三、民調的步驟

（一）民調的首先步驟是選取樣本

其所選出的樣本不一定要大，但要有代表性，即原本所呈現的意見分布比例應該與母體一致，通常樣本數要在400以上，才能符合統計上95%的信賴區間。至於挑選樣本時通常會採取的抽樣方法有：隨機抽樣、分層抽樣或結合以上方法。

（二）設計題目、設計問卷

調查者必須與候選人或是媒體顧問進行討論後，再進行問卷的規劃及設計，包括問卷的主體、整個大環境目前的情形（政治氣候等）。

（三）獲得答案

最簡便的方法便是「郵寄問卷」，但最有效的方法是「面對面的訪談」，當然在大眾傳播工具發達的今天，亦可用「電話訪談」。

（四）分類並解釋答案

民意調查的第四步驟便是將所獲得的答案，加以分類並解釋。同時，也只有這些數字，才可以著手進行編碼登錄（coding）整理，加以分析，並解釋其所代表的意義。

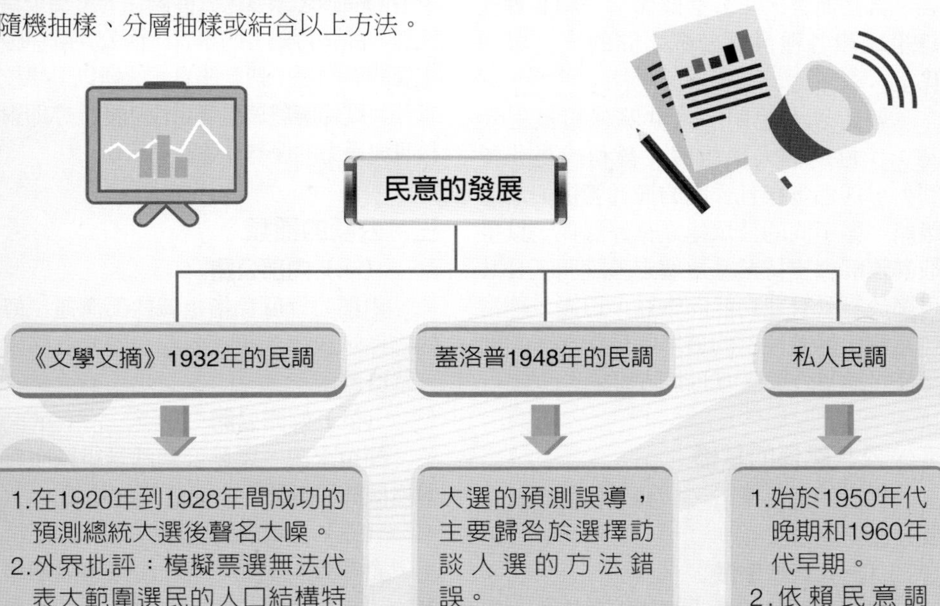
民意的發展
《文學文摘》1932年的民調
1.在1920年到1928年間成功的預測總統大選後聲名大噪。
2.外界批評：模擬票選無法代表大範圍選民的人口結構特徵。
蓋洛普1948年的民調
大選的預測誤導，主要歸咎於選擇訪談人選的方法錯誤。
私人民調
1.始於1950年代晚期和1960年代早期。
2.依賴民意調查、競選策略和廣告等。

Unit 6-4 公共關係的理論基礎與基本概念

一、公共關係的內涵、功能與價值

（一）public

「public」一字可作兩種解釋，第一層意義是將「public」視為形容詞，即為公共、公開的意思；第二層意義是將「public」視為名詞，意思是「公眾」，意指包含任何公共關係工作所接觸的目標對象，例如：員工、媒體記者、一般消費者、會員、投資人、社區民眾、民意代表或政府機關等。

（二）relations

而public relations其後的「relations」（關係）一詞是複數，也有其特別的涵義。具體而言，「公共關係」一詞其實就是組織和各種目標公眾之間的「公眾關係」。

綜合以上說明，公共關係可被定義為：「協助個人或組織（營利或是非營利），透過多樣且公開的溝通管道與溝通策略，與不同的公眾建立良好關係，以爭取其瞭解與支持。」這個定義說明了公共現屬於經營管理功能的本質，透過「經常性」和「計畫性」的公眾關係管理，達到維持組織與公眾雙方面共同利益的目標。

二、公共關係的基礎

從行銷理論來看，公共關係的經營主要分為三個學派：

（一）管理學派

將公共關係視為「溝通管理者」，是學校組織常態型的業務。溝通管理的範圍涵蓋所有學校與公眾間可能藉由「溝通」而解決的問題，特別是對於組織形象容易造成負面評價的「抗爭」與「衝突」事件。在兼顧組織與公眾的利益下，透過談判、協商與合作的方式解決問題。

（二）語藝學派

認為公共關係是學校的「化妝師」，是學校建立品牌形象的作為。因此，舉凡與學校形象攸關的符號產製業務，如：學校的願景、標語、文宣產品、學校活動等，都是公共關係的行銷範圍。學校形象與校譽的維護，更是公共關係推展的重點。

（三）整合行銷傳播學派

認為經營公共關係的目的，是為了增加產品銷售、服務使用，以及維持或加強消費者的品牌忠誠度。公共關係的重點是為了處理「品牌行銷」的事宜，而公共關係經營主要的面向是「傳遞訊息」。所以，學校經營公共關係應該著重實用性功能，亦即對學校具競爭力的優勢加強行銷。

三、公關的種類

（一）內部公關

內部公眾關係指組織內部溝通、傳播的物件，包括：組織內部全體成員構成的公眾群體。

（二）媒體公關

簡單來說，媒體公關就是組織與新聞傳播機構和新聞界人士之間的關係。

（三）企業內外公關

企業公關主要是管理企業傳播事務的原始功能，行銷公關則強化其行銷管理的功能。

（四）非營利組織公關

所謂非營利組織係指非營利組織不以

獲取利益為優先，此外，非營利組織在某種意義上具有志願性。

（五）政府公關

政府公關是指社會組織與政府及各職能機構、政府官員和工作人員之間的關係，即組織與政府溝通的具體物件。

（六）教育公關

「教育公共關係」（school public relations）、「學校社區關係」（school community relations）、「學校公共關係」（school public relations）等名稱經常互用。所謂學校公共關係是學校行政上重要的一環，透過有系統、有計畫、長期性的雙向溝通活動，結合公眾利益與意見，以獲取內外公眾對學校的支持，共同為增進學生福祉、達成教育目標而努力。

四、現代公關理念：公關企劃與整合行銷傳播

整合行銷傳播作為一種行銷溝通的企劃概念，與行銷傳播之差別在於：整合行銷傳播強調透過傳播工具的策略性整合，所達成的訊息傳播效果將大於個別執行廣告、公關與促銷等活動的成效。所謂策略性的整合各種傳播技術是指，有效整合廣告、公關、促銷、直效行銷等工具，來傳遞整體形象與一致性的訊息，提高整體行銷企劃的影響力，達成建立品牌形象與累積品牌資產的目的。

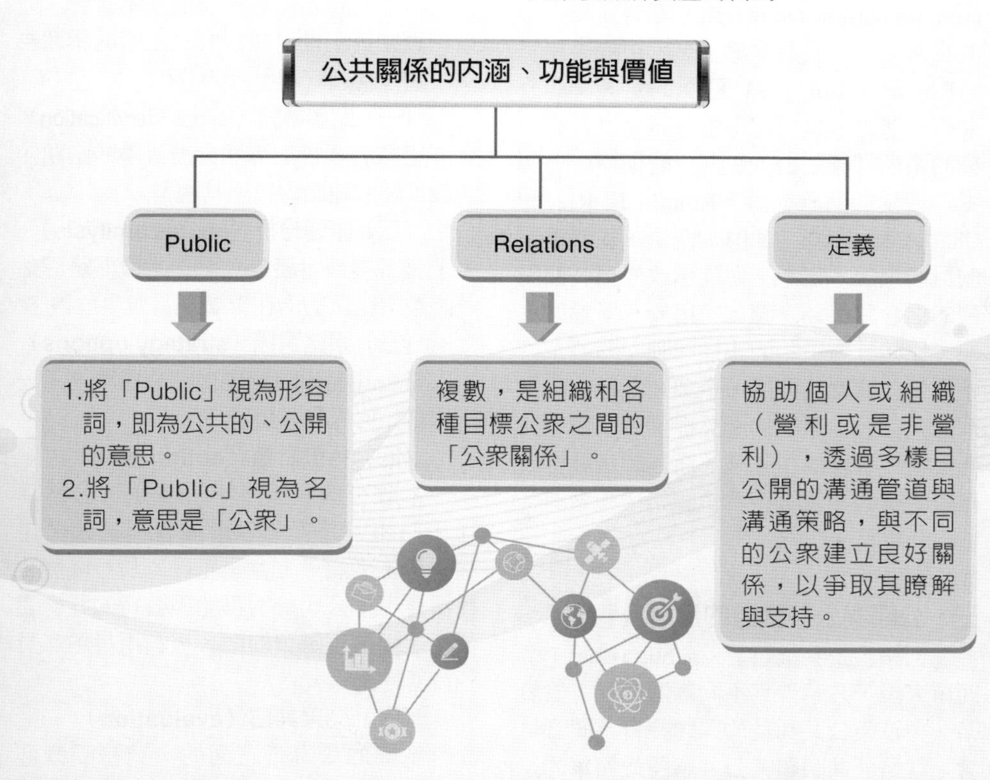

公共關係的內涵、功能與價值
Public
Relations
定義
1.將「Public」視為形容詞，即為公共的、公開的意思。
2.將「Public」視為名詞，意思是「公眾」。
複數，是組織和各種目標公眾之間的「公眾關係」。
協助個人或組織（營利或是非營利），透過多樣且公開的溝通管道與溝通策略，與不同的公眾建立良好關係，以爭取其瞭解與支持。

Unit 6-5
公共關係與新聞傳媒、民意的關係

一、公關與民意的關係

吳宜蓁（1996）將政府公共關係定義為：「在尊重民意、強調公益的前提下，以本身政績為基礎，再利用媒體將政府的政策與措施告知民眾，以爭取民眾的理解與支持，並消除誤會。」因此，自由新聞事業被視為「第四權力」，而政府公共關係制度則發生了民主政治體制傳送器、加速器及安全瓣的作用。

二、公關與傳媒資訊運動

西方社會的公共傳播運動（public communication campaign，臺灣又譯「公共宣傳」或「公共宣導」）。根據美國學者Rogers與Storey（1987）的定義：「公關傳播運動」是利用媒體、訊息以及有組織的系列媒體活動，在某一時期達成一個受 接受的明確結論。Ronald E. Rice和Charles K. Atkin（2001）認為，從要達到的目的來說，它是一個團體改變另一個團體的信念和行為意圖，多用於有爭論的主題，比如針對墮胎的傳播運動。隨著企業社會責任概念的發展，企業在社會中所扮演的角色已從單純的產品提供者，演變為參與社會事務的一分子，而為順應社會大眾對企業的期望，企業也開始積極參與各種公共事務。

三、公關與公共議題的建構及管理

何謂「公共議題」（public issues）？簡單來說，凡牽涉到不同團體之間，對於某一項涉及公共利益的問題持有不同意見者，就是公共議題。公共議題最簡單的定義，就是企業表現和社會大眾期望之間所存在的落差，這是由於社會價值觀的改變，或是企業的運作與社會的價值觀發生牴觸，造成大眾期望與企業表現間出現了差距，因而對企業形成一種壓力，公共議題於是就產生了。

議題管理是一種前測的、系統性的步驟，包含欲知問題、預測威脅、減低突發狀況、解決爭議、預防危機。議題管理是組織性的活動，是一項積極的計畫性策略。有效的議題管理可活化企業、整合社會資源，以及培養與社會對話的能力。

以下為議題管理的五個基本步驟，並以美國在第三世界血汗成衣工廠的議題為例，進行議題管理過程的分析：

(一) 定義議題（issues identification）

組織必須找出可能會被討論的議題，並於可能的範圍內找出其趨勢。

(二) 議題分析（issues analysis）

當議題被定義後，下一步驟即是評估該議題對組織的潛在影響是否產生危害。

(三) 策略選擇（strategy options）

當公司發現該議題損及公司時，下一步即是如何處理該議題。

(四) 行動計畫（action plan）

當政策決定後，下一步是與公眾溝通。例如：該對象包含顧客、美國勞工局、勞工團體、工會、雇員、利益團體，此機會可讓公司針對可能因公司的社會責任而選擇是否購買的顧客，利用行銷工具執行新的政策。

(五) 結果評估（evaluation）

新聞的報導是正面的，或是受歡迎

的？行動團體是否取消抵制產品購買？

四、危機傳播

R. L. Heath（1994）曾對危機傳播下過定義：「危機傳播是一種針對特定議題、有目的的訊息交換；是個人、私人、團體與公共間的資訊和意見的交換過程，包含危機本身和其他訊息的多重模式，並不會直接單談危機，還會表達彼此間的關切、意見或對危機訊息的反應，以及政府或體制對危機的安排，並以道德方式來控制危機的極度不確定性，努力爭取博得公眾信心。」從上述得知，危機傳播的目的是在溝通與形象維護，故良好的危機管理應包含危機傳播的功能。

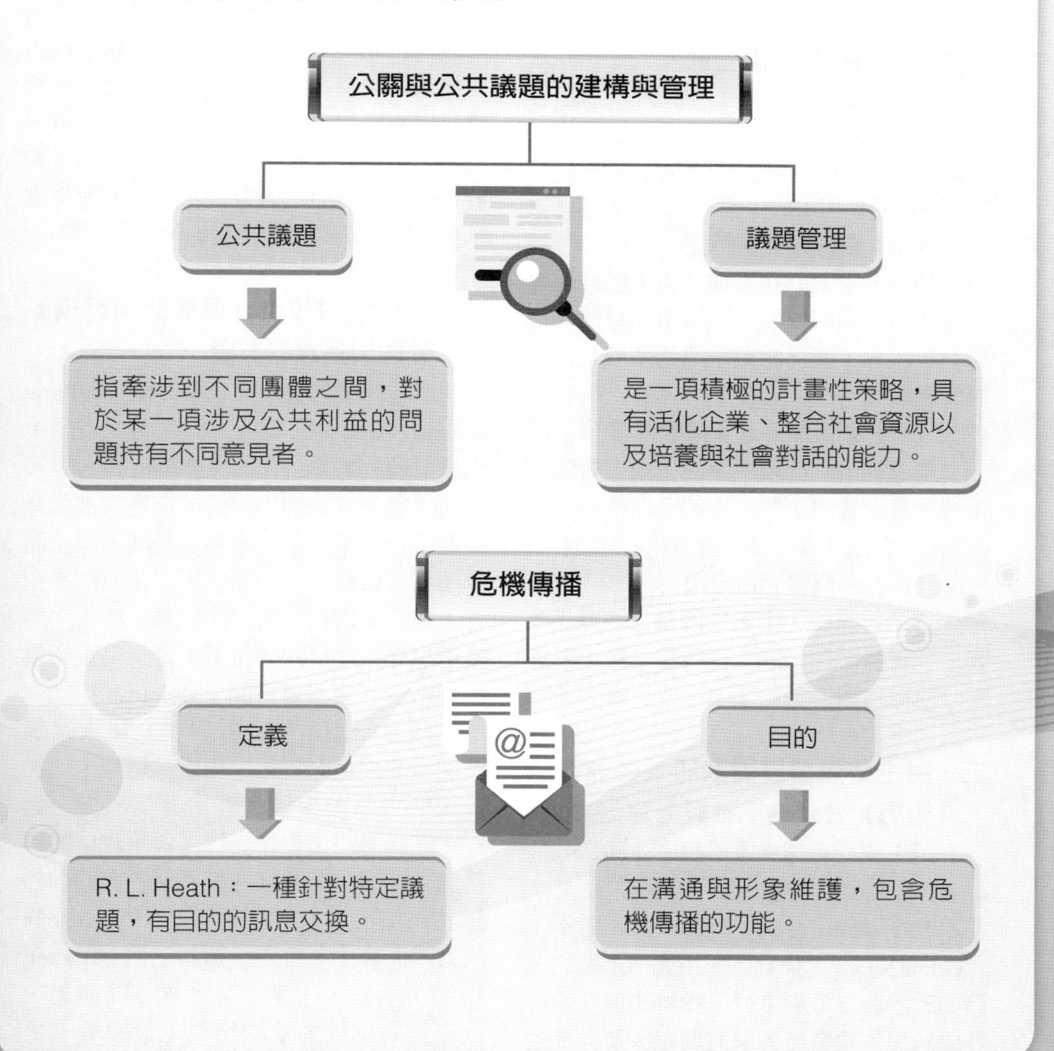
公關與公共議題的建構與管理
公共議題
議題管理
指牽涉到不同團體之間，對於某一項涉及公共利益的問題持有不同意見者。
是一項積極的計畫性策略，具有活化企業、整合社會資源以及培養與社會對話的能力。
危機傳播
定義
目的
R. L. Heath：一種針對特定議題，有目的的訊息交換。
在溝通與形象維護，包含危機傳播的功能。

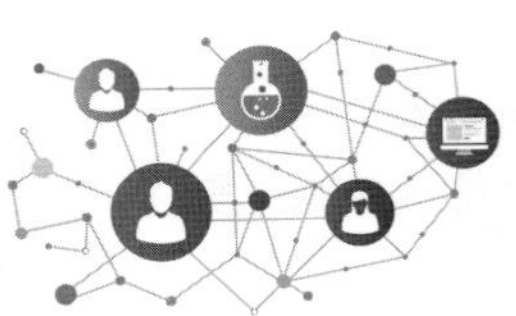

Unit 6-6 民意與公共關係的未來發展走向

一、新傳播科技對公關與民意的助力和挑戰

對於公共關係而言，新媒體的特徵符合公共關係的傳播特點。隨著新媒體被廣泛使用，公共關係的行業價值和社會影響力將明顯提升。

（一）新媒體強調互動

如部落格（Blog）、播客（Podcasting）、社交網路（SNS）、訂閱部落格（RSS）等為代表的網路技術，提升了網路媒體使用者的主觀「能動作用」。

（二）新媒體突破時空

如今網際網路在某種意義上已經脫離了時間和空間的限制，能夠第一時間向全球發布訊息，發揮的效率遠遠高於其他媒體的型態。

（三）新媒體降低了傳播成本

網際網路的出現，突破了成本瓶頸，某種意義上實現了無成本的全球傳播，這大大強化了公共關係的功能價值。

（四）新媒體適合分眾

透過新媒體，由新媒體為公共關係的客戶「量身訂製」或「客製化」後，更加充分地得到滿足。

二、民主政治發展對政府（與非政府組織）公關的挑戰與機會

民主政治可透過電子民主（electronic democracy）或所謂的「網路民主」（cyber democracy）或「e化民主」（e-democracy）來實踐。由此角度觀之，諸如政治會議參與度低、投票率低落等許多成熟民主政體所遭遇的問題，並非反映對民主和政治的疏離，而是民主程序無法與時俱進，以符合資訊社會中公民所希冀參與政治、表達意見的方法。透過互動電視、網際網路以及線上投票等方式運作的電子民主，似乎至少擁有三項優勢。它克服了規模的問題：人們不再需要透過大規模組織來參與政治活動；它大幅擴大公民對於資訊的接觸管道，意見與觀點的自由交換得以實現；它使公民不用出門，就能輕易與便捷地表達自身觀點。然而，電子民主卻招致許多批評，例如：系統中（基於電子式的參與，而非親身參與）衍生選舉舞弊與不法的可能性增加。

三、全球化對政府（與非政府組織）公關與民意的影響

大眾媒體在促進文化全球化（cultural globalization）的角色，向來備受爭議。大眾媒體的力量、跨國企業的成長，以及與大眾觀光等趨勢相結合。它經常被視為造就了一個單一全球體系之發展，但正面臨所謂「媒體帝國主義」可能造成的「西化」或「美國化」過程的影響，如：「麥當勞世界」（McWorld）、音樂電視頻道（MTV）、麥金塔電腦（McIntosh）。

儘管如此，以上針對受全球大眾媒體刺激的文化同質化之描述，還是未能加以說明實際上複雜且經常發生衝突之過程。在媒體將文化歧異性「扁平化」的趨勢之外，尚存有多樣性與多元主義的強烈傾向。這已基於不同的原因，經由不同的方式而發生。首先，如同巴柏（Barber, 1995）所言，「麥當勞世界」的興起，已經與對抗性力量的出現〔最顯著者，即好戰的伊斯蘭（militant Islam），或巴

柏所言之「聖戰」（Jihad）〕產生一共生的連結。其次，「新」媒體（特別是電腦化的印刷技術、衛星電視以及網路等）擴大了接觸大眾傳播的管道，實質上也大幅降低其成本。第三，透過大眾媒體所促成的文化交流，絕非「由上而下」或單向的過程；相反的，所有社會（包括經濟上與政治上強大的社會）皆因為全球化文化市場的出現，而變得更加歧異與多元。已開發國家在輸出可口可樂、麥當勞以及音樂電視頻道之餘，也逐漸被寶萊塢電影、中國功夫巨作、「世界音樂」、非西方宗教及各種療法所「穿透」。

四、置入性行銷的反思：對公關與民意的影響

1.置入性行銷新聞將非關公共利益的廣告宣傳以新聞包裝，混雜在其他真新聞之中。電視臺是最早將業配新聞制度化的地方。所謂的置入性行銷可細分成專案與業配新聞，專案指業主直接付錢要求媒體製作某特定議題的專題報導，如：偏鄉建設等，其中80%的專案是來自政府單位的標案。且在簽約時，會包含附帶配合條款，要求電視臺在該部會有機動性會議時需派記者採訪，或部會有相關爭議事件發生時，要讓機關有澄清、危機處理的空間。另一種俗稱的業配新聞，則是廣告以單則新聞的方式包裝呈現，使閱聽人誤以為真。

2.國家通訊傳播委員會（NCC）與立法院應加速完成規範置入性行銷的立法，全面禁止政治置入性行銷，並管制商業置入性行銷之範圍，明文禁止新聞與兒童節目出現置入訊息，其他媒體內容之置入應以揭露出資者為原則。政府宣傳費用之上限與使用方式，應於《預算法》、《政府採購法》、《公務員服務法》與廣告及媒體等相關法令中規範，並明文禁止政府編列置入性行銷之宣傳費用。

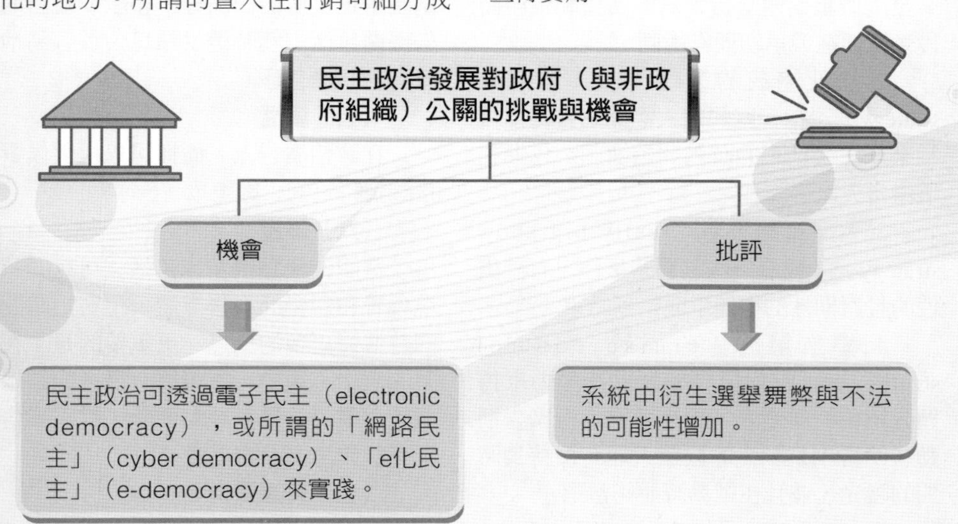
民主政治發展對政府（與非政府組織）公關的挑戰與機會
機會
批評
民主政治可透過電子民主（electronic democracy），或所謂的「網路民主」（cyber democracy）、「e化民主」（e-democracy）來實踐。
系統中衍生選舉舞弊與不法的可能性增加。

Unit 6-7 政治選舉廣告

一、競選廣告的計畫與策略

（一）競選廣告的計畫

在推展媒體計畫時需要注意到：

1.花費在較為有利的媒體上。

2.估算競選期間的廣告成本。

3.針對目標特殊的閱聽眾而選擇媒體的能力。

4.完成廣告明確目標之多樣性媒體能力。

5.廣告的連續發展性。

6.協調在競選活動中其餘的廣告活動。

（二）競選廣告的策略

一般在購買廣播和電視時段上，可使用下列四種基本模式：

1.衝刺策略（spurt strategy）：利用這個策略的候選人通常是在競選初期名氣比較低的，在競選最初的四到六個月中，於一至兩個星期內購買大量的廣播和電視時段，以便在競爭初期作衝刺。

2.快速完成的策略（fast finish strategy）：指一些候選人剛開始會選擇慢慢來，在快結束的時候開始衝刺，以期在選舉當天贏得勝利。

3.大型造勢策略（really big show strategy）：製造一些主要的事件，有計畫性的且週期性的從競爭開始到結束。

4.導航策略（cruise control strategy）：針對已經領先以及努力維持領先地位的候選人，用來穩定進行廣告活動，使得本來領先的候選人能夠保持長時間的曝光，並且在選舉時能夠當選。

二、競選廣告的媒體

政治競選活動可運用下列八種廣告媒體：

（一）展示性的廣告圖像

展示性的廣告圖像包含：廣告看板、明信片、布條、小貼紙、徽章，這些都很容易讓人對候選人產生印象。

（二）宣傳單（direct mail，簡稱DM）

在政治宣傳中，DM提供候選人與其他的競選廣告不一樣的地方在於，DM可以針對目標閱聽眾來做宣傳。

（三）電話拜訪服務

以美國來說，電話公司有所謂的電話清單，可以提供候選人做電話拜訪服務、募款或在選舉當天催票等。

（四）印刷廣告

在初期的選舉活動，報紙和雜誌的印刷廣告是宣傳的一部分。報紙或雜誌的廣告優點包括：及時提供訊息、很容易地表達自己的理念等。

（五）廣播

在政治廣告上，廣播可以提供候選人接觸到特定的少數聽眾。

（六）電視

電視的優點很多，包括：可以同時呈現視覺和聽覺的廣告媒體，可在短時間內同時傳達更多的訊息。更重要的是，在所有的大眾媒體中，電視擁有最多的觀眾。但是，電視的最大缺點就是，電視廣告必須花費非常龐大的金錢。

（七）有線電視

有線電視普及率高，有助於宣傳，加

上運用數位電視，可以連結有線的系統成為一個區域性的網路，有助於地域性的目標。

（八）網際網路

網路已經越來越普遍。政治網站可以提供下列功能，包括：提供候選人的相關資訊給選民、吸引對政治有興趣的志願者、提供選民社群中的資訊和新聞、尋找選民在議題上的態度、募集資金，以及攻擊反對者。

三、競選廣告的種類

（一）從廣告訴求分

1.感性訴求：如透過幽默手法、俏皮語氣，試圖引起選民特殊的情緒反應。

2.理性訴求：透過說理、法令、數字等邏輯性的內容，在廣告中陳述意見、攻擊對手、反駁批評或塑造形象，並試圖尋求選民贊同或接受。

（二）從廣告類型分

1.正面廣告：正面廣告的功能包括：使候選人的領導風格與人格特質結合，強化與選民的同質性，發展候選人的英雄形象，並將議題與候選人連結而賦予正面形象。

2.負面形象：負面廣告將焦點集中在競爭者的缺點進行攻擊，增加其負面性，甚至將不歡迎的議題與該敵對者連結，讓對手被貼上負面形象的標籤。

（三）從競選廣告表現分

競選廣告最重要的是引人注意，設計須符合「標題聳動、文案短、圖片大、構圖活潑」為原則。

四、競選廣告製作流程

（一）擬定議題

一般而言，媒體顧問與民調若能合作無間，競選文宣議題的操作便能發揮到極致。

（二）撰稿

在競選初期，撰寫重點必須是介紹候選人及競選議題，以便能為競選文宣的闡述奠定基礎。

（三）拍成電影或是錄影帶形式的影片

務必先行送交候選人以及主要競選顧問作確認，經過多方篩選確認後，才進入下一階段。

（四）編輯

編輯又稱為後製作，是文宣廣告實際製作的地方。第一部便是從毛片中挑出適當者，然後各個場景便能儘量根據之前的草稿作剪輯組合。

（五）購買時段

媒體顧問根據民調資料所作的分析，向電視臺、有線電視業者購買廣告播出的時段。

（六）購買時段之決定性策略

選戰花費龐大，媒體顧問不能毫無篩選的運用預算。常用的標準是單點成本法以及路障策略。

教育學

章節體系架構

Unit 7-1 教育的基本概念

一、教育的意義

教育是一個高層次的複合概念。教育活動與人類歷史同時起源或存在。

教育的意義是什麼呢？

（一） 中文

從字義上分開來說，「教」在《廣雅》、《詩經》、《漢書》〈儒林傳〉均訓「教」，是上行下效，以先覺覺後覺之義。在《周禮》、《禮記》〈學記篇〉與《荀子》〈修身篇〉中均訓為傳授、導引，當然也包括知識的傳授和品德的指導。以上含有濃厚的規範意味 。

1.《中庸》：「天命之謂性，率性之謂道，修道之謂教。 」

2.《荀子》〈修身篇〉：「以善先人者謂之教。」

3.《禮記》〈學記篇〉：「教也者，長善而救其失者也。」

4.《說文解字》：「教，上所施，下所效也；育，養子使作善也。」

段玉裁注：「育，不從子而從倒子者，正謂不善者可使作善也。」

（二） 英文

重在養育、引出、發展等歷程或功能。

1.英文為「education」，法文為「éducation」，德文為「 erziehung」皆由拉丁文名詞「educare」蛻化而來，具有「培養」與「引出」之意。

2.教育要用引導的方法，來發展學生的身心。

（三）教育的意義

教育是人類用以改善現狀的特有活動。

1.廣義：教育是指自然環境和社會環境對於個人所施的各種影響，包括：家庭教育、學校教育和社會教育。

2.狹義：教育是指有意設施的教育，主要是指學校教育。

（四）歷來學者對於教育的看法

1.盧梭（J. J. Rousseau）：教育是開展個體潛能的歷程。

2.康德（I. Kant）：教育是啟發理性和良知的歷程。

3.涂爾幹（ E. Durkheim）：教育是個人社會化的歷程。

4.杜威（J. Dewey）：教育即生長，是經驗不斷改造與重組的歷程。

5.斯普朗格（E. Spranger）：教育是傳授文化理想、價值的歷程。

6.皮德思（R. S. Peters）：教育是合於認知、合於價值及合於自願的歷程。

二、教育的本質

教育的本質眾說紛紜，難有定論，但郭為藩教授認為以「生長說」、「社會化說」與「自我實現說」等三種觀點，最符合現代教育之需要。簡言之，「社會化說」是從社會本位的立場來看教育；「生長說」則從個人本位的立場，肯定個人潛能的充分發展；「自我實現說」則由個人經驗之生長歷程，而兼顧到社會和理想。三種理論的重點雖有不同，精神上時常融會貫通，對於教育本質的瞭解，自應兼顧，不宜偏廢。

三、教育的功能

所謂教育的功能乃指教育活動的功效和職能，就是「教育能做什麼」的問題。

教育的功能大致可分為：個體發展功能與社會發展功能。教育的個體發展功能可分為教育的個體社會化功能與個體個性化功能兩方面。社會活動的領域主要包括：經濟、政治和文化等方面，因而教育的社會發展功能又可分為教育的經濟功能、政治功能和文化功能。教育的主要功能是：

1.教育的最首要功能是促進個體發展，包括：個體的社會化和個性化。

2.教育的最基礎功能是影響經濟發展。現代社會著重教育的經濟功能，主要包括：為經濟的持續穩定發展提供良好的背景；提高受教育者的潛在勞動能力；形成適應現代經濟生活的觀念態度和行為方式。

3.教育的最直接功能是影響政治發展。

4.教育的最深遠功能是影響文化發展，教育不僅要傳遞文化，還要滿足文化本身延續和更新的要求。

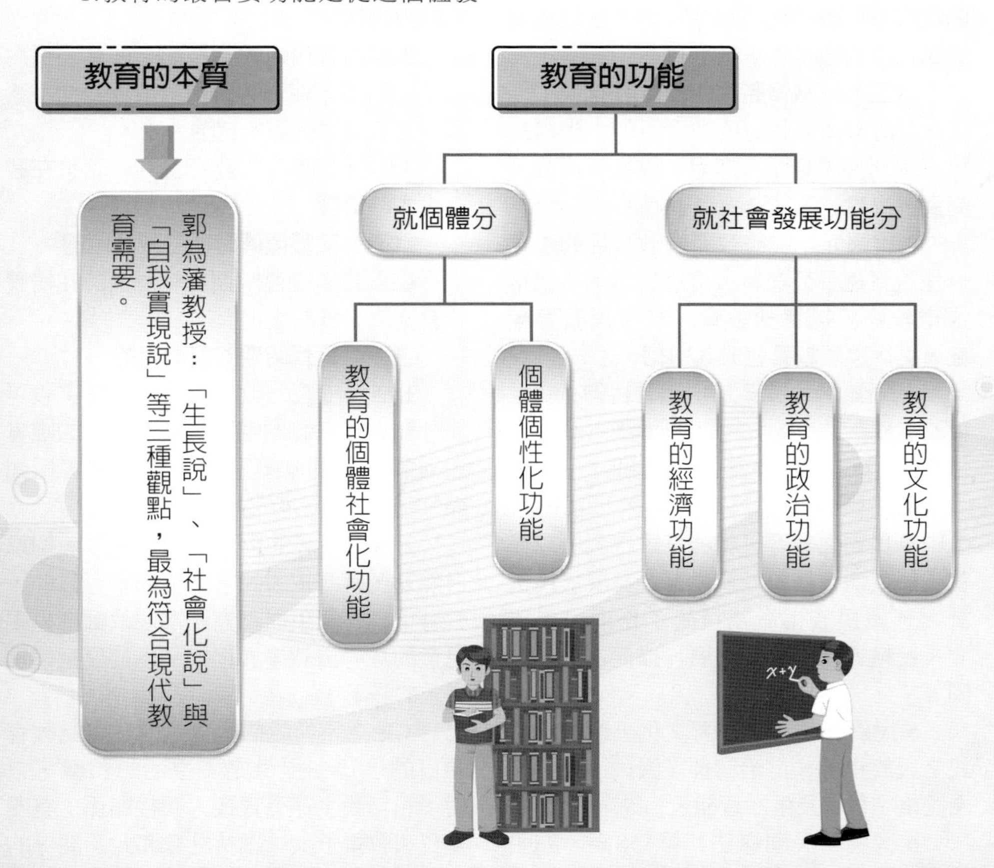

Unit 7-2 教育的演進

一、我國教育目的的演進

（一）舊教育時期的教育目的

1.自虞夏商三代到西周的教育目的：明人倫、嚴尊卑、定上下，使社會有秩序，符合貴族政治的利益。

2.自東周至春秋戰國時代的教育目的：此時期的教育目的，仍偏重士族階級領袖人才的培養，教育為促進個人向上層社會流動之工具。

3.自秦代至清末的教育目的：此時期的教育目的在透過科舉選拔人才，以培養忠順的政治領導人才為主。

（二）新教育時期的教育目的

1.清末滿清政府的教育目的：光緒32年，學部奏請宣示「忠君、尊孔、尚公、尚武、尚實」五項為教育宗旨。

2.民國元年臨時政府的教育目的：第一任教育總長公布新教育宗旨為：「注重道德教育，以實利教育、軍國民教育輔之，更以美感教育完成其道德。」

3.民國4年北京政府的教育目的：袁世凱頒定教育宗旨為：「愛國、尚武、崇實、法孔孟、重自治、戒貪爭、戒躁進。」

4.民國18年國民政府的教育目的：「中華民國之教育，根據三民主義，以充實人民生活，扶植社會生存，發展國民生計，延續民族生命為目的；務期民族獨立、民權普遍、民生發展，以促進世界大同。」

5.民國36年：「教育文化，應發展國民之民族精神、自治精神、國民道德、健全體格、科學及生活智能。」

6.《中華民國憲法》第158條，亦明白規定我國教育文化的宗旨為：「教育文化，應發展國民之民族精神、自治精神、國民道德、健全體格與科學及生活智能。」

二、西洋教育目的的演進

（一）文藝復興以前的教育目的

1.希臘時代的教育目的：偏重在自由人的培養。為讓國民能獲得德、智、體、群、美均衡發展，乃以音樂、體育、美術、哲學為主要教育內容，是博雅教育最早的提倡者。

2.羅馬時代的教育目的：著重在實用人才的培養，使一般國民皆能成為能言善辯、富有法律知識的統治人才。

3.中世紀時代的教育目的：著重在教會人才的培養。

（二）文藝復興時期的教育目的

文藝復興過渡時期的教育目的在培養具有文學素養的文化人。

（三）近代時期的教育目的

1.唯實主義的教育目的：唯實主義可以分為人本主義的唯實主義、社會的唯實主義和感覺的唯實主義，以追求實用知識、滿足生活需要為教育目的。

2.自然主義的教育目的：主張一切以自然為至善，重視兒童本位的教育目的，教育重心在學生而不在課本。教師應重視兒童的身心自然發展程序，以及兒童個別需求的滿足。

3.生活預備說的教育目的：認為教育的目的，乃在提供完美生活的預備，包括：和自我生存有直接、間接關係；有關養育和教養子女、維持社會和政治關係的五種重要活動。

（四）現代時期的教育目的

1.國家公民教育的教育目的：主張教育的目的在造就國家的公民。

2.民主主義的教育目的：美國教育家杜威強調全民教育機會均等，教育發展應兼顧個人與社會的發展。

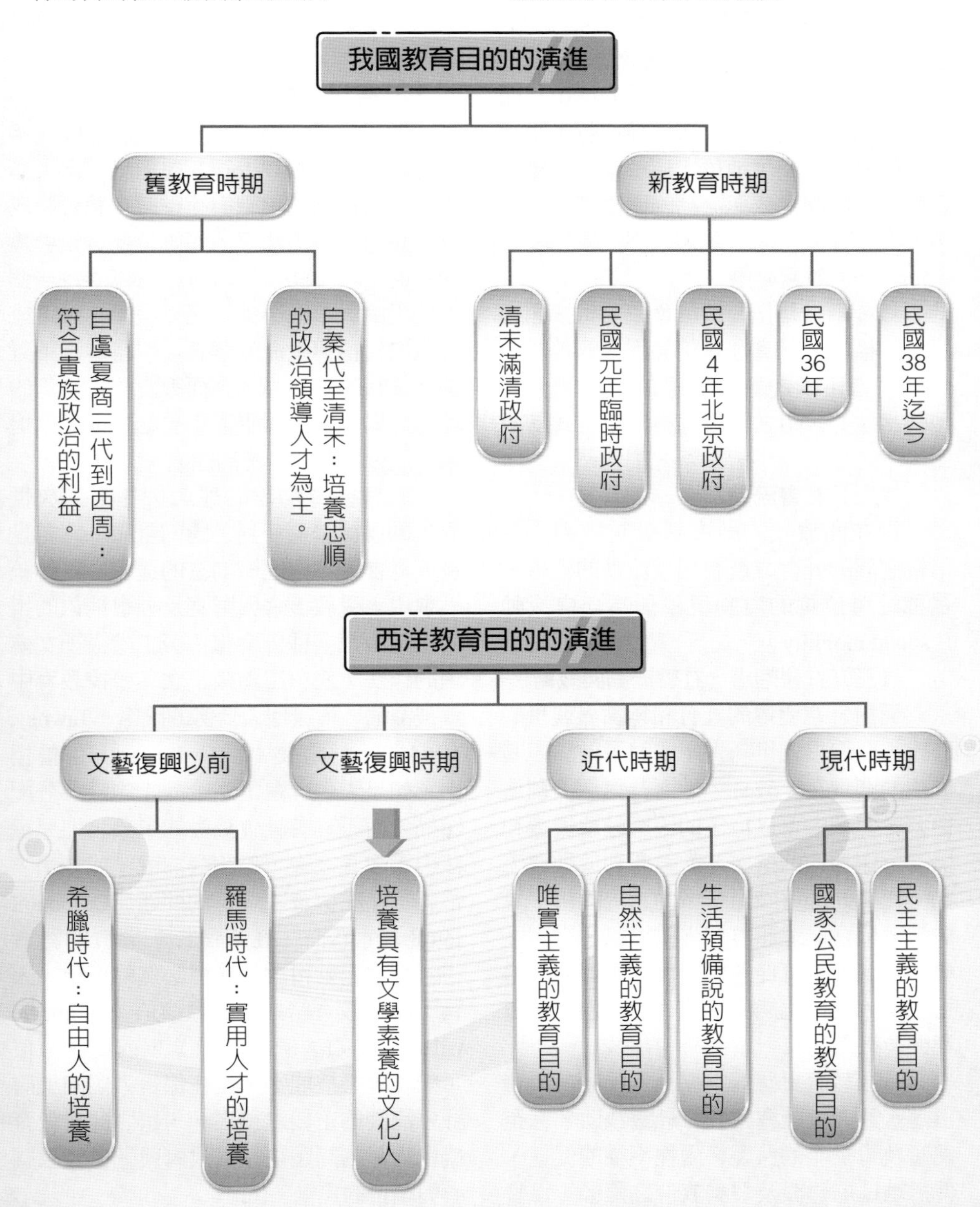

Unit 7-3 社會與教育

一、社會階層、流動與教育

人類的社會，本來就是不平等。每個人在社會中常站在不同等級的地位，即形成所謂的「階層」，而這種地位等級常有新的變化，產生地位「流動」的現象。影響社會階層形成與流動的因素甚多，其中，「教育」就是一項重要的影響力量。

（一）社會階層

社會階層是指一個社會中，根據個人學歷、權力、財富、聲望等因素的差異，形成高低不同的社會等級的狀態。其類型包括：1.封閉式階級制與2.開放式階級制。

（二）社會流動

指在開放式的社會階級制度中，各階級之間的社會成員有相互流動的機會，這種社會位置的變動現象稱為社會流動（social mobility）。

（三）社會階層、社會流動與教育

面對急遽變遷的社會和無國界競爭的時代，要取得立足新世紀的競爭優勢，其成功的關鍵在於教育。教育為每個人創造機會，使個人可以自主的因應社會變遷和需要，作適性的選擇。教育有利於社會流動，使不同社會階層背景的人，獲得平等的教育機會，並憑著個人的貢獻，得到社會的肯定。教育促進國家現代化發展，增進了個人現代化態度，使人容易適應變遷和樂於接受挑戰。

今後教育更應該掌握社會脈動、與時俱進，致力於社會福利、社會救助，甚至兒童及青少年的保護、兩性平權的促進、偏遠地區的建設及弱勢族群之照顧，以實現教育機會均等之理想。

二、社會正義與教育機會均等

前歐盟主席、現任聯合國教科文組織主席狄洛（J. Delors）曾指出，當人類面臨未來種種的挑戰與衝擊時，教育將成為人類追求自由和平，與維持社會正義最珍貴的工具；同時，教育也將協助每一個人的天賦、才能與潛力充分發揮，以達成人生的目標與生命的意義（引自《天下雜誌》，1996年11月）。而教育機會均等的理念，即是本於公平、正義的原則，以追求「社會正義」目標的達成。

教育機會均等的理念，在第二次世界大戰以後普遍受到各國的重視，咸認是達成社會公平與經濟均富的途徑。蓋傳統社會中，受教機會與財富及社會地位的掛勾，可說是一種「毒化」勞工階級子女靈魂的作法，使勞工階級子女在學校教育中就被灌輸一種較他人低劣的陰影（Tawney, 1964）。柯爾曼（J. Coleman）也曾指出，如果人類社會是完全靜止的職業分配結構，而不具有社會流動的現象，則兒童在中等教育之後，無論選擇就業或升學，都將不存在機會不均等的問題（Coleman, 1968）。然而，在一個民主開放的社會中，社會流動可說是一種必然的現象，因為不論是教育結果的象徵價值（symbolic value）（如：學歷文憑），或實用價值（如：專長技能），往往都是人們向上層社會流動的主要途徑之一，也因此，教育機會均等的問題往往是政府與社會大眾關心與矚目的焦點。

三、社會變遷與教育改革

（一）社會變遷的意義

社會變遷是指任何社會過程或型態的變化，包括：社會結構、制度、文化與人群關係的變化及發展過程中所遭遇的一切情形。社會學者龍冠海指出，「社會變遷是社會生活方式或社會關係體系的變異。」易言之，社會變遷不僅是社會結構的變化，也是人們態度、價值的變更。

（二）教育改革

在社會變遷過程中，教育問題一定會產生。世界上尚無沒有教育問題的現代社會。教育問題本質上是一種社會問題，教育改革的努力是一種社會行動，教育改革也是一種社會運動。教育問題與教育改革都有明顯的社會特性。

教育改革永遠面臨兩項問題：一是如何瞭解與掌握非教育的外在因素；二是如何診斷與改變教育的內在因素。政治制度與政治文化、經濟制度與經濟文化、家庭制度與家庭文化、宗教制度與宗教文化等，對於教育制度與學校文化的影響，屬於第一項問題。教育宗旨與目標、教育組織與行政、學校系統與型態、教學內容與方法、教育數量與品質、教育選擇與評鑑等，對於人才培育的影響，則屬於第二項問題。有些教育問題可從教育內部的因素探討，予以解決。大部分嚴重的社會問題，則需從非教育的外在因素探討，才能釐清問題的關鍵因素，尋求合理的解決途徑。僅從教育本身解決此類問題，無異緣木求魚。兼顧非教育的外在因素與教育的內在因素，並以持續的社會努力及行動，配合其他社會改革，從事教育改革，才能達成改革的終極目標。

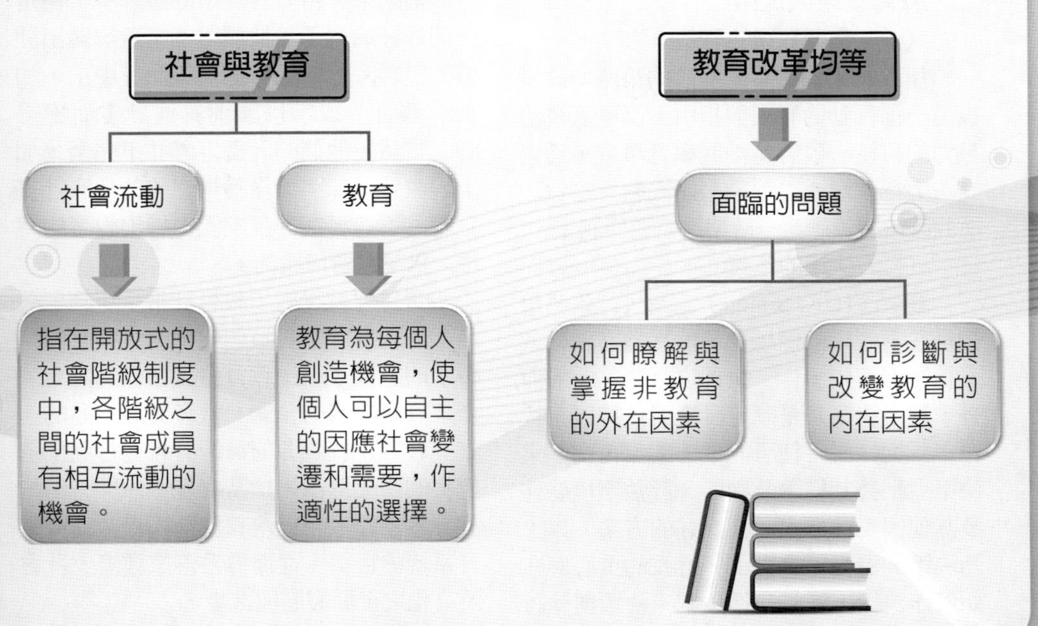

Unit 7-4 教育行政

一、教育行政基本原理

教育行政的意義，黃昆輝歸納鈕曼（William H. Newman）和李特爾（Emmert Riter）兩位學者的見解，主張在本質上，教育行政是一種服務；在行為上，教育行政是一種導引；在作用上，教育行政是在結合成員意志，以達成共同目的。因此，教育行政是國家對於全國教育事業，透過計畫、組織、溝通、協調與評鑑等過程，採取最經濟有效的方法，以結合人力、物力，融合團體目標及個人需要，實現國家教育目的之公共服務。行政的體制或行為是社會的反應或縮影，教育行政的體制與行為因而和社會文化的型態或演進發展，息息相關。

二、教育政策與決策

（一）教育政策的意義

指政策施政方案或施政的策略。政策也是一種行動的原則與指引，反應著政治努力的目標。政府為推展教育事業，透過立法與行政命令之手段來達成教育宗旨，而此政策乃適應某一時期之需要而制定。

（二）決策的意義

賽蒙（H. A. Simon）認為，行政決策乃是在兩個或兩個以上可能採納之執行或不執行方案中，作一抉擇之行為。一般而言，制定決策乃是制定計畫者依據既定目標，研究探討各種可能性方案，再由制定決策者根據其經驗及判斷，評估環境條件及其他因素，作出一種最好的方案。以上乃決策的過程。事實上，行政的重心應在如何作決策，通常包括：制定決策與執行決策。正確的決策可使行政資源得到最大的效益。

三、教育計畫

泰瑞（George R. Terry, 1964）說：「計畫是根據有關的事實，對達成預期目標作一假設方案，並運用此一方案來達成目標之具體行動。」

張金鑑教授（1971）說：「計畫是一個決定應做何事及如何去做。」

教育計畫是什麼？由於教育計畫是「計畫」二字的推廣運用，只要將教育與其他計畫類型相異處，在計畫定義中標示出即可。換句話說，教育計畫的定義，只需在「計畫」一詞的定義中補充教育運用上的特色即可。很多學者提到教育計畫，喜歡採用這種方式來界說。

白雷德與賴偉理斯（Bereday and Lawerys）指出，教育計畫的定義是：「準備未來一組教育決策的歷程」，便是一個最好的例子。他們這個定義辨識出計畫的定義：「準備一個決策歷程中」，加上「教育」二字以識別其他計畫而獲得的。當然，他們的計畫定義並不完全，加上「教育」二字無從獲得完整的教育計畫定義。不過，在計畫定義中標出教育的特性，仍是可資借鏡的。

黃昆輝教授對「教育計畫」下的定義是：「教育計畫是一個繼續的、系統的及科學的歷程，經由教育發展目標的訂定、未來發展趨勢的預測、教育發展策略的建立、教育系統資源的籌配、各種行動備選方案的研究選擇，以及實施手段與方法的設計等步驟，藉以培養健全國民，達成教育系統的目標，從而導致國家經濟、社會及文化之全面發展與進步。」

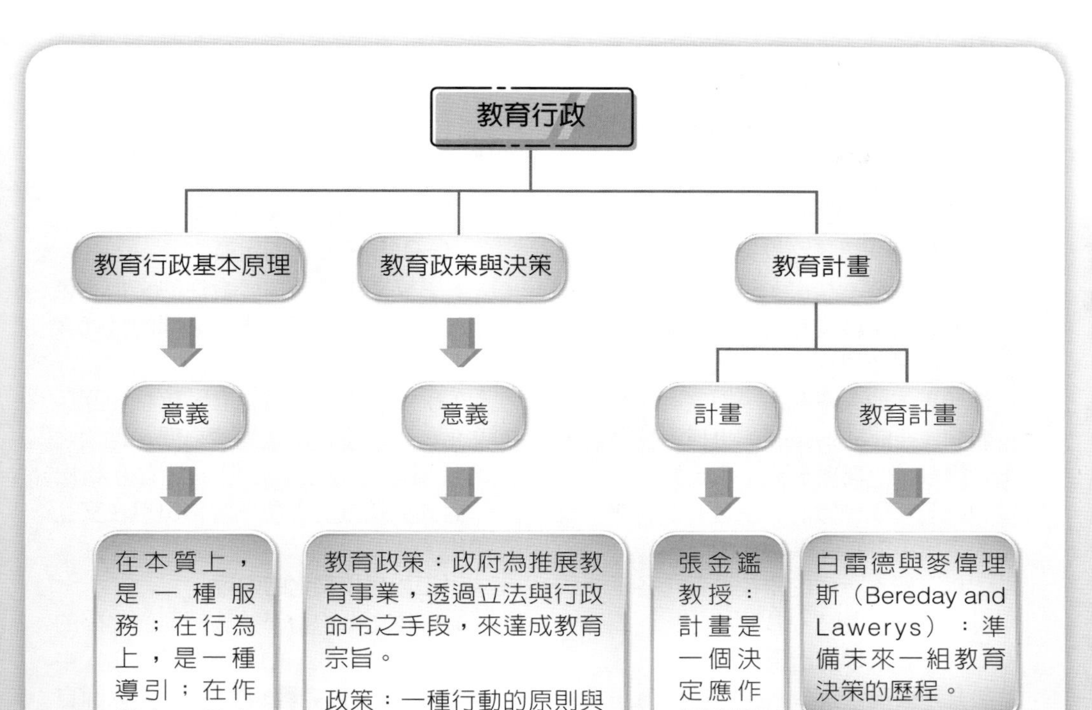
教育行政
教育行政基本原理
教育政策與決策
教育計畫
意義
意義
計畫
教育計畫
在本質上，是一種服務；在行為上，是一種導引；在作用上，是在糾合成員意志，以達成共同目的。
教育政策：政府為推展教育事業，透過立法與行政命令之手段，來達成教育宗旨。
政策：一種行動的原則與指引，反應著政治努力的目標。
決策：Simon指行政決策乃是在兩個或兩個以上可能採納之執行或不執行方案中，作一抉擇的行為。
張金鑑教授：計畫是一個決定應作何事及如何去作。
白雷德與麥偉理斯（Bereday and Lawerys）：準備未來一組教育決策的歷程。

Unit 7-5 學校體制

一、現行學校體制

學校是一個特別設置的教育環境，有其特色與任務。其次，學校也是一個正式組織。正式組織具有明確的組織目標，有其正式的法令規章、權威體制，同時亦有種種非正式的人際關係、期望與規範。學校體制（school system）也稱學校制度，指各級學校之間所形成上下銜接、左右連貫的系統。學校體制必須是一個有機、統整的系統，方能發揮功能。

以各國現行中的學校而言，各級學校出現的次序為大學、中學與小學。

（一）大學的出現

1.各國現代大學乃脫胎於西方中世紀的三所母大學：法國的巴黎大學、義大利的波隆納大學與沙利諾大學。

2.學風、制度與遷徙形成了現代的大學，後來再加入行會形成的組織，遂形成了今日大學的雛形。

（二）中學的出現

1.大學成立後，自然產生預備學校以提供大學的預備教育。

2.文藝復興時期，古文研究產生「人文主義」運動，也促成大學預備學校轉型為古文中學，各國中等教育體系遂漸建立。

（三）小學的出現

1.小學的出現與宗教改革有關，宗教改革者為達成宗教目的，要求人人自己解讀《聖經》，瞭解上帝，遂提倡普及教育與國民教育以掃除文盲。

2.教會負起了教育一般平民子弟的責任，普及教育運動隨即開始。

二、學校文化的定義與內涵

（一）學校文化的定義

1.學校文化是一種綜合性的文化，包含學校內、校外及行政人員之間的世代文化。

2.學校文化是一種對立、統整、互斥的文化，不同學校次級團體之間、世代之間的價值觀念與生活哲學，常有互相出入、對立與統整的現象，時常出現在交互作用中。

（二）學校文化的內涵

1.教師文化：指學校教師同儕之間的交往，以「非正式」的社會關係為主；中小學教師非正式團體規範包括：教師自主、忠於同事、平凡的規範等。

2.學生文化：指學生所具獨特性質的價值及行為，是構成學校文化的重要因素；其特色包括：反智主義、師生衝突文化、兩極化的態度、正式與非正式的對立等。

3.學校行政文化：其形成通常決定於校長的角色、觀念與行為，由於部分行政人員並非教育專業人員，其價值與行為所形成的潛在文化，將影響整體學校文化。

4.學校制度文化：學校中的傳統習俗、儀式、規章與制度，都是屬於學校中的制度文化；有些是屬於正式課程的一部分，有些是屬於課外活動，有些則屬於潛在課程內容。

5.學校物質文化：包括校地大小、建築設備、校園布置，以及其他物質條件等；學校物質文化經常透過非正式的「境教」作用，達到潛移默化的效果。

6.社區文化：學生是社區的組成分子，入學之前已長期生活在社區文化中，無可避免地，學校文化將受到社區文化的影響。

三、學校公共關係

學校公共關係是學校運用媒體溝通、服務及其他活動等方式，與社會民眾建立相互瞭解與良好關係的歷程，以獲得社會民眾的支持與協助，並使學校教育能適當符應社會的需要。如何有效拓展學校公共關係呢？

1.透過社區調查、登門拜訪、家庭訪問、鄉土教學及親師座談等方式，瞭解並接觸社區。

2.透過大眾傳播媒體、出版學校刊物、發行學生手冊、利用師生聯絡簿、社會諮詢專線及邀請社區人士參加學校活動等方式，讓社區瞭解及接觸學校。

3.透過開放學校場地、辦理社區文教活動、協助社區活動及提供諮詢服務等方式，為社區提供服務，使社區與學校有休戚相關的關係。

4.家長送子女到學校讀書，就是期望其子女能獲得良好的教養，學校若能把學校教育辦好，就達成了家長的心願，自然能獲得社區的好感與信心。

5.透過邀請社區人士擔任義工、邀請社區人士演講或協助教學、請社區人士擔任顧問、利用社區實施校外教學、請社區捐助經費設備、與社區實施建教合作、請社區提供專業支援等方式，學校可運用社區資源，以提升教育的效果，並且增加雙方的互動與信賴，對雙方關係的發展亦大有助益。

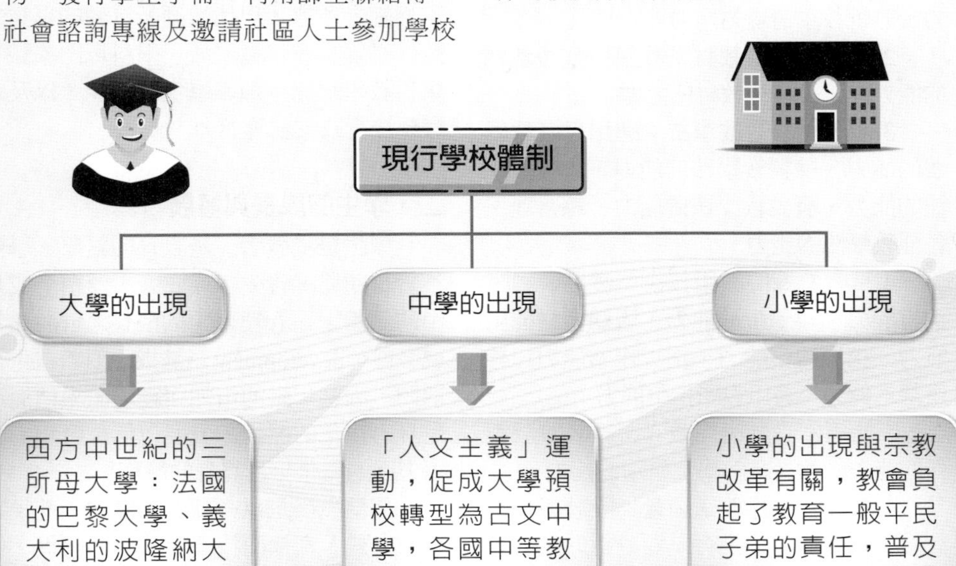
現行學校體制
大學的出現
中學的出現
小學的出現
西方中世紀的三所母大學：法國的巴黎大學、義大利的波隆納大學與沙利諾大學。
「人文主義」運動，促成大學預校轉型為古文中學，各國中等教育體系逐漸建立。
小學的出現與宗教改革有關，教會負起了教育一般平民子弟的責任，普及教育運動隨即開始。

Unit 7-6 教師與學生

一、教師的專業知能

現代教師應具備的專業知能包括：普通學識、學科專門學識、學科教學知能、輔導學生知能以及兼辦學校行政業務等能力，分述如下：

（一）學識方面

1.對國文、英文、數學等工具學科，要奠定研究進修的良好基礎。

2.對人文學科、社會科學及自然科學等領域，要具有廣博的普通學識。

3.對教育理論與實際，要具有高深的造詣且能融會貫通。

（二）教學能力

1.能擬定教育計畫：確定教學目標能力，分析教學情境的能力。

2.能選編適當教材：蒐集與整理資料的能力，選編各種教材的能力。

3.能運用普通教學法：運用思考教學法的能力、練習教學法的能力、欣賞教學法的能力、發表教學法的能力、綜合運用各種教學法的能力。

4.具有熟練的教學技術：發問能力、板書能力、科學實驗能力、視聽器材運用能力、指導觀察能力、指導作業能力、善用課本能力、善用教學指引能力。

5.能適當設計應用教具：教具設計製作的能力、教具在教學上應用的能力。

6.能客觀進行教學評量：設計與編製評量工具的能力、進行試題分析的能力、運用評量結果的能力。

7.能從事教學研究與創新：進行教學研究的能力、革新教材教法的能力、設計和執行學科研習活動的能力。

（三）輔導學生的能力

1.一般輔導能力：瞭解學生的能力、建立和諧師生關係的能力、個別談話的能力、團體輔導的能力、個案研究的能力、使用心理測驗的能力、使用行為改變技術的能力。

2.專題輔導能力：生活輔導能力、學業輔導能力、特殊學生輔導能力。

（四）兼辦學校行政業務能力

1.具有基本辦事能力：計畫能力、執行能力、評鑑能力。

2.具有專項業務處理能力：教務工作能力、訓導工作能力、總務工作能力、服務處理能力、社區服務能力。

綜上所述，現代教師所具備的專業知能，必須具有普通學識、學科專門學識、學科教學知能、輔導學生的知能，以及兼辦學校行政業務等能力。

二、學生的成長與發展

學生是受教者，是教育的對象。學生不管是幼兒、青少年或成人，泛稱「成長中的個體」。心理學中的成長（growth）或發展（development）是指，個體在生存期間，因為年齡的增加與經驗的累積而產生身心變化的歷程。發展包括身體和心智兩方面的變化，是終身的歷程。

個體發展是以一種有順序的、前後連貫的方式，漸進而持續性改變的歷程。個體的生長大致依循下列的原則：

（一）繼續性

人類的生長與發展係繼續不斷的，漸進而連續的歷程和現象，而非跳躍或突變式的生長。

（二）程序性

人類的發展在整體中，又可分為不同但相關的階段，階段之間顯示順序先後的關係。

（三）共同性

發展有著共同的模式，一般均是由頭至尾的方向（cephalocaudal direction）、由軀幹至四肢的方向（proximodistal direction）來進行。

（四）個別性

在共同的模式中，個別差異的現象依然存在，每個人的發展均有異於他人的獨特點。

（五）關聯性

各部門的發展是互相關聯、交互影響的，生理的發展常與心智、社會或情緒的發展相關聯。

從上述得知，人類行為的發展是遺傳與成熟、環境和學習交互作用的結果。最後也是最重要的，由於學生是受教育主體，因此，其學習權應受到保障，在教育方面，它可視為一個基本的人權。聯合國教科文組織對學習權的涵義有廣泛的界定：「學習權就是閱讀與書寫的權利；提出問題和思考問題的權利；想像和創造的權利；瞭解人的環境和編寫歷史的權利；接受教育資源的權利；發展個人和集體技能的權利。」

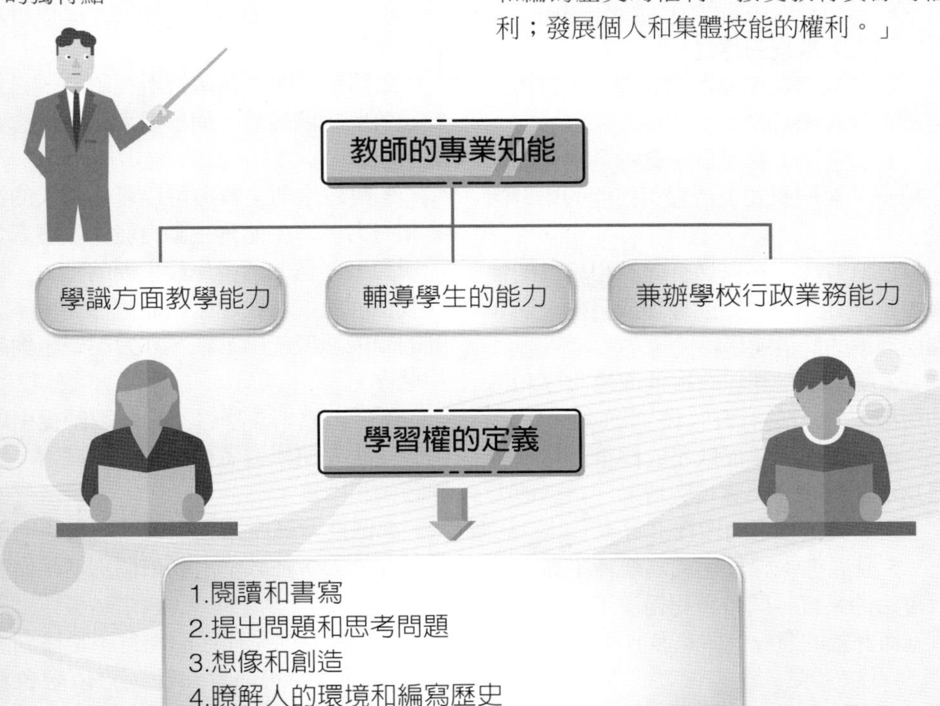
教師的專業知能
學識方面教學能力
輔導學生的能力
兼辦學校行政業務能力
學習權的定義
1.閱讀和書寫
2.提出問題和思考問題
3.想像和創造
4.瞭解人的環境和編寫歷史
5.接受教育資源的權利、發展個人和集體技能

Unit 7-7 課程與教學

一、課程的意義與特性

（一）課程的意義

「課程」概念和教育內容、教材、科目等關係密切。早期對於課程方面的研究，或視課程為學生畢業或證書所要求之科目群（group of course），是一系列的教材；或視課程為學校提供給學生之教學內容或特定教材的總體計畫；或視課程為計畫中全部的學習經驗。方炳林教授歸納國內外學者的研究，界定課程是學生在學校安排與教師指導之下，為達成教育目的所從事的一切有程序的學習活動與經驗。

（二）課程的特性

課程的討論需能把握課程五大特色，方不至於有所偏頗：

1.完整性：課程是融會古今中外知識之精華，兼顧認知、情意與技能的學習活動。

2.動力性：課程具有變動和變易的性質，是彈性靈活的動態經驗或目標，而非僵固靜態的計畫或學科。

3.聯繫性：課程有縱的邏輯次序和橫的銜接配合，科目與科目之間亦然。

4.平衡性：課程以達成健全人格之發展為目的，因此，專精與博通、自然與人文、主修與選修之間均宜平衡。

5.發展性：課程應成為繼續不斷，周而復始的系統，同時課程循決策、設計、實施而評鑑的歷程，即是發展性。

二、教學的意義與原則

（一）教學的意義

教學是教師依據學習的原理、原則，運用適當的教學方法、技術，刺激、指導和鼓勵學生達成教育目的的活動。本質上，教學是一種藝術；有關教學的因素、模式、方法的探討，則期待教學是一種科學的活動。教學評量則是一種複雜而動態的、分析教學得失及診斷學習困難的手段或方法。

（二）教學的原則

教學效率的提高需賴正確原則的指導，以及適宜方法的靈活運用。教學的原則基本上包括下列八項：

1.準備原則：使學生的內心對於即將發生的反應，有著預期的準備，之後再進行教學。

2.類化原則：在傳授新經驗時，必須喚起舊的相關經驗，使學習者以舊觀念認識新經驗。

3.興趣原則：興趣可以產生持久的注意和努力。學生能夠主動自發、廢寢忘食地學習，興趣的誘發是最主要的動力。教材教法因此依本興趣原則而選擇運用。教師的學識態度或幽默感，亦宜與學生興趣相融會。

4.努力原則：學習不只是教師提引的功夫，也要使學習者付出精神去探索，摒除害怕和困難。

5.個性適應原則：學習者有著不同的特質和能力，在教學上要依個別情況而有所不同。

6.熟練原則：任何的學習不是碰到邊為止，而是要將內容熟練，可以融會貫通，所以教師應使學生對內容熟練。

7.社會化原則：學習要更適應社會，更合於生活，所以教學要使學習者社會化。

8.同時學習原則：學習不是單獨的行動，乃是一複雜的行為，所以學習是一整體性的，包含生理、心理及氣質。

三、學校教育、課程與教學三者的關係

（一）就教師而言

在學校教育中，教師兼具教學與行政之角色，為貫徹教育理念實務之重要人物。在課程中，教師為課程設計者，其應具有主動設計課程之知能。在教學中，教師扮演傳遞知識之重要直接角色，不論身教、言教，在在影響學生，故教師在教學中的地位不言而喻。

（二）就評鑑而言

在學校教育中，行政規劃與校務運作是評鑑的重點之一，可多利用史塔弗賓（Stufflebeam）的CIPP模式或後設評鑑，加強校務運作。在課程中，重視形成性與總結性評鑑，以作為判斷課程設計優劣價值與後續追蹤檢討之用。在教學中，重視採多元方法及科學方法進行評鑑，以實際瞭解學生的學習成效。

（三）就溝通而言

在學校教育中，可藉由書面、電話、e-mail或臉書等單向、雙向溝通管道與網路社交媒體，增進學校教育的雙贏或三贏。在課程中，可運用雙面提示原則，讓教師與學生溝通無隔閡，有助於訊息的傳遞。在教學中，教師可藉由星形的溝通模式，直接瞭解學校、教師、家長三方意見，使溝通達到具體、明確、無障礙。

綜上所述，學校教育、課程與教學三者具有相輔相成的關係。若以學校為主軸、課程為中介、教學為手段，則教育必能在人性化、生活化、適性化、統整化、現代化的共事與實踐下，產生人與自己、人與社會、人與自然等適應現代化生活需要的化學變化，造就教育與學習的雙贏。

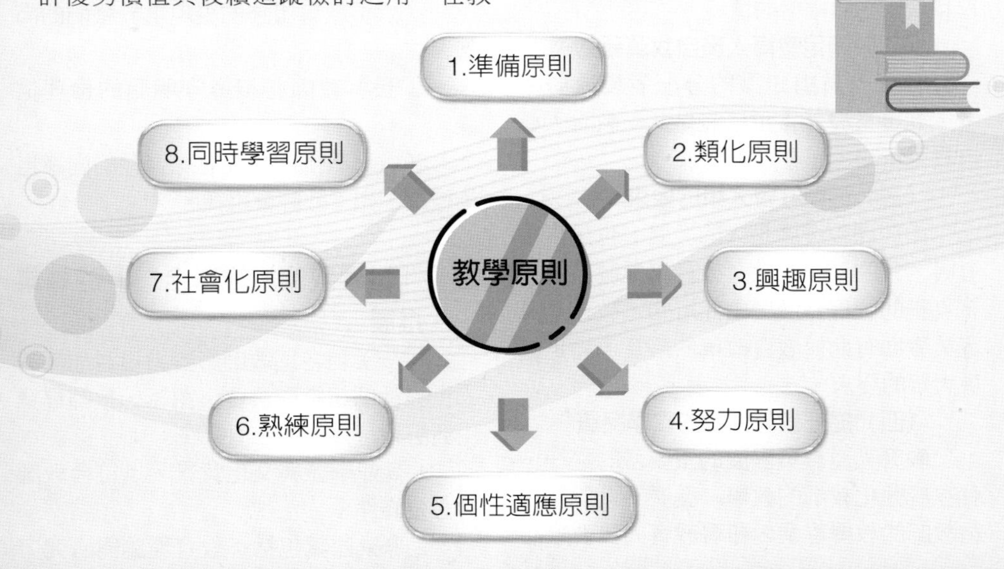

Unit 7-8 教育人員專業發展

一、教育行政人員專業發展的目的

從事教育工作，特別是學校裡的教學任務，不僅是一種職業，更可從職務的行使中，獲得固定的收入，以維持生活並享有社會身分；而且是一種專業，凡是一種專業，專業組織必然對其成員的專業知能與專業態度有一定的要求。社會對每一種專業的能力也有較高的期望，教育專業也不例外。

教育人員專業發展的目的，在促進個人的自我實現，改進學校專業文化，達成學校教育目標及增進教學品質。分述如下：

（一）增進教育人員的專業知能

面臨社會迅速變遷、知識日益暴增的情境，教育人員必須繼續不斷地進修與成長，以確保教學成功。而教師專業發展，正可充實教育人員的專業知能，以因應課程和教學知識擴增的情境。

（二）滿足教育人員自我革新的需求

教育人員由知識的分配者變成研究者，其專業發展正可以滿足此一教育人員自我更新和生涯發展的需求。

（三）符應社會大衆的要求

由於課程發展是人的發展，也是專業發展，只由真正的教育人員專業發展，才有真正的課程發展。由此可知，教育人員專業發展有助於教育改革的落實，滿足社會大眾的要求。

（四）提升教育人員的教學品質

教育人員專業發展的主要目的之一，就在於強化教師的教學、發展、更新及精緻教師的教學專業，藉著教育人員教學品質的提升，來增進學生的知能，促進學生的學習成果，造就有效能的學校。

二、教育人員專業發展的內涵

教師專業的意義，一方面指精湛的教育學識與卓越的教育知能，另一方面則是教育服務或奉獻的精神。分述如下：

（一）教師能提供獨特而明確必要的教育服務。

（二）教師在教育領域上，高度的智慧應用重於體能技術。

（三）教師的養成必須有長期的專門訓練。

（四）無論是教師個人或所屬教師團體，必須享有獨立而廣泛的教育專業自主權。

（五）在教育自主的範圍內，教師必須負起教育判斷與實際行動的責任。

（六）教育服務的表現重於報酬的高低。

（七）教師必須遵守明確的倫理信條。

（八）教師必須要有綜合性的同業自治組織，如：教師會組織。

三、「世界教師組織聯合會」的專業推展

（一）對各國教師影響力日益加深的「世界教師組織聯合會」認為，教師專業生活必須符合下列三項條件：

1.良好學識與文化背景，以符合教師的必要條件。

2.專業知識包括：教育理論與研究方

法。

3.教學技能：包括實際方法與理論知識。

（二）世界教師組織聯合會一再呼籲各國政府重視下列教師的權利：

1.生活權：要有足夠的待遇與其他經濟安全的保障；提供健康的工作環境；在僱用與晉升上擁有公平待遇的權利。

2.教師有權利參與上述決定。

3.在教學上，教師有感到滿意的權利，和運用專業技能與判斷的權利。

4.教師有參與上述事項的機會，形成教育政策與設計教學情境的權利。

5.教師有權集體探求上述各項權利，經由自由結社的途徑來達成。

世界教師組織聯合會更期望各國教師團體，健全其組織，聯合一致，爭取教師應有的權利。

教育人員專業發展

目的

1.增進教育人員的專業知能
2.滿足教育人員自我革新的需求
3.符應社會大眾的要求
4.提升教育人員的教學品質

學習權的定義

教師專業生活三項條件

1.良好學識與文化背景。
2.專業知識包括教育理論與研究方法。
3.方法的實際與理論知識，以及教學技能。

教師的權利

1.生活權
2.參與權
3.滿意權
4.集體權

第8章 教育行政學

章節體系架構

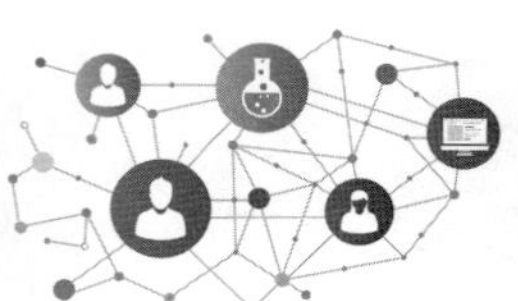

Unit 8-1 教育行政導論

一、教育行政的定義與目標

（一）教育行政的定義（黃昆輝，1990）

1.從程序觀點來說：即計畫、組織、溝通、協調及評鑑等繼續過程。

2.就中心功能來說：是以作決定為中心的過程，即以訂定計畫為中心的歷程。

3.就社會系統來說：即是統整組織目的與個人需要的一種藝術科學；教育行政人員一方面設法實踐組織的目標，另一方面使個人的需要在實現機構目標中，得到相當的滿足。

4.就行政行為的立場來說：是發散影響及接受影響的行為；教育行政是教育行政人員為解決教育問題所表現出來的行為模式。

教育行政即是教育人員在階層組織中，透過計畫、組織、溝通、協調與評鑑等歷程，貢獻智慧，群策群力，為圖教育的進步所表現的種種行為。

（二）教育行政的目標（秦夢群，1998）

教育行政是運用有限資源，在教育參與者互動下，經由計畫、協調、執行、評鑑等步驟，管理教育事業，有效解決教育問題為目標的連續過程。有以下意義：

1.教育行政運作中需要資源的投入，教育行政必須有預算制定。

2.教育參與者主要為校長、各級行政者、教師與學生，尚包括家長、教育專家，甚至一般社會大眾。

3.教育行政的運作必須先計畫，接著要各個參與者進行溝通與協調。

4.教育行政的目的在「有效率」的管理教育事業。

二、教育行政的研究典範

孔恩（Thomas Kuhn）最早提出派典（paradigm），他認為，典範是對宇宙現象與知識的觀察方式。雷琴（George Ritzer）認為，典範決定了一學問中的研究方向與規則，並將理論與研究工具相互聯繫，包括：

（一）理性典範

理性典範又稱量化研究，必須先有良好的實驗設計，並符合下列條件：

1.能夠在情景分析中分割出所感興趣的變數，對之加以研究並同時控制其他無關變數，常用有實驗室法或統計方法。

2.受試者與主試者必須在角色扮演上分開。

3.為控制變數與配合實驗設計，用量化方法比非量化方法好。

4.假設考驗是過程中最重要的一部分。

5.一組事先安排的步驟已先被設定。

（二）自然典範

自然典範認為世界是動態的，各組成部分是相互關聯而不可分割，必須視為一整體，其方法論特點有：

1.在現實世界中，事件與現象不可從其母體中分割而出。

2.受試者與主試者之間無法達到完全獨立。

3.將樣本結果應用到母體群並不恰當。

4.非量化法因為同時探討人類知識本身及其周圍環境，其所產生的概念性、分析性資料較適合自然典範。

（三）理性典範與自然典範的比較

1.前者主張受試者與主試者互相獨立，後者主張兩者需親身接觸。

2.前者在研究前做了實驗設計及變數分化，後者不需先做安排。

3.前者是邏輯實證，後者是現象邏輯。

4.前者的樣本推論重因果關係，後者則注重現實世界中發生了什麼。

三、教育行政理論基礎

（一）理性典範（1900年代）

以正式、科層化的手段來達到目的，以泰勒的「科學管理原則」為代表。科學管理原則要點如下：

1.要運用科學方法，找出管理與工作的最佳方法，不要只憑主觀的經驗與臆測。

2.要將複雜的工作分析為數種簡單的工作，分別由不同的人員來擔任各部分工作。每位成員所做的工作越簡單與越是具重複性，則其績效越高。

3.要運用科學方法選擇並訓練行政人員及成員，使之能依科學化的標準與方法做事。

4.要為成員提供標準化的工作環境、設備與工具。

5.每一成員應有明確而適性的工作。

6.行政人員與工作人員要有適當分工，前者負計畫之責，後者負執行之責。

7.人類工作的主要動機在獲得經濟利益，故需實施按件計酬制，依成員個人的工作績效支薪，才能提高成員的工作士氣與效率。

（二）自然典範（1930年代）

人際關係的強調及重視非正式團體的存在，成員有情感及需求，都需顧及。以費堯（Meyao）的「人際關係理論」為代表，人際關係理論要點如下：

1.滿足成員尊榮感，激勵其士氣。

2.團隊精神有助工作績效的提升。

3.透過參與可讓成員潛能獲得發揮。

4.正式組織中會出現非正式組織。

5.人有心理需要且對績效影響極大。

（三）開放典範（1950年代）

組織必須與外界環境產生互動，不可能獨立存在。以費德勒（Fiedler）的「權變理論」為代表，費德勒認為領導是否有效，端視領導型式與情境是否配合而定。詳言之，即是：

領導型式：工作導向、關係導向。

領導情境：領導者與成員關係、工作結構、職權。

「權變理論」研究發現：高度及低度有利情境→工作導向領導較有效；中度有利情境→關係導向領導較有效。

（四）非均衡（混沌理論）典範（1990年代）

系統本身即是混亂、不規則的，其中充滿許多未可預知的事件，基本上呈現混亂的本質。以柏里哥星（I. Prigogine）與尼可里斯（G. Nicolis）的「耗散結構」為代表。

非線性典範（nonlinear paradigm）認為，實證理性典範將宇宙現象視為簡易、線性與明確是不完全正確的。尤其社會現象並不如物理現象那麼靜態，而是充滿動態的變化，因此提出非線性、不確定性與隨機性等概念，提醒行政人員不應過度強調一致性，而應同時注意到個別差異性的存在，視情境作適當的權變是需要的。

Unit 8-2 教育行政歷程

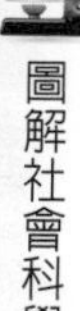

一、教育行政計畫

計畫（planning）一詞，學者專家所持觀點不同。若從歷程觀點，認為計畫乃是實現目標的決定歷程，然後作為執行的依據，如學者墨菲（E. L. Murphy）和萊恩（C. D. Ryan）兩位便是。另有從策略觀點，認為計畫是實現理想的手段或策略，如學者布里顧等人（P. H. Le Breton et al.）。但最後仍以綜合觀點被大家所接受，亦即認為計畫是一種策略，也是一種歷程，如學者柯姆斯（P. H. Coombs）。綜上所述，教育行政計畫就是在教育行政情境及有關因素限制下決定政策，以達成教育目的的連續規劃活動策略和歷程。

二、教育行政決定

黃昆輝教授對於「教育行政決定」的定義為：「教育（學校）行政人員為圖教育的發展與進步，對一個待決定的問題，依其權責，透過正式組織的運作，研究若干變通方案或方法，並從而作較適當合理之裁決的一種過程。」行政作決定乃是教育行政的中心功能，教育人員不但要作合理的決定，而且還要作可行的決定。

三、教育行政組織

所謂組織，乃指有共同目的之兩個人以上結合成有機體，藉由資源的分配，即與外界環境的互動，以達成組織目標為最終目的。例如：學校組織之國民小學和國民中學之行政組織，主要是依據《國民教育法》第10條規定辦理：「……視規模之大小，酌設教務處、學生事務處、總務處或教導處，各置主任及職員若干人。」

四、教育行政溝通

（一）教育行政溝通的意義

1.個體或團體交換訊息的過程；2.溝通是交換訊息；3.溝通的雙方是個體或團體；4.溝通在達成共識。

（二）教育行政溝通的要素

1.訊息：發訊者傳送給接訊者的一切內容。

2.發訊者：提出訊息者，它可能是一個個體、組織及單位。

3.接訊者：接收訊息者，它可能是一個個體、組織及單位。

4.媒介：溝通的中間傳達方式或是途徑。

5.管道：何種方式？是單一或多樣的管道。

6.情境：是在一種和平情境？或是在團體，或針對的是個人？

五、教育行政領導

教育行政領導者行為的達成是一種歷程，各階段連續不斷、循序漸進，缺一不可。從領導概念開始到行為完成，可分為以下四個階段：

1.試圖領導階段：指領導者根據需解決的問題，明白表示要改變團體的結果或行事的方法。

2.接受領導階段：指領導者用各種方式讓部屬瞭解自己的改革，是解決問題所必須的步驟。

3.執行領導階段：指領導者實行自己

的改革，使團體的結構產生改變。

4.評鑑領導階段：指領導者對部屬是否完成目標進行評鑑。

六、教育行政興革

什麼叫作教育行政興革呢？為配合社會變遷，調整教育制度以滿足受教主體的需要，必然是主要答案之一。事實上，這其中已隱含了社會變遷與教育改革呈互動的關係。雖然社會變遷有模式可依循，但是在變遷的過程中，不同的社會背景必會展現不同的類型，如：進化、革命、傳播、涵化、現代化、工業化、都市化及官僚制度化。因為社會變遷有其調整策略，當然也透過相關教育行政興革，因而教育行政興革與社會變遷間的關係，歷來就有不同的觀點來詮釋。

七、教育行政評鑑

（一）評鑑的意義

1.史塔弗賓（Stufflebeam, 1971）觀點：(1)評鑑即測驗，如桑代克（Thorndike）；(2)評鑑即目標與表現結果之比較，如泰勒（Tyler）；(3)評鑑是專業判斷，如史塔弗賓。

2.秦夢群（1998）觀點：(1)包括價值判斷；(2)包括質量研究；(3)事前、事後之檢驗；(4)涵蓋對象為所有教育活動。

（二）評鑑的類型

1.假評鑑（psendo-evaluation）：扭曲事實評鑑。

2.準評鑑（quasi-evaluation）：介於真、假評鑑間。

3.真評鑑（true-evaluation）：價值判斷過程。

評鑑活動必須與教育的目標保持密切的關係。在進行評鑑之前，確定評鑑的項目，運用不同評鑑的方式，設計與製作評鑑的工具，多方蒐集各種資料，然後統計、分析，加以進一步的應用，自然需要詳盡的設計，以便逐步進行，達成評鑑所預期的目標。

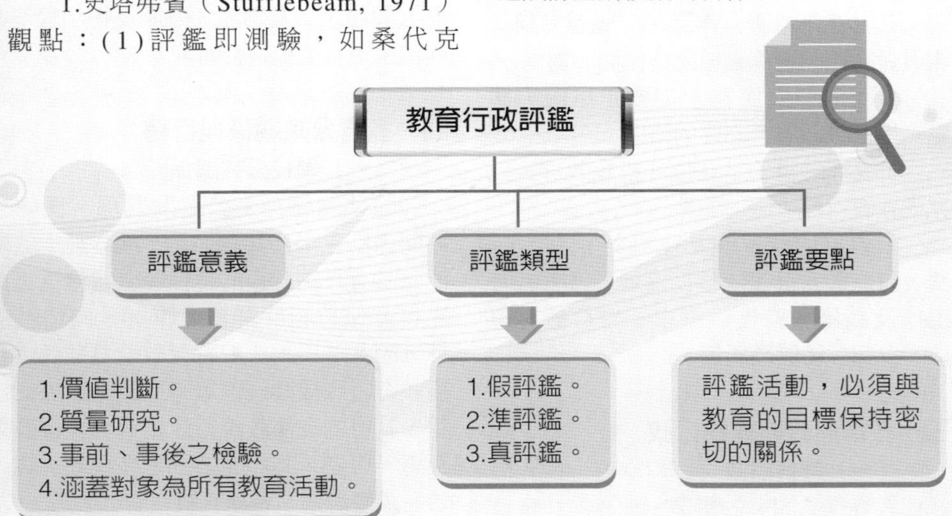
教育行政評鑑
評鑑意義
評鑑類型
評鑑要點
1.價值判斷。
2.質量研究。
3.事前、事後之檢驗。
4.涵蓋對象為所有教育活動。
1.假評鑑。
2.準評鑑。
3.真評鑑。
評鑑活動，必須與
教育的目標保持密
切的關係。

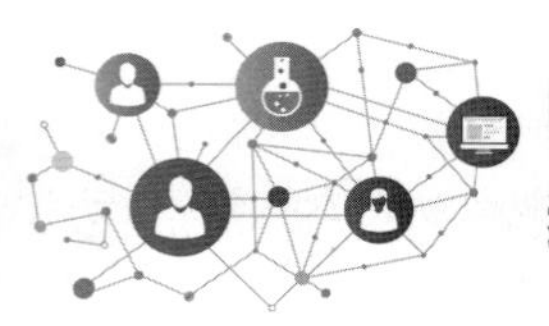

Unit 8-3 教育行政運作

一、課程與教學

（一）課程

1.廣義：個人由未成熟至成熟的過程中，所必經的學習歷程。例如：食、衣、住、行、育、樂等社會上所需之事物。

2.狹義：學校中，學生循著既定程序所進行的學習活動。換言之，達到預期學習目標的歷程。

（二）教學

1.廣義：包括人類在所有情況下，教和學的共同活動，不論是有組織的或是無組織的。

2.狹義：專指學校中，教師和學生之間有組織的教和學的活動。我們通常所說的教學，都是指狹義的教學。

二、教育視導

視導的定義包括：視察和輔導。

1.視導是團體合作過程，視導者與被視導者之間的關係是彼此合作而非對立。

2.視導強調服務，主要是以服務觀點，提供被視導者必要的協助。

3.視導的目的是在提升行政效率，以完成教育目標。

4.視導的狀況包括：執行相關教育法、訂立教育計畫、協助溝通、改善教育工作及滿足教育人員需求、考核教育現象、自我評鑑與發展等。

三、教育財政與總務行政

（一）教育財政

教育既為國家的事業，則政府自需負擔國民教育的用費，因而教育經費一項，遂成為教育行政方面的重要問題。蓋組織、人事與經費三者，同為完成教育行政業務的基本條件，尤其財政為庶務之母，經費實較其他條件更為重要。倘經費無著，則縱有健全的組織與充實的人員和一切教育設施，仍將無法進行。因此現在各國對於教育經費，亦即所謂「教育的財政問題」，無不相當重視。

（二）總務行政

學校總務工作就是配合各單位任務，以提高學校教育行政效率，達到學校整體教育目標，其性質是一種服務及支援性工作，其範圍除了會計、人事及教學以外的全部工作，其目的在便利、配合及協助各項校務活動的推展。學校總務工作相當繁雜，包括：文書處理、檔案管理、出納管理、校舍及辦公室處所管理、環境衛生、安全管理、工友管理、財產及物品管理收購或撥用土地校舍營建等。

四、教育公共關係與行銷

（一）學校公共關係

公共關係乃是公眾的關係。國際公共關係協會指公共關係為一種管理上的職能，具有長期計畫的特性，公司機構以此贏得並保持相關群眾之瞭解、同情及支持。因此，所謂「教育行政公共關係」乃指教育行政機關與群眾建立和諧關係的過程，其目的在使教育行政機構與社會群眾互惠。再者，其建立方式是多樣的，如：透過媒體溝通、舉辦親職教育活動等。

（二）教育行銷

臺灣學校林立，從中等學校到高校，導致教育市場的競爭，教育行銷便應運而生。由於「行銷」不同於傳統銷售，重視顧客與企業間雙向溝通協調，強調顧客關係的重要，不僅追求利潤的提升，更追求永續經營。

五、教育衝突與危機管理

（一）教育衝突

茲以學校中的校長為例，說明教育衝突的種類：

1.不同角色間的衝突：校長需在教學與行政之間取捨。雖然他想花時間在學生身上，但因其扮演太多的角色而不能如願。

2.不同團體的衝突：教師們希望能辦活動，但學校的上級卻主張能省則省，校長因職務關係必須進行雙方交涉。校長常被雙方炮火抨擊，前者說他爭取不力，後者指責他浪費公帑，讓校長左右為難。

3.團體間的衝突：校長在學校中，常會遭遇兩派意見不同的教師。尤其在校務會議上，一派教師要求對方採民主態度，以健全其信心；另一派教師則主張嚴守校規，否則不能維持校園安寧。兩派你來我往，校長坐在中間，明顯感到雙方炮火的壓力，深怕處置不當，造成不可收拾的局面。

4.角色人格衝突：此種衝突發生在校長的人格需求與其角色扮演不協調時。例如：一位個性內向的校長，最不喜歡在公共場合演講；然而為了職務需要，卻必須拋頭露面，甚至主持婚喪節慶。在此情形下，校長雖勉力而為，但事實上心中卻產生焦慮或困惑，久而久之，職業倦怠感的情況便出現。

（二）危機管理

學校危機管理處理程序如下：

1.組成危機小組：危機處理小組以校長為首，並至少包括：各處、室主任與教師代表。任務是立即蒐集各方資訊，與當事者聯絡溝通，以確立危機的可能演變，並依此擬定解決策略與執行方案。

2.確立發言人制度：發言人為危機處理小組之成員，由學校居上者並具有溝通技巧者擔任。其任務是將狀況通知學校成員，要求其不可隨便發言，接著秉承危機處理小組的決定，迅速並公開的提出聲明，以避免社會的猜疑。發言人與學校對外溝通時口徑一致，可迅速處理危機，以避免星火燎原。

3.不同階段因應之道：在處理過程中，危機處理小組應隨時瞭解上級行政機構的態度與輿論走向，並以此作為未來決策的重要依據。在處理危機時，面對社會必須誠實。在危機解決之後，應透過傳媒向社會報告危機已結束，使學校形象早日恢復。內部也宜立即進行檢討，如有缺失，應痛定思痛，澈底加以改革。

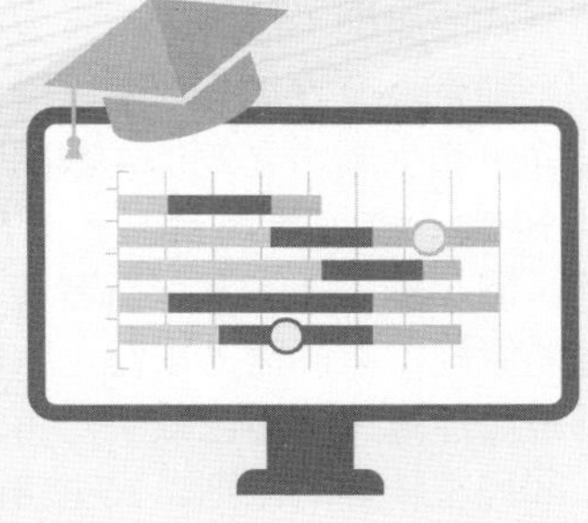

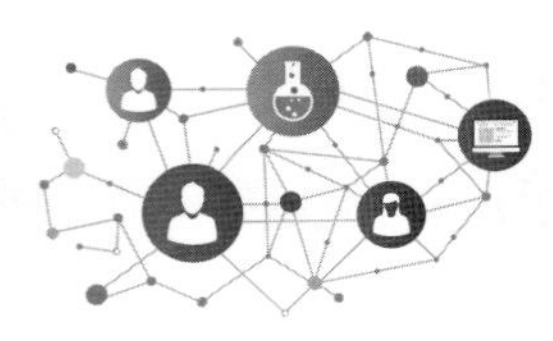

Unit 8-4 學生事務行政

一、學生事務工作的基本概念

學校學生事務工作範圍廣泛，舉凡民族精神教育、安全教育、常規訓練、衛生保健等，都是學生事務的一部分。

二、學生事務工作的組織與運作

（一）學務主任的角色

學務主任秉承校長之命，負責全校學生事務工作之推動，對學生事務工作成效影響甚鉅，其角色包括：單位主管、幕僚輔助、計畫執行、溝通協調、安全維護、德育活動推展、體育活動推展與群育活動推展等。

（二）學生事務工作的推動

學生事務工作的推動，除事務主任負責籌備處理外，並分由訓育組、生活教育組、體育組、衛生組負責有關業務。

1.訓育工作的原則與實務

(1)訓育工作的原則：龔寶善教授認為訓育工作的原則為：①心理發展的原則：訓育的實施必須把握學生的個別差異，因勢利導，循循善誘，以獲致宏大的效果；②自覺自律的效果：外鑠的方式不如感化力量的深遠有效，因此，理性的啟發和自覺自動、自律律人的原則宜加以把握；③團體制約的原則：群體的暗示與模仿作用強大，訓育人員宜加強運用團體力量，訂定公約，產生制約之效；④教訓合一的原則：知德一致、教訓合一，方能獲得智、德、體、群、美五育均衡發展；⑤道重師尊的原則：教師需力求健全，樹立典範，師嚴而道尊，訓導之效果乃可以事半功倍；⑥民主精神的原則：民主自由，導己導人。⑦科學技術的原則：訓導工作重點需要運用各種科學技術，多方蒐集客觀資料，綜合判斷研析，方能正確恰當的指導。

(2)訓育工作實務：訓育組工作主要在於陶冶學生德行，培養健全品格，其工作要領為：擬定學生事務工作計畫及行事曆、辦理學生課後社團活動事項、策動團體活動及校外教學、處理學生緊急危難救助事項、策劃及訓練童軍活動、指導學生自治活動、策劃重大節日學校刊物及壁報出版、策劃新生和舊生始業訓練、處理學生緊急危難救助事項等。

2.生活教育組工作實務：生活教育組的業務，主要為擬定生活教育計畫及推行事項、處理學生偶發事件、辦理交通安全教育、辦理學生品德評量及獎懲、規劃導護工作及路隊組訓、處理學生請假／曠課／缺課情形、檢查服裝儀容、辦理家庭聯絡及推行社區活動、處理拾遺物品、辦理人權法治及公民教育宣傳、防制校園暴力和維護校園安全及中輟生通報等。

3.體育組工作實務：「體育組」顧名思義是辦理與體育有關的各項活動，包括：擬定各項體育活動計畫、辦理校內外運動、彙集各項體育競賽、管理與維護運動場所及設備、辦理晨間及課間活動、辦理學生體能測驗、各項體育競賽訓練與選拔及體育成績評量。

4.衛生組工作實務：衛生組工作種類繁多，計有擬定各項環境及衛生教育工作規則、辦理全校衛生保健工作及其設備事項、衛生隊之組訓及指導晨間檢查事項、辦理學校環境衛生及整潔活動教育事項、協助健康中心辦理檢查及預防接種事項、辦理學生保健宣導事項、學校營養午餐、外訂餐盒衛生管理、辦理垃圾分類、資源回收、環保教育、維護環境及飲水設備之清潔、辦理學生平安保險。

三、學生事務工作的重要議題

（一）服務學習

服務學習應是「一種經驗教育的模式，透過有計畫安排的社會服務活動與結構化設計的反思過程，以完成被服務者的目標需求，並促進服務者的學習與發展」。大學生可以參與服務學習的內容包含：1.社區文化；2.資訊服務；3.議題倡導等。

服務學習是一種教學模式，透過計畫性的服務活動，協助學生將學業知能結合社區之需求，不僅可提供學生多元學習管道，更可從服務過程中瞭解社會多元面向。許多研究也顯示，服務學習策略對學生可能產生的正面影響包括：培養自尊與自重、改善人際關係技巧、提升課業學習的動機與興趣、提高學業成就、有助生涯認知、協助個人成長與發展、涵養社會責任感，以及激發對社區環境的參與感等。簡言之，從「做中學」，對學生學習的面向與成效可以產生重大影響力。因此，21世紀的今天，為提升高等教育的教育成效，需尋找更積極的策略與方法，而服務學習就是一種積極、有效的策略。

（二）童軍教育

童軍教育的宗旨是人格訓練，成為一個獨立自主並且能幫助別人的人。童軍教育的特色為：

1.小隊制度的精神與應用為：分工、合作、班級經營。

2.由做中學：技能、實作，讓每個學生從自己動手做來得到成就感。

3.寓教於樂：遊戲、活動、唱跳、足球樂透。用聽、用看，多方面來觀察，並從遊戲中培養許多的能力。

4.親近自然：野外活動、環境教育。若許可的話，一學期中至少有一次去戶外做主題式的活動，場地也要保持神祕性，讓學生融入環境中，自然而然感受到所需要知道的知識。

5.服務精神：行善、服務。可落實在「服務小隊」中，讓他們學習到大幫小、強幫弱，且要做到「事事有人做，人人有事做」。

6.國際友誼：國際活動、地球村、友誼、世界組織。童軍本身就是最典型的舶來品，每年10月的第三個禮拜六、日，世界童軍總會都會主動上網，認識全世界的童軍團員，以期達到國際友誼的目標。

7.運用媒材：訓練器材、遊戲教具。

（三）學生自治

學生自治活動是透過自我管理，以進行學習的一種過程。學生自治是《憲法》上所保障的學術自由之一環，顧名思義就是學生以自我統治方式，藉以落實公共參與、校園民主，方能更進一步的爭取學生權益，找到繼續奮戰的理由。學生自治活動的實施，可以達到下列目的：1.培養獨立自主的精神；2.養成實踐力行的能力；3.培養公民的知能；4.滿足學生需求及增進學生權益。

（四）正向管教

正向管教的概念為彼此尊重，讓學生能夠瞭解行為背後的信念及意義，達成有效的溝通。正向管教培養學生問題解決的技巧，包括：所要教導的紀律，既不放縱、也不苛責，最終目的在於使青少年變得更有責任感、受尊敬，並自己去發掘自我的長處。

Unit 8-5 教育立法、制度與政策

一、我國教育行政制度及其運作

（一）我國教育行政制度依據

1.教育文化目標（《憲法》第158條）：教育文化，應發展國民之民族精神、自治精神、國民道德、健全體格與科學及生活智能。

2.教育機會平等（《憲法》第159條）：國民受教育之機會，一律平等。

3.受基本教育之權利（《憲法》第160條）：6歲至12歲之學齡兒童，一律受基本教育，免納學費。其貧苦者，由政府供給書籍，已逾齡未受基本教育之國民，一律受補習教育，免納學費，其書籍亦由政府供給。

4.獎學金之設置（《憲法》第161條）：各級政府應廣設獎學金名額，以扶助學行俱優無力升學之學生。

5.受監督權（《憲法》第162條）：全國公私立之教育文化機構，依法律受國家之監督。

6.教育均衡發展（《憲法》第163條）：國家應注重各地區教育之均衡發展，並推行社會教育，以提高一般國民之文化水準，偏遠及貧瘠地區之教育文化經費由國庫補助之。其重要之教育文化事業，得由中央辦理或補助之。

7.教育經費之保障（《憲法》第164條）：教育、科學、文化之經費，在中央不得少於其預算總額25%（此下限已於增修條文後刪除之），在省不得少於其預算總額25%，在市、縣不得少於其預算總額35%，其依法設立之教育文化基金及產業，應予以保障。

8.教育工作者之保障（《憲法》第165條）：國家應保障教育、科學、藝術工作者之生活，並依國民經濟之進展，隨時提高其待遇。

9.對教育事業之獎助（《憲法》第167條）：國家對於下列事業或個人，予以獎勵或補助：

(1)國內私人經營之教育事業成績優良者。

(2)僑居國外國民之教育事業成績優良者。

(3)於學術或技術有發明者。

(4)從事教育久於其職而成績優良者。

（二）我國教育行政制度運作

政府為有效推動教育改革工作，於教育部召開第七次全國教育會議後，在1994年9月21日成立「行政院教育改革審議委員會」，該委員會經歷兩年審慎研議，於1996年2月2日提出《教育改革總諮議報告書》，揭櫫教育改革五大方向：1.教育鬆綁；2.帶好每位學生；3.暢通升學管道；4.提升教育品質；5.建立終身學習社會，及八大改革之重點項目。過後，教育部融合《教育改革總諮議報告書》之具體建議，及《中華民國教育報告書——邁向二十一世紀的教育遠景》、《中華民國身心障礙教育報告書》、《中華民國原住民教育報告書》等長期研議之施政構想，於1997年7月提出《教育改革總體計畫綱要》，並根據三十大項計畫綱要，研提具體的中長程計畫十八種、實施方案十二種，作為全面推動落實教育改革工作之依據。惟因整體教育改革工程所涉範疇涵蓋教育部整體業務，為明確教育改革重點，乃根據行政院教育改革小組第六次會議之決議，綜合《教育改革總諮議報告書》及《教育改革總體計畫綱要》，擇取重點關鍵項目，彙成本行動方案，一為整合行政院各相關部會之力量戮力促成，二為嗣後考核教改成效之指標。

二、我國教育政策

（一）現有教育政策

我國的教育政策變化相當大，而最新的教育政策又是各類考試最重要的考題。以下列舉國內最重要且最新的政策供參考，包括：1.教育改革行動方案；2.教育優先區；3.九年一貫課程；4.教學精神；5.鄉土教育；6.綜合高中；7.完全中學；8.基本學歷測驗；9.邁向學習社會。

（二）執行之缺失

1.教育政策制定缺乏統整性。
2.政策制定沒有連貫性。
3.教育政策執行沒有落實評鑑制度。
4.教育政策執行缺乏凝聚共識。

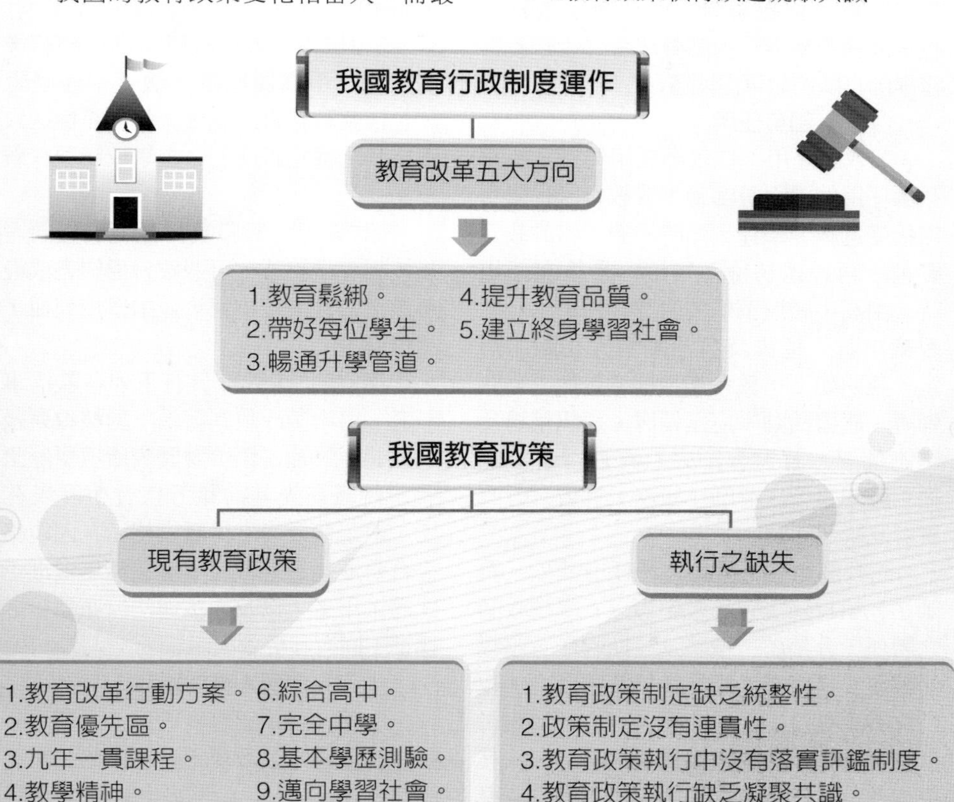
我國教育行政制度運作
教育改革五大方向
1.教育鬆綁。
2.帶好每位學生。
3.暢通升學管道。
4.提升教育品質。
5.建立終身學習社會。
我國教育政策
現有教育政策
執行之缺失
1.教育改革行動方案。
2.教育優先區。
3.九年一貫課程。
4.教學精神。
5.鄉土教育。
6.綜合高中。
7.完全中學。
8.基本學歷測驗。
9.邁向學習社會。
1.教育政策制定缺乏統整性。
2.政策制定沒有連貫性。
3.教育政策執行中沒有落實評鑑制度。
4.教育政策執行缺乏凝聚共識。

Unit 8-6 教育人力資源管理

一、教育人員的培訓與任用

（一）師資培訓

根據《教師培育法》第7條、第8條規定：「師資培育包括師資職前教育及教師資格檢定。師資職前教育課程包括普通課程、專門課程、教育專業課程及教育實習課程……」、「修習師資職前教育課程者，含其本學系之修業期限以四年為原則，並另加教育實習半年……」，以及「……學生修畢規定之師資職前教育課程，成績及格者，由師資培育之大學發給修畢師資職前教育證明書。」

（二）師資任用

1.教師任用：以教師任用為例，我國教師任用的過程是師範生或教育學程學生需接受過教育學程，同時經過一年的教育實習，再經過初檢及複檢，最後在任用時，由高中職以下學校教評會任用。至於教師申訴、進修及自治團體等相關的規定，說明如下：教育實習輔導包括：平時輔導、研習活動、巡迴輔導、通訊輔導及諮詢輔導。實習教師之教育實習事項包括：教學實習、導師（級務）實習、行政實習及研習活動。

2.教師聘任：教師之聘任方式依《教師法》第11條規定高級中等以下學校教師之聘任，分初聘、續聘及長期聘任，經教師評審委員審查通過後由校長聘任之。教師評審委員會之組成，應包含教師代表、學校行政人員代表及家長會代表一人。其中未兼行政或董事之教師代表不得少於總額二分之一，其設置辦法由教育部定之。教育部於1996年12月頒定《高級中等以下學校教師評審委員會設置辦法》。

二、教育人員的待遇與福利

（一）教育人員的待遇

我國公立學校教職員敘薪，是依照學歷起敘薪級，其法令依據為《公立學校教職員敘薪辦法》包括：

第2條：「教職員薪額分為三十六級，其計敘標準，分別依所附教職員敘薪標準表及各級學校教職員薪級表暨其所附說明辦理之。」

第4條：「新任教職員應於到職後一個月內，填具履歷表，檢齊學經歷證件（包括到職聘書或派令，教師需檢送教師資格登記檢定證件）送由學校辦理敘薪手續。」

第7條：「教職員轉任或調任同等級學校相等職務時，可憑敘薪通知書或最後考核通知書銜接支薪，並由學校列冊，報請核備。」

第8條：「教職員有下列各款情事之一者，得申請改敘其薪級：對核敘薪級發生疑義者、補送原填履歷表所填學歷證件者、轉職在先其前職考核晉薪發表在後者、敘定薪級後取得新資格者、因資格不符合暫准代用或代理，經積滿年資准予正式聘派用者，以及因本辦法公布薪級計算標準不同有利於本人者等。」

（二）教育人員的福利

教育人員除了享有固定的月薪之外，依據《全國軍公教員工待遇支給要點》，亦享有其他福利，例如：1.婚喪生育補助，包括結婚補助、生育補助及喪葬補助。2.子女教育補助。

三、教育人員的考核

教職員的考核，主要的法令依據為《公立高級中等以下學校教師成績考核辦法》、《公務人員考績法》、《公務人員考績法施行細則》等之規定辦理。

（一）教師成績考核

根據《公立高級中等以下學校教師成績考核辦法》第4條：教師之年終成績考核，應按其教學、訓輔、服務、品德生活及處理行政等情形，依相關規定辦理。包括除晉本薪或年功薪一級外，並發給一個月或半個月薪給總額之一次獎金；已支年功薪最高級者，給與兩個月或一個半月薪給總額之一次獎金。但若表現欠佳者，則留支原薪，例如：

1.教學成績平常，勉能符合要求。

2.曠課超過兩節或曠課累計超過兩小時。

3.事、病假期間，未依照規定補課或請人代課。

4.未經校長同意，擅自在外兼課、兼職。

5.品德生活較差，情節尚非重大。

6.因病已達延長病假。

7.事、病假超過二十八日。

（二）職員考績

各校職員於辦理改任換敘後，係依《公務人員考績法》之規定辦理。平時考核項目區分工作、操行、學識、才能，作為年終考績之依據。茲按其成績分為甲、乙、丙、丁四等，依《公務人員考績法》第6條：「年終考績以一百分為滿分，分甲、乙、丙、丁四等，各等分數如右：甲等：八十分以上。乙等：七十分以上，不滿八十分。丙等：六十分以上，不滿七十分。丁等：不滿六十分。考列甲等之條件，應於施行細則中明定之。」

Diploma
師資任用
教師任用
教師聘任
1.接受過教育學程。
2.經過一年的教育實習。
3.經過初檢及複檢。
4.由高中職以下學校教評會任用。
1.依《教師法》第11條規定高級中等以下學校教師之聘任。
2.分初聘、續聘及長期聘任。
3.經教師評審委員審查通過後由校長聘任之。

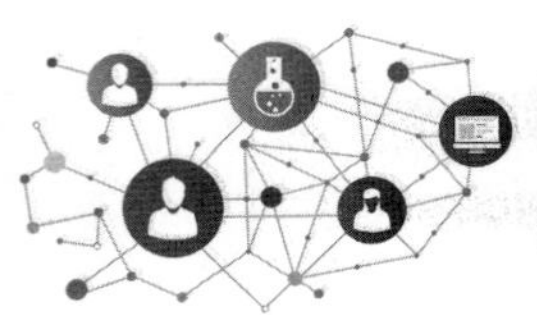

Unit 8-7 教育行政趨勢與展望

一、教育行政的趨勢

學校行政對於教育政策的推動與教育目標的達成，扮演極為重要的角色。故世界各國進行教育改革時，學校行政的革新常常成為重點項目之一。

綜觀各國學校行政改革及學校行政理論的發展，乃將學校行政的發展趨勢歸納如下：

（一）學校本位管理

基本上，歐美各國在實施學校本位管理（school-based management 或site-base management，簡稱SBM）時，都設有學校本位管理委員會，由學校行政人員、教師、家長、社區人士，甚至學生（高中生）共同組成，分別就學校經費、人事、政策、教學、學生服務和管理方面，做出有關的重要決定。

（二）全面品質管理

1990年代以後，全面品質管理（total quality management）的理念開始受到英、美等國教育學者重視。所謂「全面」是指每個人的承諾，「品質」係指符合消費者需求，「管理」則指合作的過程，因此，全面品質管理可說是一個機關人員相互合作、信守品質合作，以符合消費者需求的過程。故其主要特徵為「預先預防」、「永續改進」、「顧客至上」、「品質第一」、「全面參與」。全面品質管理的提倡，有助於學校行政建立一個有品質的文化，對於品質的提升具有實質的效用。

（三）資訊化行政管理

資訊科技的日新月異，各層教育機構運用資訊科技將日益廣泛，互動範圍也更行擴大，使學校結構發生了很大的變化。應用資訊技術以提升國家整體競爭能力，已是世界各先進國家共同的目標。尤其為了讓學生具有資訊能力，學校資訊設備的充實與管理可謂迫不及待之事。

（四）省思性行政管理

所謂「省思性行政管理」（reflective-practice management）係指一位學校行政人員，經過行、思的不斷循環過程，利用所累積的各種新知識、新能力與新方法，來處理各種行政工作。基本上，省思性的觀點仍是相當新的觀點，所以如何有效地應用到學校行政上，仍需不斷地研究，以建立一套較為實用的理論架構。

二、教育行政的展望

在我國教育行政方面，應朝向以下五大方向發展，並加強教育改革：

（一）教育行政科學化

自泰勒（Taylor）倡導科學管理之後，行政科學化已經逐漸成為趨勢，教育行政亦不例外，許多科學方法及工具廣被運用，使教育行政更具效益。

（二）教育行政民主化

注重人性化管理，多數參與決策，包容多元化意見及聲音，尊重異己，此即「後現代思潮」的教育觀點。

（三）教育行政均權化

「權力下放」是目前世界各國的趨勢。法國是高度極權的國家，造成教育僵化。至1986年的學潮爆發後，乃逐步修改其極權色彩，向均權化邁進。

（四）教育行政專業化

科學管理之父泰勒及科層制創始者韋伯（Weber）倡導行政要專業化，一方面專業分工，另一方面對行政人員施以專業訓練，以培養專業能力。在教育行政方面，亦強調專業性，提供在職進修課程給行政人員或其他教育機構、研究所等，即在提升其專業能力。

（五）加強教育改革

我國教育行政應加強下列五項改革：

1.審慎擬定「國際化」與「本土化」總目標。

2.全面革新學校體制與組織結構。

3.中央、地方、民間教育權能的法制化。

4.建立永續發展的教育改革回饋機制。

5.強化教育研究與教育政策的結合。

如此，方能逐步實現教育改革的美麗願景。

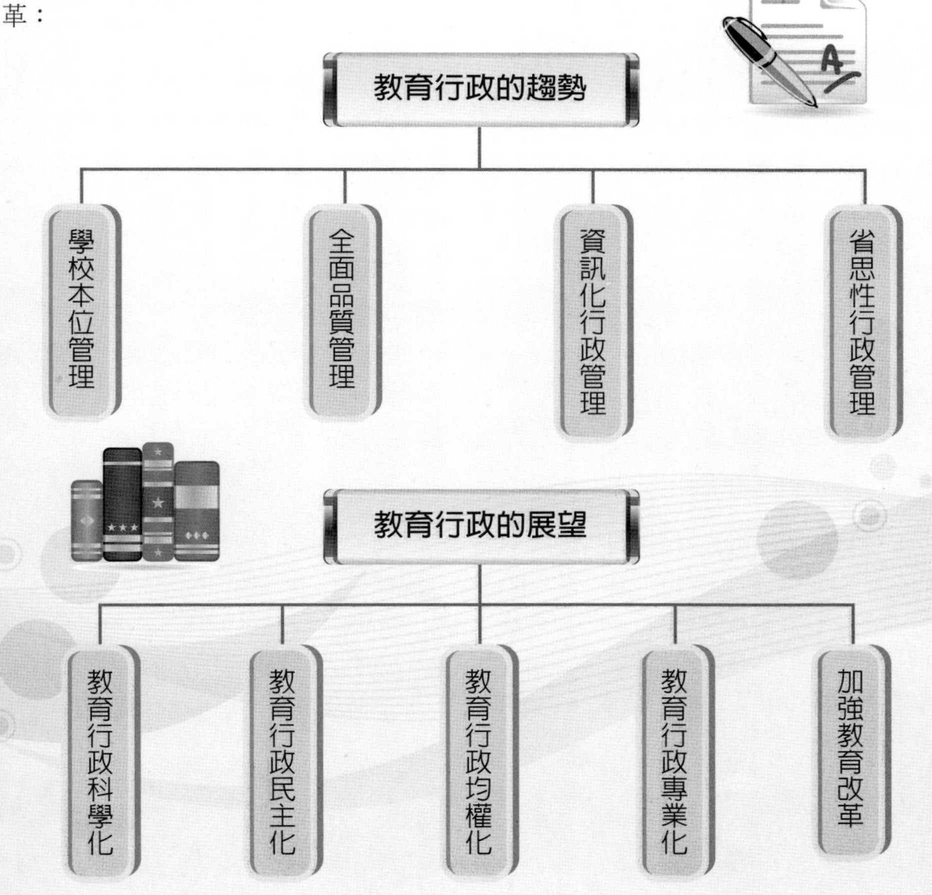

心理學

章節體系架構

Unit 9-1 心理學的本質及心理與行為的生物基礎

一、心理學的本質

（一）心理學的定義

1.定義

自1879年心理學之父馮德（W. Wundt, 1832-1920）設立第一個心理實驗室，使心理學研究正式進入科學範疇。

心理學（psychology）是研究個體行為及心智歷程的科學，其涵義說明如下：

(1)個體：包括人和動物。

(2)行為：包括①外顯活動：可以被直接觀察或測量的活動。②內隱的心理活動：可以由個體陳述自身的經驗或內心的感受，如動機、情緒、思想等。

2.心理學研究的內容

(1)外顯行為（explicit behavior, overt behavior）：外顯行為是指可以被觀察、測量、記錄的行為表現。例如：老鼠壓桿的行為、狗看到食物流口水的行為、人類將學習的文章背誦出來的行為等。

(2)內隱行為（implicit behavior, invert behavior）：內隱行為是個體內在的心智運作，不像外顯行為去間接推論。例如：意識、情緒、動機等都屬於內隱行為。

（二）心理學常用的研究方法

1.觀察法（observational method）：用任何控制方式對真實環境中的人、事、物，加以觀察、認識。

2.實驗法（experimental method）：在受控制的情況中找出變項的因果關係，包括：獨立變項（independent variable）的操弄、混淆變項（confounding variable）的控制和依變項（dependent variable）的測量，例如：史金納（Skinner）訓練老鼠壓桿的實驗。

3.調查法（survey method）：將所欲研究的內容設計成表格、問卷，由受試者按事先設定好的一系列答案加以選擇。例如：詢問消費者喜好的市場問卷調查。

4.測量法（test method）：以心理測量為主要工具，用來測量各種心理建構的方法。例如：MMPI人格量表、主題統覺測驗。

5.個案研究法（case study）：對一個人、家庭或組織作更深入的探討、描述。例如：想要深入瞭解某位過動兒的家居情形。

6.面談法（interview method）：面對面地和研究者交談，得到深度的資料。例如：有心理困擾者和諮商員做會晤。

二、心理與行為的生物基礎

（一）神經系統

神經系統的基本單位神經元（neuron），說明如下：

1.構造：神經元，又名神經原或神經細胞，是神經系統的結構與功能單位之一。神經元占了神經系統約10%，其他大部分由膠狀細胞所構成。基本構造由樹突、軸突、髓鞘、細胞核組成。傳遞形成電流，在其尾端為受體，藉由化學物質傳導（多巴胺、乙醯膽鹼），在適當的量傳遞後在兩個突觸間形成電流傳導。

2.特性

(1)神經元特性：興奮性與傳導性，神

經元可刺激神經衝動，產生興奮，並將神經衝動傳遞到下一個神經元。

(2)軸突特性：全有全無律（all-or-none law）。神經元的興奮性是當刺激強度未達到某一程度時，即無神經衝動之發生。但當神經衝動達到最大強度時，此後刺激強度再繼續加強或減弱，對已引起之衝動強度不再發生影響。

（二）腦的結構與功能

1.腦的結構：腦分為左右兩個大腦半球，兩者由神經纖維構成的胼胝體相連。人腦和其他哺乳動物的腦結構相似，但是容量比和人類相同體型的哺乳動物的大腦要大。人腦可大體分為腦幹、小腦和前腦。腦幹又分為延腦、腦橋（pons）和中腦；前腦又分為視丘、下視丘與邊緣系統。這種區分法乃基於肉眼所見之型態。

2.腦的功能

(1)維持個體生命，如：心跳、呼吸、消化、體溫、睡眠等重要生理運作，均與腦幹的功能有關。

(2)控制呼吸、心跳、消化等協調身體兩側肌肉活動，視覺與聽覺的反對中樞。

(3)控制覺醒、注意、睡眠等意識狀態。

(4)調節姿勢與身體平衡、感覺神經、控制情緒，是感覺神經的重要傳遞站，具有控制情緒的功能。

(5)自主神經系統的管制中樞、管制內分泌系統，維持新陳代謝正常，調節體溫，與餓、渴、性等生理性動機有關。

心理學研究方法

1.觀察法：例如：對真實環境中的人、事、物，加以觀察、認識。
2.實驗法：例如：史金納訓練老鼠壓桿的實驗。
3.調查法：例如：詢問消費者喜好的市場問卷調查。
4.測量法：例如：MMPI人格量表、主題統覺測驗。
5.個案研究法：例如：想要深入瞭解某位過動兒的家居情形。
6.面談法：例如：有心理困擾者和諮商員做會晤。

Unit 9-2 人類發展

一、發展階段論

（一）發展的定義

所謂發展是指個人在生命週期間（由受孕至死亡），身心特質所產生的系統性、持續性的變化過程。

（二）理論取向

隨著年紀的增加，行為產生異質性之質地改變。其特徵如下：

1.不同階段間有其區辨性：例如：語言發展在單詞和雙詞期，有用字數量的區辨差異。

2.同階段內有其相似性：例如：兩個相同階段內的小孩，會有相等的發展能力。同在前運思期的小孩，都有自我中心的特徵。

3.改變機制：先天與教養。

4.關鍵期：個體在發展過程中，有特定某一階段特別適合發展某一行為能力，錯過此時期則難以挽回。例如：語言。

5.敏感期：不若關鍵期般的全有全無。

二、認知發展

（一）基本概念

1.廣義定義：包括個體成長中，知覺、想像、理解、記憶、思考、推理、判斷等方面的發展。

2.狹義定義：智慧發展，採訊息處理理論觀念探討個體成長中「知的歷程」。

3.代表人物：皮亞傑（Piaget）的認知發展論=智慧發展論=發生知識論。

（二）認知發展論

1.認知──經驗的組織，意義的解釋：皮亞傑研究孩子獲得知識的過程，以及促動人類智慧的動力，發現個體會主動建構知識。

2.認知發展階段

(1)0-2歲──感覺運動期間：以各種感覺器官與肌肉動作探知環境，其發展特色包括：

①區別自己與外界物品的存在。

②認為自己為行動的主人，開始有目的性行為。

(A)初級反應迴圈：重複關於刺激自己身體的行為。例如：反覆吸吮手指。

(B)次級反應迴圈：重複外界的刺激行為。例如：反覆搖小床。

③物體恆存性（object permanence）：即使缺乏知覺線索，但仍知道物體不會無故消失。例如：躲貓貓和A-not-B效應。

(2)2-7歲──前運思期：即運思，運用心智做合理思考，是以抽象性符號代表外界的知識進行運用，但此階段尚未能進行合理思考，故稱為前運思期，細分為兩期：

①運思前期──2-4歲：特色為自我中心。

②直覺期──4-7歲：特色為直覺式推論。

(3)7-11歲──具體運思期：對具體的事物進行邏輯性思考，但仍需借助具體實物操弄來運作，不能進行抽象思考。

三、道德發展

道德：是指判斷行為事件對錯好壞的標準。

道德行為：耶魯大學的研究發現，道德知識和道德行為沒有相關。

（一）哈桑（H. Hartshorne）與梅伊（M. A. May）

道德並非穩定的特質，只是隨著情境要求而變動的一種反應。

（二）道德感（moral feeling, Freud）

兒童內化某些道德原則，以形成其良心和理想型。道德行為表現的原因乃是良心不安。

（三）道德判斷

1.皮亞傑的道德發展理論：認為道德表現對是非的判斷需要智能，但智能隨著年齡增長，故道德也是隨年齡與智力並行發展的。就發展階段而言，當出生以後至4歲之無律期（pre-moral period），對任何規範均似懂非懂，故無法從道德觀點來評價幼兒行為。4至8歲屬他律道德期（heteronomous morality），行為並非根據行為後果的大小來決定，非取決於主觀動機。8至12歲屬自律道德期（autonomous morality），對行為的判斷建立在行為的意圖和行為的後果上。

2.柯爾伯格的道德發展理論：柯爾伯格道德發展階段是美國心理學家勞倫斯・柯爾伯格（Lawrence Kohlber）用以解釋道德判斷發展的理論。他受到皮亞傑著作的啟發，進而著手研究個體的道德發展階段。該理論認為，道德判斷是道德行為的基礎，並可區分為六個道德發展的階段，每一個階段都比前一個階段對兩難困境（海因茲偷藥的故事）更有適當的回應。柯爾伯格研究指出，道德判斷發展的年齡指標，遠遠超過皮亞傑所認為的研究結果。

認知發展論

1.認知：經驗的組織、意義的解釋。

2.認知發展階段

（1）0-2歲──感覺運動期間（sensory-motor stage）：以各種感覺器官與肌肉動作探知環境。

（2）2-7歲──前運思期：運用心智做合理思考。

A.運思前期：2-4歲。

B.直覺期：4-7歲。

（3）7-11歲──具體運思期：對具體的食物，進行邏輯性思考。

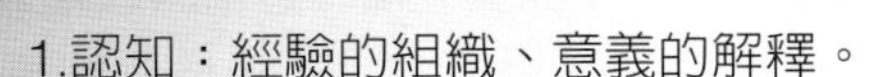

Unit 9-3 感覺、知覺、意識與思考、語言

一、感覺、知覺和意識

從心理物理學（psychophysics）觀點：

（一）感覺

以刺激接受器引起神經衝動，察覺到內在、外在情況的基本經驗歷程，包括：視、聽、味、嗅、膚五大感覺。感覺的理論可分成經驗學派與天賦論。

（二）絕對閾

1.操作型定義：使個體偵測到刺激所需的最小物理刺激量（即閾限，threshold），但個體的感覺可能因身心狀況影響而有差異。通常心理學家會在給予受測者多次刺激後，以受試者50%能察覺刺激的閾值為絕對閾（absolute threshold）。

2.絕對閾越高，表示越遲鈍；反之，則越敏感。

二、知覺與影響知覺的心理因素

（一）知覺

知覺（perception）以感覺為基礎，是將感覺資料加以統整、解釋的心理活動歷程。

（二）影響知覺的心理因素

1.學習與經驗：基本的知覺（例如：深度知覺）不需學習，但符號學表徵性的知覺（例如：紅、綠、黃）則需要學習。基本知覺包括：背景、關係、顏色、亮度、大小。

2.需要與價值：對具有價值的刺激特徵常有誇大的取向。有不同動機的人對同一刺激，可能產生不同的知覺經驗。

3.防衛：如對不喜歡的刺激，出現拒絕接受的情形。

4.藥物：興奮劑、鎮靜劑或迷幻藥造成個體的意識狀態改變，而產生不同的知覺經驗。

5.注意：選擇性注意的原因是動機與期待。

（三）注意力

具有注意的能力，稱為注意力。注意力是指人的心理活動傾向和集中於某種事物的能力。

（四）意識的本質

意識（consciousness）是指個人運用感覺、知覺、思考、記憶等心理活動，對自己的身心狀態與環境中人、事、物變化的綜合覺察與認識〔自我察覺（self-awareness）〕，包括：反應、認知能力和人格特質三特性。

三、思考與語言

（一）知識表徵與概念形成

1.知識表徵：是指訊息在大腦中的儲存和呈現方式，它是個體知識學習的關鍵。人們在學習過程中，都是根據自己對知識的不同表徵而選擇相應的學習方法和應用方法。心理學家普遍認為，陳述性知識主要是以命題和命題網絡的形式進行表徵。另外，表象和圖示也是表徵陳述性知識的重要形式。

2.概念形成：概念是人類思考的基本元素，它就是一個分類系統，所以，概念和類別兩個詞往往混合使用。

（二）推理與決策

1.推理：是指以某種原則為基礎，由已知事項推求未知結果的心理活動。推理多以間接方式進行。推理的類型包括：演繹推理與歸納推理。

2.決策：決策就是做出決定的意思，即對需要解決的事情做出決定。要明確理解決策概念，應把握以下意思：決策要有明確的目標，即決策是為了解決某一問題，或是為了達到一定目標。確定目標是決策過程的第一步。決策所要解決的問題必須十分明確，所要達到的目標必須十分具體。沒有明確的目標，決策將是盲目的。

（三）語言的結構與功能

1.語言的內在結構

(1)表面結構：包含了命題，邏輯中心主義。(2)深層結構：加上態度的表達。

2.語言的功能：外延意義和內涵意義。

（四）語言的習得

1. 經驗論（empiricism）：人類的語言是得自後天環境中學習的經驗。

(1)行為學派的操作制約學習：後效強化作用。

(2)社會學習論〔班都拉（Bandura）〕：觀察學習與社會增強作用。

2.天賦論（nativism）〔詹姆斯基（Noam Chomsky）〕：人生而具有一種獲取語言的器官（language-acquisition device, LAD）。

(1)語言能力：天賦的。

(2)語言表現：學習的。其證據為：

①2歲前就可學得大部分的語言。

②腦傷或病變會失去語言能力。

③不需要刻意教導，就會牙牙學語。

④泛文化的普通性，即不同語言都有相同發展順序。

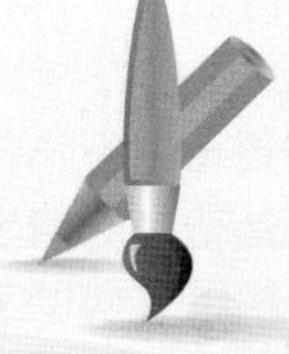

影響知覺的心理因素

1. 學習與經驗。2. 需要與價值。3. 防衛。4. 藥物。

語言的習得

1.經驗論：人類的語言係得自後天環境中學得的經驗。
2.天賦論：包括天賦的語言能力與學習的語言表現。

Unit 9-4 學習與記憶

一、學習與記憶

所謂行為，是指經由經驗所造成的行為或潛在的行為永久性改變。

根據貝爾–格倫德（Bell-Grendler）指出，學習模式分為行為主義的學習模式及認知論的學習模式。分述如下：

（一）行為主義的學習模式

為記憶歷程的重要特性，不同種類記憶及應用意涵。行為主義的學習模式包括：古典制約（正統條件化學習）、操作制約（工具條件化學習）及社會學習論三種。

1.正統條件化（古典制約）：個體能經由「透過配對刺激產生反應」來學習。古典制約最重要的代表人物是巴甫洛夫（Ivan Pavlov），他用狗的實驗發現了古典制約。

2.操作制約：可視為一種學習型態，主要藉由行為後果來影響行為表現。如果行為帶來的環境改變被增強了（環境改變會給予有機體某種報償，或是清除某些嫌惡刺激），那麼那項行為會再次出現的機率就會增加，反之就會減少。其應用為：正增強、負增強、獎賞、懲罰與削弱等五種制約常用的技術，在設計過的情境下，有助於形塑社會化行為與適應性行為。

3.社會學習論：由班都拉（A. Bandura）和瓦斯特（R. H. Walters）於1963年所發展。「社會學習取向」或稱作「社會認知取向」，其特徵是互動的、跨學科的領域，以及多元模式或用田野研究，學者開始強調環境、個人與個體行為這三個因素之間交互作用的反應歷程。其教育上的應用如下：

(1)符合學習者的個別差異，安排適當的楷模，教導新行為。

(2)學習以引起注意為基礎。

(3)培養學習者的自我調節能力和自律行為的養成。

（二）影響學習的認知因素

在行為之外，有機體還學到了一些能夠引導他們表現出特定行為的訊息，這一類訊息或知識，稱為認知（cognition）。有機體獲得這些訊息之歷程，就是認知學習（cognitive learning）。有機體學習的真正關鍵，在於其思考與認知的過程（thought process or cognition），而非僅是刺激與反應的連結。

（三）認知學派的學習模式

1.柯勒（W. Kohler）的頓悟學習（insight learning）：研究猩猩的stick problem，發現學習的進步不是漸進的，而是突然領悟到各種刺激的關係。前述頓悟的條件包括：個體的智力、問題結構的情境、學習內容的性質、個體的意願及證據（學習遷移）。

2.托爾曼（B. Tolman）的方位學習論（place learning）：讓老鼠練習走迷宮，等老鼠習得能得到食物的正確路徑，將路徑堵住，發現老鼠能運用之前學習到的其他路徑，繞路得到食物。因此，老鼠學得的不只是正確的最近路徑，而是認知地圖（cognitive map），因此又稱為符號學習（signs learning）。

3.勒溫（K. Lewin）的場地論（field theory）：行為反應與整個環境組織有

關，解釋一個人的行為，需瞭解個人和環境動力。

B=f（P×E）

B=行為（behavior）

f=函數（function）

P=人的狀態（person）

E=當時的環境（environment）

二、記憶

（一）定義

對學習歷程或結果加以保留的行為，在需求下能不經練習，即可重現記憶系統的心理歷程。

（二）記憶歷程

1.符碼化（coding）：編碼（encoding）與解碼（decoding），個體在處理訊息時，將外在刺激，以形碼、聲碼、意碼等心理表徵形式儲存在記憶中，供日後需要時取用。

2.儲存（storage）：重組（reconstructing）與凝固（consolidation），個體將已編碼的訊息儲存在記憶中。

3.提取（retrieval）：回想（recall）與辨認（recognition），個體使用記憶中的訊息時，需將要使用的訊息自眾多訊息中找尋出來，復原成編碼的訊息形式，以供使用。

（三）影響記憶力的因素

1.生理方面：睡眠不足、過度疲勞、頸部外傷、頭部外傷、身體疾病、甲狀腺功能不足、血糖過低、年老大腦功能退化等。

2.心理方面：焦慮、緊張、哀傷、憂鬱等。

3.其他方面：外在因素，如訊息太過於接近；吵雜的環境，混淆、干擾的資訊。

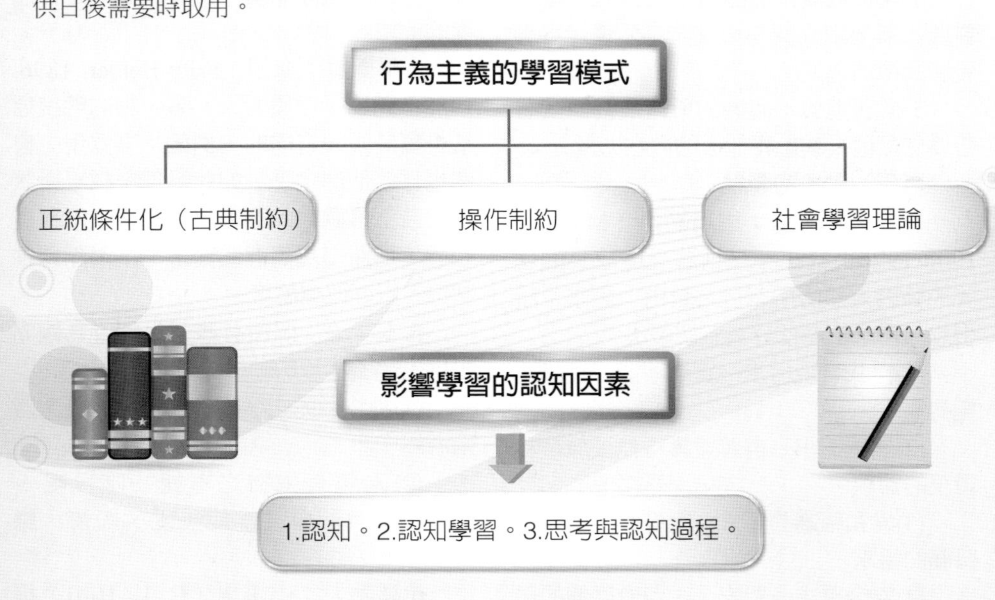

Unit 9-5 動機與情緒

一、動機

（一）動機的基本概念

動機（motivation）是指引起個體活動，維持已引起的活動，並引導該活動朝向某一目標的內在歷程。

（二）動機的類別

1.生理性動機：指個體與生俱來，未經學習且以生物為基礎的動機，由下視丘控制。

2.心理性動機：引起個體行為的非生理因素為基礎的內在原因。

3.成就動機的定義

(1)朝目標進步的內在力量。

(2)自我投入且要求完美的內在力量。

(3)能克服萬難的內在力量。

4.親和動機：個體對他人存有的親近需要，需要別人關心、友誼、愛情等影響親和動機的因素。

5.權利動機：個體的所作所為隱藏著想要支配他人或影響他人的內在力量。

（三）動機的學說

1.需求層次論：由馬斯洛（Maslow, 1908-1970）提出，又稱缺乏與成長的理論，強調人類的所有行為是由「需求」所引起。需求依高低分為五個層次：

(1)自我實現需求→實現潛能、登峰造極的需求。

(2)尊重需求→自尊並獲得他人尊敬和讚美的需求。

(3)愛和歸屬的需求→對愛人、被愛、歸屬的需求。

(4)安全需求→對安全，免於恐懼的需求。

(5)生理需求→對食物、水、氧氣、性等的需求。

生理、安全、愛和歸屬、尊重四種需求為人類的基本需求，自我實現需求則為人類的衍生需求，衍生需求（較高層次的需求，又稱成長需求）較具個別差異。

2.認知論：認為個人瞭解自己的動機，亦即個人的行為是預先設想與計畫，向預定的目標前進。例如：個人在從事某種實際工作之前，估計自己所能達到的成就目標，此即為抱負水準。

3.態度改變的理論：認知失調論：費士庭（Leon Festinger, 1919-1989）認為，個體對事物的信念、知識與行為失去一致，因而產生一種不協調的感覺，在此情況下，為了去除矛盾，恢復協調，遂作態度的改變。

4.平衡論：海德（Fritz Heider, 1896-1988）認為，個體對人、事、物的態度通常是屬於同一方向的，例如：喜歡甲，自然也喜歡他的穿著，如此呈現一種平衡狀態。若不喜歡他的穿著時，則產生不平衡狀態，進而引起焦慮或緊張，為消除此種狀況，只好改變態度。

5.本能論：個體有些天生的行為傾向提供生存所必須的動機力量。如：

(1)動物：蛇之冬眠、烏魚游至臺灣西南海岸產卵。

(2)人類有生物之本能（吃、喝、性……）及社會性本能（愛、同情、謙遜……）。

6.驅動力：由霍爾（C. L. Hull）提出，指個體內因某種基本需要未被滿足或是缺乏，而形成一種不愉快的緊張，這種驅動力會導致我們採取某些行為以降低並消除體內的緊張，又稱為驅力降低論（drive-reduction theory）。挫折攻擊假說即認為人借助於攻擊，會減少因挫折所帶來的痛苦。

二、情緒

（一）情緒的基本概念

情緒是個體受刺激所引起的一種身心激動狀態，情緒可以：

1.引起愉快或不愉快等情感經驗。

2.產生認知歷程，如：評價、分類。

3.將生理狀況活化為警覺狀態。

4.導致行為出現。

（二）情緒與動機

相同點：

1.都是引起行動或感覺的起因。

2.經常伴隨著生理感覺。

3.都是對某一事件或思想的內在反應。

（三）情緒表達（H. Schlosberg, 1952-1954）

1.面部表情（出生即有面部表情）：小嬰兒的笑（Stern, 1974）

(1)內因性笑（endogenous smile）：非外界刺激所引起，而是身體的舒適。

(2)外因性笑（exogenous smile）：四個月以前的笑是不論生、熟面孔皆會笑。

(3)社會性笑：四個月以後則只對熟面孔笑，可見此時的笑已具社會意義。

2.肢體語言（body language）：經由身體的各種動作，代替語文藉以表達情意的溝通目的。

（四）詹郎二氏情緒論（James-Lange theory）

詹郎二氏情緒論──生理→心理，情緒並非由外在刺激所引起，而是由生理變化所引起（器官肌肉）。例如：人會難過是因為先有哭泣的反應，才引起難過的情緒。

（五）坎巴二氏情緒論（Cannon-Bard theory）

外在刺激傳到了CNS中視丘和下視丘，再傳到大腦皮質，同時引起生理的反應和情緒經驗。

動機定義

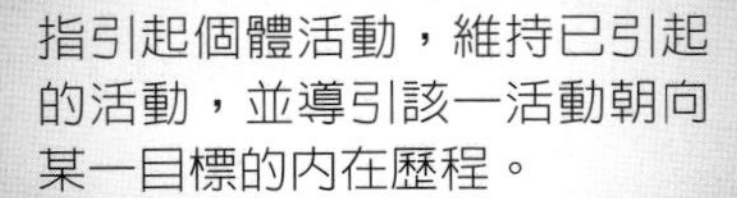
指引起個體活動，維持已引起的活動，並導引該一活動朝向某一目標的內在歷程。

動機的類別

1.生理性動機。
2.心理性動機。
3.成就動機。
4.親和動機。
5.權利動機。

Unit 9-6 個別差異與測驗及其發展

一、個別差異與測驗

（一）能力與能力測驗（ability& ability test）

1.能力（ability）=所能者及可能為者：實際能力（actual ability）或成就潛力（achievement potentiality）。

(1)一般性向（general aptitude，普通性向）：個體廣泛的活動領域內，如有機會學習或訓練，即可能發展的水準。

(2)特殊性向（special aptitude）：個人在某特殊活動中，如經由學習或訓練即可能發展的水準。

(3)普通性向、普通能力=智力。

2.「能力測驗」的意義：是心理測驗的一類，是心理學家在研究能力上的個別差異時，特別設計來鑑別個體能力高低的一類科學工具。能力測驗又可分為「成就測驗」與「性向測驗」。

3.能力測驗的類別

(1)成就測驗：包括學業成就測驗、職業成就測驗。

(2)性向測驗：包括學業性向測驗、職業性向測驗。

4.能力測驗應具備的條件

(1) 標準化與常模

一個良好的能力測驗，在編製時必須經過「標準化」的過程。所謂「標準化」是指測驗編製時，經過以下四個標準步驟：

①選定測驗中所需的測驗題。

②選定一群施測（或試測）的對象。

③施測程式標準化。

④從施測結果中建立常模。

(2)信度（reliability）：是指一個測驗可靠的程度，亦即指一個測驗的可靠性或穩定性而言。使用一個測驗測量人或物的某種特性時，所得結果若具有相當程度的穩定性，即稱此一測驗具有「信度」。

(3)效度（validity）：是指一個測驗所測得分數的正確度；亦即一個測驗能測得其所欲測量特質的程度。

（二）智力與智力測驗

1.定義：智力（intelligence）是一種綜合性能力，此種能力乃是以個體自身所具遺傳條件為基礎。在其生活環境中，與人、事、物交往時，運用知識經驗解決問題的行為。

2.三種技能

(1)如何應用符號和概念的抽象思考能力。

(2)能適應新情境和變動的工作要求。

(3)能從經驗中獲得學習和幫助。

二、發展與個別差異

（一）發展

發展指的是人類個體從誕生到死亡的整個生命過程中所發生的身心變化，包括生理與心理兩方面的發展。生理發展指個體的生理發展，也叫生物因素的發展，指人類個體的生理結構與機能及其本能的變化。個體的生理發展過程是一種內發過程，即個體按照自身預定的程式和節奏而自然成熟、成長的過程。

此外，心理發展意即個體從出生、成熟、衰老直至死亡的整個生命進程中，所發生的一系列心理變化。

（二）個別差異

係指每一個人和其他人不論在心理或生理方面都存在差異的情況，此種差異現象就是每一個人獨具的特徵。世界上沒有完全相同的兩個人，即使是形貌相當接近的同卵雙生子也不會完全相同。不論是西方先哲或是東方先賢先聖都已經指出人與人之間個別差異的存在。如柏拉圖就認為，人的天賦和後天生活環境的不同，形成個人之間的差異；孔子提出「因材施教」的理想，其中「因材」兩字即指出因應個別差異的重要性。

（三）運用心理測驗的原則

1.心理測驗必須根據受試者在某一特定情境中的反應情形，用間接測量的方法，以估計或推斷各種潛在的心理特質差異程度。

2.心理測驗必須基於「窺一斑而見全豹」的假定，從受試者對測驗刺激的反應，以瞭解其心理特性的大概情形。

3.心理測驗必須符合「標準化」的要求，否則不能成為有效的測量工具。測驗情境有了適當的控制，然後各受試者在同一種測驗上所得的分數，才具有相互比較的意義。

4.心理測驗必須具有相當的「客觀性」，才能使其測量結果正確而可靠。

無論是測驗的內容、實施的程序、計分的方法或測驗結果的解釋，均需符合客觀性與標準化的原則和要求，才會發揮心理測驗的真正效能。

能力測驗的類別

1.成就測驗。
2.性向測驗。

能力測驗應具備的條件

1.標準化與常模：指測驗編製時，經過的四個標準步驟。
2.信度（reliability）：是指一個測驗可靠的程度。
3.效度（validity）：是指一個測驗所測得分數的正確度。

智力與智力測驗

定義：是一種綜合性能力。

三種技能：1. 抽象思考能力。 2. 適應工作要求。 3. 經驗中獲得學習。

Unit 9-7 心理異常與治療以及諮商與輔導

一、心理疾患的定義與診斷

（一）心理異常的定義

心理異常是在大腦生理生化功能障礙，和人與客觀現實關係失調的基礎上，產生的對客觀現實的歪曲反映。

（二）心理疾患的分類與成因

1. 心理疾患（mental disorder）的分類

(1)情感性疾患：情緒過於低落（或高亢）且達到功能降低，包括：過度的難過與傷心、喪失快樂感，以及極度的心情混亂。

(2)焦慮性疾患：焦慮性疾患的類型包括：恐懼症及恐慌症。

(3)廣泛性焦慮疾患（generalized anxiety disorder, GAD）：以過度、無法控制和長時間持續的擔心為主要特徵。

(4)解離性疾患：解離（dissociation）是指個體無法在意識層面上，統合或運用認知、情緒、動機和其他生活上的經驗。

(5)人格疾患：為一種長久、廣泛性和無彈性的行為與內在經驗，這樣的行為與經驗偏離社會的期待，並且有認知、情緒、關係、衝動控制上的問題。

2.心理疾患的成因

(1)遺傳因素：在家族研究與雙胞胎研究中發現，血緣關係越親密或基因組越相似，得到精神分裂症的比率亦較高。

(2)家庭因素：遺傳因素扮演著相當重要的角色，但並不能完全解釋精神分裂症的形成。在後天因素方面，以家庭成員的情緒表達受到較多的關注與研究。

（三）心理疾患的治療

生物學治療方法包括：

1.精神外科手術：精神外科手術是對大腦進行手術，以減輕心理疾患的症狀。

2.電擊療法：電擊療法（electro-convulsive therapy, ECT）是1940至1960年代普遍性的治療方法。雖然陸續發現治療心理疾患的藥物，但在對於藥物反應不佳的情況下，電擊療法依然為考慮的方法之一。

3.藥物治療：主要在改變腦內神經傳導物質的活性，或避免接受器的活化，以降低神經傳導物質的激發程度。其藥物包括：抗神經病藥物、抗憂鬱症藥物及抗焦慮症藥物。

二、諮商與輔導

（一）諮商與輔導的目的、原則和歷程

1.諮商與輔導的目的，可以簡單歸納為：

(1)協助當事人自我探索，增進自我瞭解。

(2)協助當事人的自我成長與適性發展。

(3)促進當事人的社會與環境適應。

2.諮商與輔導的原則：輔導員從事員工輔導時，應把握以下幾個原則，有助於增進輔導效果：

(1)瞭解員工的個別差異與行為動機。

(2)建立良好關係是輔導的先決條件。

(3)站在員工的立場來看員工的問題。

(4)尊重與接納員工。

(5)善用諮商技巧。

(6)善用團隊資源與動力。

3.諮商與輔導的歷程

(1)接案階段：此階段可視為諮商前的階段，也可視為諮商的起始階段。主要工作重點在於場面構成及理解當事人的各項訊息，例如：求助的問題等。

(2)初始階段（引入階段）：這個階段最重要的任務便是建立投契的諮商關係，建立有效的互動默契。

(3)覺察階段（問題探討階段）：此階段諮商師會帶領當事人看到問題背後更深層的意義、動力，當事人能不能更深入的去瞭解、體會。

(4)行動導向階段：此階段的諮商重點在於改變行動的產生上。此時，諮商師應協助當事人建立「成功階梯」，意指幫助當事人計畫並產生行動。

(5)結束階段：此階段有幾個主要的工作重點，分別是統整諮商的學習、固化諮商學習對生活中的遷移和正向影響、結束諮商關係。

（二）諮商者與輔導人員的基本特質、能力及倫理規範

1.諮商者與輔導人員的六項基本特質

(1)相信每個個體；(2)承認個人的價值；(3)心胸開闊；(4)瞭解自己；(5)有敏覺性；(6)有專業精神。

2.諮商者與輔導人員的能力

(1)瞭解他人：包括開放性、敏感性、同理心、客觀性等。

(2)人我交往：包括真誠、不專斷、積極專注、溝通技巧等。

3.諮商者與輔導人員的倫理規範

(1)保密：巴頓（Patton, 1990）在探討倫理問題時曾強調：「一旦承諾，則需信守。」於是，對受試者個人資料的保密責任，常是研究者要去努力達成的任務。

(2)勿以自己的價值觀強加至當事人。

(3)勿替當事人決定，並尊重當事人的決定，包括：瞭解自己能力的限制，以及避免問及不相關的細節。

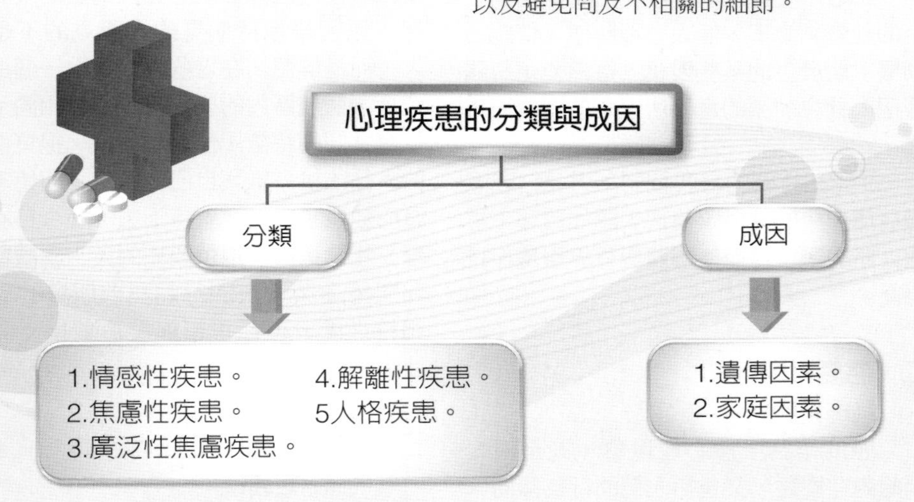

Unit 9-8 社會心理與團體歷程

一、社會認知

（一）定義

社會認知是個人對他人的心理狀態、行為動機和意向，作出推測與判斷的過程。公眾的社會認知是指公眾在人際互動中，根據交往對象的外在特徵，推測與判斷其內在屬性，同時考察自己的心理特質、動機、態度和情態等，駕馭自己給人的印象的心理活動。

（二）範圍

不同的公眾在社會生活中，形成了自己所固有的認知結構。同樣的社會刺激，由於個人的認知結構不同，也必然使其社會認知表現出下列種種特點：

1.認知的選擇性：由於社會刺激物本身的強度等原因，公眾對於組織給予自身的社會刺激，可能認知也可能不予認知。

2.認知反應的顯著性：主要是指在一定的社會刺激下，個人心理狀態（情感、動機）所發生的某些變化，這種變化將隨著個人社會刺激的意義所理解的程度而轉移。

3.認知行為的自我控制：這是自我意識發揮作用的結果，使個人認知體驗不被他人所覺察，從而使個體與外界環境保持平衡。

二、態度與偏見

（一）態度

態度作為一種心理現象，既是指人們的內在體驗，又包括人們的行為傾向。一般而言，態度是潛在的，主要是透過人們的言論、表情和行為來反映。人們的態度對象也是多種多樣，諸如人物、事件、國家、集團、制度、觀念等。人們對這些態度對象，有的表示接受或贊成，有的表示拒絕或反對，這種在心理上表現出來的接受、贊成、拒絕和反對等評價傾向就是態度。因此，態度又可看成是一種心理上的準備狀態，這種準備狀態支配著人們對觀察、記憶、思維的選擇，也決定著人們聽到什麼、看到什麼、想些什麼和做些什麼。

態度的心理結構主要包括三個因素，即認知因素、情感因素和意向因素。

（二）偏見

偏見（英文prejudice，源自「prejudge」，預先判斷）指的是不給別人公正的考查，便貿然作出判斷。這種判斷沒有任何證據，只憑先入為主的成見使然。原因是抱持偏見的人所見的不是個人，而是群體。在這些人看來，一個民族或者一個地區內的成員都「一律相同」，具有共同的特徵、性格和習慣。抱持偏見的人往往拚命維護自己的偏見，即使事實證明他錯了，仍會堅持下去。《今日心理學》雜誌指出，抱持偏見的人「喜歡留意和記憶『某』人的行動與他所定的形象相符之處，但卻拒絕與該形象相反的證據」。

三、人際歷程

（一）定義

人際歷程心理治療（The interpersonal

process psychotherapy，簡稱IP）是整合客體關係論、依附理論、系統理論及認知行為治療理論，所形成嶄新、實用、統整的治療理論。

（二）過程

心理師透過提供涵容的治療關係（hold environment），讓案主將其從不安全依附的客體關係所形成的人際行為模式投射在治療關係中，再透過歷程評論（process comments），協助案主發掘其與人互動時的內在運作模式，並以實際人際經驗進行測試，提供校正性情緒經驗，對其扭曲的人際信念與行為進行矯正。

四、社會互動

（一）定義

社會互動就是人與人、個人與群體、團體與團體之間為了滿足某種需要，而進行的交互作用和相互影響的活動。

（二）過程

社會互動是一種人與人之間的關係，只不過是一種動態關係。社會互動首先是交往者雙方相互溝通的過程，雙方透過交往，彼此交流感情與訊息。如男女兩人之間的戀愛，這是一種社會互動。透過交往，他們都可以獲得對方的年齡、政治面貌、家庭狀況、經濟收入等訊息，還可以增進感情，由彼此相互好感到相互愛慕，再到相互愛戀。其次，社會互動是一個相互作用的過程，交往者雙方能夠相互影響。

五、團體歷程

（一）定義

耶隆（Irvin D. Yalom）認為團體的發展階段，先經過初期的定位階段：定向與探索、尋找意義、建立信任、團體形成。

（二）過程

其次進入衝突階段：處理抗拒、衝突、支配。然後才進入團體工作的成熟期，也就是凝聚力發展的階段，主要強調凝聚力與效能。

Unit 9-9 社會行為與人際關係

一、人際關係及歸因歷程

（一）人際關係

1.人際關係的定義：最早的「人際關係」即指從懷胎至出世，和母親接觸、仰賴母親照顧的連結。這種關聯不僅是生理的需求，更是心理上的滿足。

2.人際關係的四種溝通模式

(1)開放式：有意願的維持開放和誠實的溝通。

(2)參與式：一種強烈的、互為伴侶、夥伴的信念，願意花很多時間在關係上。

(3)交換意見：對於另一半非語言溝通訊息，能相互瞭解。

(4)關係評估：兩者對於這份關係與未來的看法有所共識，並願意相互配合。

（二）歸因歷程

1.歸因：一般人在看到別人做出一些行為後，會傾向推斷那是由於當事人的個人因素所導致（性向歸因），還是由於當時境況的因素所造成（情境歸因），這是歸因理論的重要課題。

2.基本假定

(1)個體會因對環境和自身的瞭解而產生動機。

(2)人是直覺的科學家，為達到預測與瞭解行為的目的，形成假設，蒐集資料並加以驗證。

3.海德（F. Heider）的歸因理論：歸因理論認為，人對自己或他人行為結果的分析，大致有兩方面：

(1)個人因素：能力、努力。

(2)環境因素：機會、運氣。

提出「共變原則」：海德認為人們常從許多不同的情境下，找出某一結果和特定原因間的關係。假如某特定原因在許多不同情境不和某一結果相連，並且假如該原因不存在時，那個結果也不會出現，則人們竟會把那個結果歸諸於該特定原因所造成，造成原因與結果有共變關係。

二、態度轉變的理論

（一）態度的定義

態度是對某一特定對象的持久性評鑑。態度由三個成分組成，包括：情感成分、認知成分及行為成分。

（二）態度轉變理論：態度改變與說服

1.藉由改變行為來改變態度：重返認知失調理論，亦即說服理論，指經由溝通以改變態度的歷程。

2.推敲可能性模式：由佩蒂（Richard Petty）與卡西波（John Cacioppo）提出，該理論指出人們在不同情境、條件下，會以不同的途徑來處理訊息，進而影響態度，包括：

(1)中央途徑：當人們專心聽論證的動機很高、能力很強時，在接受訊息時比較不會分心。對訊息的涉入程度高時，認知慾望強，則會採中央途徑來處理訊息。

(2)周邊途徑：當人們專心聽論證的動機不高、能力不強時，在接受訊息時較容易分心。

三、從衆、順從他人及服從權威

社會影響的類型有從眾、順從及服從三種。

（一）從眾

所謂「從眾」（conformity）是指個體為了與群體一致而改變行為、意見或知覺；透過「從眾」，人們塑造自己的行為以符合團體常模。為什麼會從眾？

1.規範性社會影響：我們之所以從眾或遵循規範，是為了避免遭到他人排斥、處罰或引起他人的反感。

2.訊息性社會影響：我們之所以會從眾，主要是因為我們覺得他人對情況更瞭解，握有更多情境相關的重要訊息。

（二）順從

所謂「順從」是指個體受到他人的直接請求而改變行為；透過「順從」，一位或多位個體塑造自己的行為以滿足他人的要求，但僅改變行為，而態度不變。產生順從的方法有獎賞、懲罰與威脅。

（三）服從

所謂「服從」（obedience）乃指個體受到權威人士的指示而改變行為；透過「服從」，人們塑造自己的行為以合乎某一真實或知覺的權威命令。有些研究發現，有些人格因素可能跟服從有正相關，其中一個就是權威性人格，越相信權威的人，會越服從；相反的，有較高的社會責任以及認為可以掌握自己命運（內控）的人，比較不喜歡服從。所以，還是有些人格向度會影響服從。當然，誠如之前所提到的，所處的情境也是一個重要的影響因素。

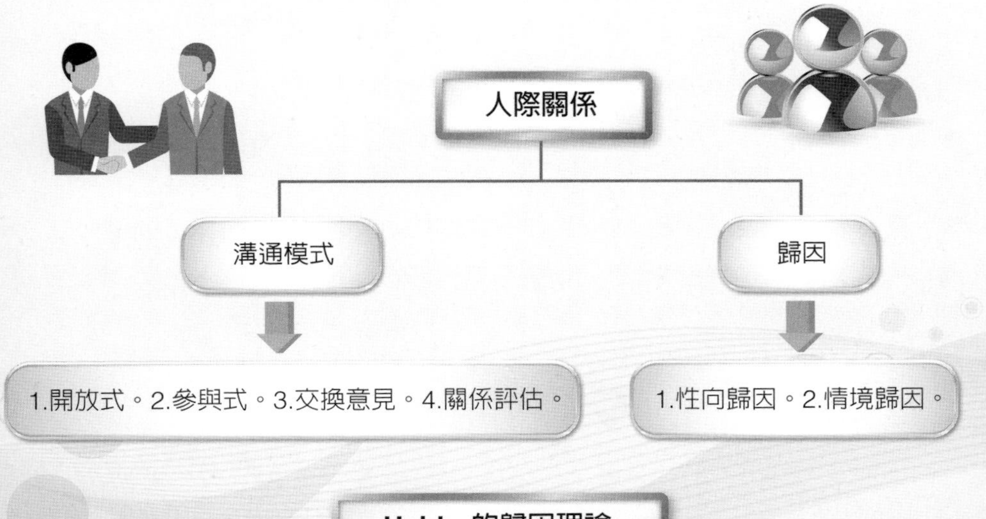

Heider的歸因理論

1.歸因種類：個人因素－努力；環境因素－運氣。
2.共變原則。

第 10 章

諮商心理

章節體系架構

Unit 10-1 諮商的心理學基礎：人類行為與發展

一、發展心理學理論

主要是研究人類成長發展過程的心理轉變。這當中包括了兒童的心理與成人的差異、兒童的心理有障礙時應當如何處理。

許多理論觀點都試圖解釋發展是什麼。其中最普遍的說法有皮亞傑的發展階段論、李夫．維高斯基的社會關係論，以及資訊處理架構理論（information processing framework）。

二、遺傳對發展的影響

（一）遺傳對智力成就的影響

1.IQ是中等遺傳的特質，基因大約解釋人們IQ變異量的一半。

2.共享環境對智能表現的影響性，隨著年齡而下降，基因與非共享環境的影響性逐漸增強。

（二）遺傳對人格的影響

1.遺傳的影響力有多大？從雙胞胎的資料預估遺傳對人格的影響性，遺傳對許多人格特質的影響程度是中等的。

2.一個中等的遺傳係數意味著，環境因素對人格具有相當大的影響性。

3.環境影響了人格的哪些層面？非共享環境的影響：同一家庭中，父母提供給手足的環境是不同的。

（三）遺傳對行為異常與心理異常的影響

1.精神分裂症受遺傳所影響，亦即受人類第23對染色體上的兩條性染色體的影響。

2.遺傳對異常行為的影響，包括：酒精中毒、犯罪行為、憂鬱、過動、躁鬱症的精神狀態，以及許多的精神官能症。

3.藉由下列努力，阻止大部分由遺傳所影響疾病之發生：

(1)學習更多與觸發這些疾病有直接關聯的環境因素。

(2)努力發展可介入或治療的技術，以協助處於高危險性的個體在面對環境壓力時，能維持其情緒的穩定性。

三、人類發展的八大時期

（一）出生前階段（受孕到出生）

1.形成基本的身體結構。

2.身體發展最迅速。

3.易受環境因素影響。

（二）嬰幼兒期（0-3歲）

1.新生兒無法自立。

2.所有感官出生時便開始運作。

3.身體成長和動作技能發展迅速。

4.出生數週內出現學習和記憶能力。

5.對父母或重要人形成依附。

（三）兒童早期（3-6歲，學齡前，幼兒園階段）

1.家庭乃生活重心。

2.體能和大小肌肉、精細動作技巧增進。

3.獨立，自我控制、自我照顧能力增加。

4.自我中心感覺增加。

（四）兒童中期（6-12歲，小學階段）

1.體能和運動技能增加。

2.自我中心漸漸消失，記憶與語言技

巧增加。

3.認知能力增加。

4.同伴成為生活重心。

（五）青少年期（12-18歲，初高中）

1.身體迅速改變，第二性徵出現。

2.尋求認同。

3.發展出抽象思考與推理能力。

4.自我中心。

5.重視同儕。

（六）成年初期（18-40歲）

成年初期主要發展有身體健康處於巔峰，而後逐漸下降。生活習性影響了健康。認知能力與道德判斷更為複雜，人格特質與風格變得相對穩定。大多數人結了婚，並當了父母。

（七）中年期（40-65歲）

中年期主要的發展職責及特色是：為人父母、創造力與停滯。

（八）老年期（65-）

老年期屬於人類生命週期裡最終的歷程，在此時期，老年人除了需適應老化帶來的各種影響外，更重大的是面臨配偶的死亡。

四、社會認知

社會認知是個人對他人的心理狀態、行為動機和意向，作出推測與判斷的過程。公眾的社會認知是指公眾在人際互動中，根據交往對象的外在特徵，推測與判斷其內在屬性，同時考察自己的心理特質、動機、態度和情態等，駕馭自己給人的印象的心理活動。

五、人際吸引

人際吸引是個體與他人之間情感上相互親密的狀態，是人際關係中的一種肯定形式。按吸引的程度，人際吸引可分為親和、喜歡和愛情。親和是較低層次的人際吸引。

六、人際影響

人際影響是在他人影響下，個人的信念、態度、情緒和行為所發生的變化。人際影響是人際關係中一種普遍存在的現象。透過人際影響，個人往往會按照自己所生活的文化環境中占優勢的模式，來改變自己的態度或行為，使個人向社會或群體同化方面發展，並使人們的行為發生相應的同化反應。

七、團體動力

團體動力是團體領導者與成員互動後，對團體的高度認同感而產生之集體意識。團體成員皆清楚團體的目標，雖然會有外在力量的介入（例如：上級指示），但所有成員會適度犧牲自己的利益而成全團體（群性）的需求，完成所有的工作。而且當團體利益發展成長時，個別利益此時亦相對增加而促進自我（個別化）發長，形成互利雙贏的結果。

Unit 10-2
諮商的心理學基礎：人格心理學

一、人格

所謂人格（personality），指的是存在於個體之內，一套有組織、有結構的持久性心理傾向與特徵。此種傾向及特徵與外在環境互動，決定個人的思考、慾望、情緒和行為等。人格可定義為：「每個人獨特且一致的行為表現。」它包含兩層意義：1.一個人在不同時間、不同情境下，仍表現一樣的行為（一致性）； 2.每個人在同一個情形下的不同表現（特殊性）。

二、人格心理學

目前人格心理學大致可分為五大流派：心理分析學派、行為學派、特質論、人本學派，以及社會學習和認知學派等，當然每個學派之下還可以再細分。這些學派的起源多少是對其他學派的反動，也可以說是源於不同的信仰。

（一）心理分析學派

心理分析學派有一套本能動力論，強調本能的發洩、本能的壓抑以解釋人的行為。而且在輔導方面，心理分析確有其重要的貢獻。

（二）行為學派

行為論的理論觀點有一個很重要的假設前提，那就是科學心理學家應該研究可觀察的行為。行為論源起於1913年，華生（John B. Waston）發表了一篇相當具有影響力的文章，之後行為論就成為心理學的最大流派。華生認為，心理學家應該摒棄對心智和心理歷程的關注，而直接關注外顯行為，因為內在的心理歷程是隱密的、看不見的，根本無法進行研究。其他重要學者有：巴甫洛夫（Pavlov）的古典制約、史金納（Skinner）的古典制約理論。

（三）特質論

特質（trait）指的是可以區分個體與他人的一致性思考、感覺或行動。特質論（trait theories）的觀點強調個別差異源自個人行為傾向（特質）的強度或數目多寡的不同，認為特質具有持久而穩定的特性，此外，對個人的行為有一般性、一致性的影響。

（四）人本學派

人本學派源於行為學派對人價值的忽視，將人視為僅是刺激與反應連接的被動體。因此強調人的主動性，以不同階層的自我實現、自我超越解釋人的行為。1960年代人本心理學崛起，成為所謂的「第三勢力」（third force），主張現象的真實在於他們如何被知覺，對個人而言只有個人的內在參考架構或主觀世界才是真實的。強調自由意志與理性，人的基本動力是自我實現。其最主要的代表人物為羅杰斯及馬斯洛。

（五）社會學習和認知學派

社會學習理論（social learning theory）或稱社會認知理論（social cognitive theory），受到行為論與認知論的雙重影響。社會學習論者除了外顯行為，也探討內在行為，如：預期、價值等。認知論者認為，認知結構才是個別差異的重要來源，反對行為學派將人視為黑盒子。因此，認知學派將人視為訊息處理的主體，著重於訊息處理模式，同時也承襲了行為學派強烈的實驗風格。此學派有名的重要學者有羅特（J. Rotter）、班都拉，以及凱利（ H. Kelley）。

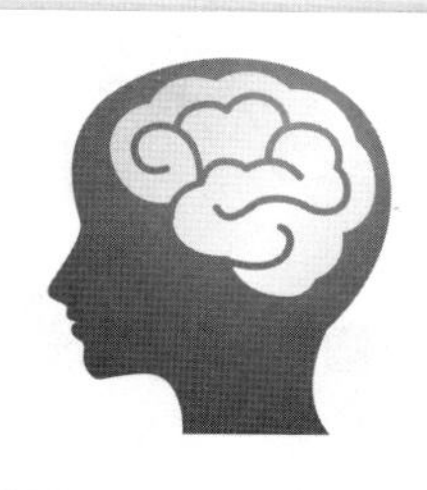

人格心理學五大流派

心理分析

1. 主張：本能的發洩、本能的壓抑，以解釋人的行為。
2. 代表人物：Freud與Erikson。

行為學派

1. 源起：一九一三年，華生（John B. Watson）
2. 主張：心理學家應該摒棄對心智和心理歷程的關注，而直接關注外顯行為。
3. 代表人物：Pavlov與Skinner。

特質論

1. 主張：
   (1) 個別差異源自個人行為傾向的強度或數目多寡的不同。
   (2) 特質具有持久而穩定的特性。
   (3) 對個人的行為有一般性、一致性的影響。
2. 代表人物：Edwin E. Ghiselli與R. M. Stogdill。

人本學派

1. 源起：行為學派對人價值的忽視，將人視為僅是刺激與反應連接的被動體。
2. 主張：
   (1) 人的主動性，以不同階層的自我實現、自我超越解釋人的行為。
   (2) 自由意志與理性，人的基本動力是自我實現。
3. 代表人物：Rogers與Maslow。

社會學習和認知學派

1. 主張：
   (1) 除了外顯行為，也探討內在行為，如預期、價值等。
   (2) 認知結構才是個別差異的重要來源，反對行為學派將人視為黑盒子。
   (3) 將人視為訊息處理的主體，著重於訊息處理模式。
2. 代表人物：Roter、Bandura與Kelley。

Unit 10-3 諮商的心理學基礎：社會心理學

一、個體諮商學派

阿德勒（Adler）認為，社會的驅策力為人類最基本的動機，因此，「個體諮商學派」主張人生來就具有社會性，個人必須與他人關聯，共同從事社會活動，並將社會福利置於個人利益之上。個人由此而獲得生活型態，個人的人格也就在社會中形成。

二、個體諮商學派的基本觀點

（一）人性論與最後目標

強調人的整體觀，認為人是不可分割的一個整體，人也只有就整體來看才能加以瞭解。人們的行為有其目的，認為我們的未來遠比過去重要。我們是自己生活的主角與創造者，並以獨特的生活方式來表達我們的目標。我們創造自己，而不僅受到幼年經驗的塑造。佛洛依德認為人的本性為惡，阿德勒從生活有用的作為標準來界定，人傾向社會興趣即為善。

（二）人格的動力──追求卓越

1.人格的一致性與統一性：生活型態管轄所有表現形式，整體統治部分。所謂統一性，指所有表現形式都受一個原則的管轄。

2.個體對自己本身和環境的觀念，決定他的行為：每一個個體的行為，朝向解決生活中不斷變遷的問題。

（三）社會興趣

社會興趣如同人所有的內在潛能，它的發展與個人自我一致的生活方式具有一致性。

三、生活型態

生活型態起於孩童時特有的創造性力量，也就是從他所知覺到的世界以及知覺到所謂的成功。

生活型態是人格的核心，是指個人面對生活及他人的整體態度，包括：知覺、思考、感覺、行動的風格，以及主觀選用因應生活任務之運作方式的認知架構，包括四大部分：第一，自我觀念；第二，理想我；第三，世界觀；第四，倫理信念。這四類生活型態的個體，分別具有下列特性：1.支配型；2.獲取型；3.逃避型；4.有益社會型。

四、莫薩克對諮商目標的統整

1.培養社會興趣。

2.協助克服挫折感與自卑感。

3.修正其觀點與目標，即改變當事人的生活型態。

4.修正錯誤的動機。

5.協助當事人感受到自己與別人是平等的。

6.協助當事人成為社會有貢獻的人。

五、諮商方法

阿德勒將諮商過程分為四個階段：

（一）建立適當治療關係

創造合作性治療關係，幫助當事人覺察自己的資源與優點所在。使用技術包括：投入、傾聽、確認、澄清目標。

（二）探索個案心理動力

1.目標：使個案瞭解自己的生活方

式，此生活方式中各項功能的影響。使用技術為生活評鑑，包括：家庭星座、兒童期歷史、探索個案幼年回憶、參考社會情境因素來瞭解個案、夢、優先偏好的選擇。

2.鼓勵：每個階段都用到鼓勵的技術，經由鼓勵使人體察其優點、內在資源，以及自我抉擇與導引權力，也鼓勵個案檢查個人錯誤知覺。

（三）鼓勵內省與自我瞭解

目標在於協助個案覺察錯誤目標與自我挫敗行為，使隱藏的目的與目標顯現出來。使用技術包括：面質、解釋、同理心。

（四）協助當事人重新定向

目標為協助個案作新的決定，並修正目標──解決問題。

個體諮商學派的基本觀點

1.人性論與最後目標→人的整體觀
2.人格的動力→追求卓越
3.社會興趣→人所有的內在潛能

莫薩克（Mosak）的諮商目標

1.培養社會興趣	4.修正錯誤的動機
2.協助克服挫折感與自卑感	5.自己與別人是平等的
3.改變當事人的生活型態	6.為社會有貢獻的人

Unit 10-4 諮商與心理治療理論：精神（心理）分析治療的要點與治療技術

一、心理動力理論

心理動力理論的首創者是佛洛依德，此派賦予心理學嶄新的面貌和視野，對後來的心理學研究影響深遠，包括：弟子榮格、阿德勒皆深受影響，其學說因修正佛洛依德的心理動力理論而自成一格。佛洛依德認為，人類受限於心理能源及早年生活經驗，採取決定論的觀點，認為人受到「性」與「攻擊」的內在驅動力所驅使，而所有人格問題都根源於早年兒童期的衝動經驗。

二、治療技術

（一）自由聯想

經由當事人漫無目的的聯想談話，發掘其潛藏的問題，瞭解事情的前因後果以及焦慮的原因。

（二）解釋

此項技術具有澄清問題和反映情感的功能，是一項基本的程式。治療者對當事人提供其行為意義的假設，使其思考病因。治療者在解釋前需有充分依據，具有深度才能有效果。治療者在解說時，應該掌握適當的時機，切記不能過於急躁，必須由較淺顯的地方說起，再深入探索。在解說時，當事人可能會有抗拒或否認等防衛機轉出現，治療者應給予當事人充分時間思考，協助他面對問題。

（三）夢的解析

佛洛依德認為「夢是瞭解潛意識的必經之路」，「夢」可分為兩種型態：顯夢（manifest content）與隱夢（latent content）。顯夢是個人所能瞭解的，表示「日有所思，夜有所夢」；隱夢則往往是邪惡、扭曲不堪的內容，被個人埋入潛意識中，無法具體呈現出來。

（四）抗拒的分析

佛洛依德認為，抗拒是潛意識的一種動作，為了阻礙治療的進行。抗拒的動作不易察覺，當事人產生抗拒的原因有內在及外在兩種因素。欲消除其抗拒，要先瞭解其潛意識企圖。

（五）移情的分析

當事人將自己本身未完成的事件或感覺，轉移由治療者替代重要他人。治療者應善用諮商關係中的移情作用，協助當事人明瞭其中的因果關係，對於過去經驗對現在的影響有更深的認識後，便能夠重新去面對與處理衝突和不安的情緒。

三、評論

（一）貢獻

1.提供人瞭解早年經驗如何影響現在所面臨困境之動力作用歷程，同時也提供諮商員檢視人類行為與瞭解症狀的根源，以及功能何在的概念化架構。

2.協助當事人深入去探討其焦慮的性質與原因，使當事人不再採取病態的防衛方式。

3.開拓了精神醫學與心理治療的重要方法。

（二）限制與批判

1.太強調性驅力與早年經驗的影響。

2.長期的心理動力取向治療法，其所

耗費的時間與成本過高，非一般民眾所能負擔。

3.過度強調潛意識夢的作用，而忽略意識、社會、文化層面對個體的影響。

4.以「病人」研究所建立的理論，未必適用於一般正常人的行為。

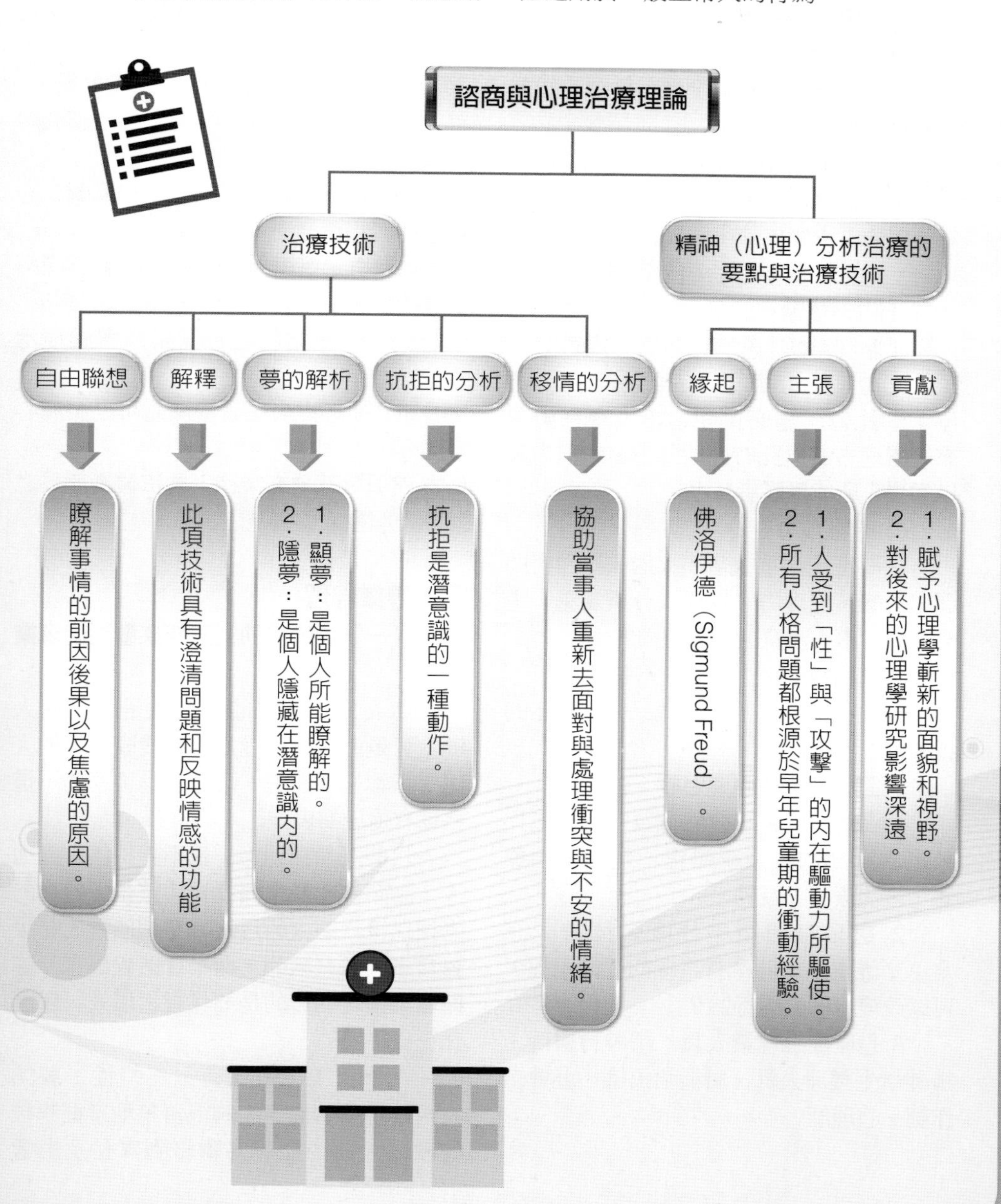

諮商與心理治療理論
治療技術
精神（心理）分析治療的要點與治療技術
自由聯想
解釋
夢的解析
抗拒的分析
移情的分析
緣起
主張
貢獻
瞭解事情的前因後果以及焦慮的原因。
此項技術具有澄清問題和反映情感的功能。
1.顯夢：是個人所能瞭解的。
2.隱夢：是個人隱藏在潛意識內的。
抗拒是潛意識的一種動作。
協助當事人重新去面對與處理衝突與不安的情緒。
佛洛伊德（Sigmund Freud）。
1.人受到「性」與「攻擊」的內在驅動力所驅使。
2.所有人格問題都根源於早年兒童期的衝動經驗。
1.賦予心理學嶄新的面貌和視野。
2.對後來的心理學研究影響深遠。

Unit 10-5 諮商與心理治療實務和專業倫理

一、諮商與心理治療實務

（一）諮商與心理治療的異同

1.就處理對象而言：前者處理對象為人，後者則為症狀。

2.就協助者與被協助者的關係而言

前者為催化員與人之關係，後者則為專家與病人之關係。

3.就處理重點與方式而言

(1)處理重點

①諮商目標：教育、發展、預防；

②心理治療目標：補救、適應、治療；③比較：諮商重視當事人現在與未來，處理方式以此時此地為主，處理內容以當事人所能覺察者為主。

(2)處理方式

①心理治療重視當事人過去事件對問題之影響，處理方式以深入分析為主，主要探討當事人潛意識的思想內容；

②諮商員使用之技術較富彈性；

③比較：心理治療強調以一套特定的技術達成既定目標。

（二）什麼是心理治療？

1.協助一個人將變態行為，改變為比較正常行為的有系統過程，包括：治療者、被治療者、互動。

2.還是有問題：什麼是比較「正常」？誰應該求助？有系統的互動過程，可以改變一個人的行為？

3.心理健康專業人員：精神科醫師、精神衛生護理人員、職能治療師、社會工作師、心理師。

（三）《心理師法》規定諮商心理之業務

1.一般心理狀態與功能之心理衡鑑。

2.心理發展偏差和障礙之心理諮商與心理治療。

3.認知、情緒或行為偏差和障礙之心理諮商與心理治療。

4.社會適應偏差和障礙之心理諮商與心理治療。

5.精神官能症之心理諮商與心理治療。

6.其他經中央主管機關認可之諮商心理業務。

前項第五款之業務，應依醫師開具之診斷及照會或醫囑為之。

二、專業倫理

（一）從學校助人工作來看諮商專業倫理

助人工作的目的，不就是為了助人嗎？可是助人的過程是否會變成傷害他人呢？不管是不知道、疏忽或是蓄意的，這些都有違於初衷。

目的既然在助人，就不希望傷害到他人，諮商倫理最重要就是希望藉由這樣的過程以符合助人的目的。整個過程的結果對當事人是有利的，而不會造成傷害。亦即專業倫理的目的是要保護當事人，保護你正要輔導的人。

在學校工作方面有一些特性，譬如資源較容易掌握，能夠很清楚地掌握學校的教職人員，能容易聯絡到家長及影響學生比較深的人，當事人的背景容易蒐集，容易有全面的瞭解；但是它也有一些限制，這些限制涉及到學校非常多的人來幫助這個學生，學生面對的不只是老師，還有行政人員、教學系統等很多人，那麼多人關心是它的優點，但是同時也造成它的限制。在一個團體工作，會因為大家認知的不同，特別是倫理意識的不知道或缺乏。在溝通或資料傳遞的過程時不容易保密，因為很多學校會把個案的資料用公文傳遞，所以保密的工作是很難做的，而且容易傷害到當事人。

另外，服務的專業人員有多重的角色，例如：輔導老師可能授課、在系上又擔任行政主管，或在系上擔任行政主管，又擔任導師或社團指導等。許多角色行為會互相干擾、影響，對於諮商員在面對當事人的溫暖關心、專業上的要求會有衝突。最大的影響是它會干擾諮商的專業發展；反之，它會干擾一般的人際關係。

（二）從人性看諮商專業倫理

人有人性的光輝，特別是從事助人工作。一開始的出發點就是希望幫助別人，所以我們從人性的光輝來看，倫理談的是如何尊重別人的福祉、權益和別人的生命，倫理的出發點是尊重人。但是每個人都會遭遇到生命中的困難和瓶頸，專業人員也可能會因為身體、心理各方面的限制，而影響專業的效能。「少之時血氣未定，戒之在色；及其壯也，血氣方剛，戒之在鬥」，生命有每一階段的關卡，我們會遇到關卡，專業人員亦是。我們自己生命的問題，我們身體、心理方面的問題，都會跟我們的專業有糾結，所以，倫理提供我們很好的借鏡。如果行使助人而不懂得倫理，既會傷害到當事人，也會傷害到自己。所以，專業人員除了有技術之外，還要有倫理的觀念。

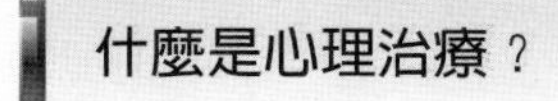

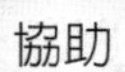

協助

1. 治療者
2. 被治療者
3. 互動

還是有問題

1.什麼是比較「正常」？
2.誰應該求助？
3.有系統的互動過程，可以改變一個人。

心理健康專業人員

1. 精神科醫師
2. 精神衛生護理人員
3. 職能治療師
4. 社會工作師
5. 心理師

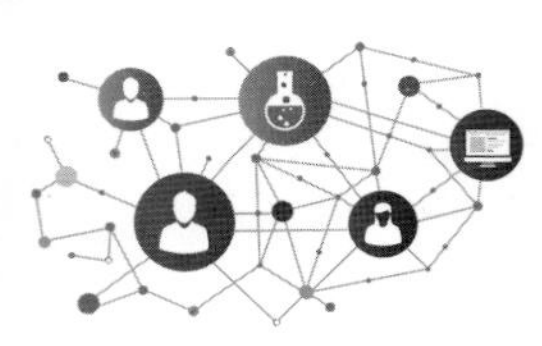

Unit 10-6 心理健康與變態心理學

一、心理健康

（一）概說

心理健康（mental health）是指一個關於個人及社區福祉的正向概念，例如：能夠充分享受生活、因應壓力和悲傷、實現目標和潛能、與人維持良好關係等。

（二）定義

美國心理學家傑哈塔（Jahoda, M.）的「心理健康」定義最為著名，他提倡一種「積極的精神健康」，對於現代社會中的人們來說很有助益，主要包括四個方面：

1.自我認知的態度：心理健康的人能對自我做出客觀的分析，對自己的體驗、感情、能力和欲求等，做出正確的判斷和認知。

2.自我成長、發展和自我實現的能力：心理健康的人，心態絕對不會是消極的、厭世的或萬念俱灰的，他會努力去實現自己內在的潛能，自強不息，即使遇到挫折，也會成長，去追求人生真正的價值。

3.統一、安定的人格：心理健康的人能有效地處理內心的各種能量，使之不產生矛盾和對立，保持均衡心態。他對於人生有一種統一的認知態度，當產生心理壓力和欲求不滿時，有較高的抗壓性及堅韌的忍耐力。

4.自我調控能力：對於環境的壓力和刺激，能保持自我相對的穩定，並具有自我判斷和決定的能力。不依附或盲從於他人，善於調節自我的情緒和能力，果斷地決定自己的發展方向。

由此可見，心理健康是指人的內心世界與客觀環境的一種平衡關係，是自我與他人之間的一種良好的人際關係的維持，即不僅能獲得確保自我安定感和安心感，還能自我實現，具有為他人的健康貢獻、服務的能力。

（三）概括

更有學者把「心理健康」的定義做了一個概括：

1.有幸福感和安定感。

2.身心的各種機能健康。

3.符合社會生活的規範，自我的行為和情緒適應。

4.具有自我實現的理想和能力。

5.人格統一和調和。

6.對環境能積極地適應，具有現實志向。

7.有處理、調節人際關係的能力。

8.具有應變、應急及從疾病或危機中恢復的能力。

二、變態心理學

（一）定義

變態心理學（abnormal psychology）又稱病理心理學（pathological psychology），是研究人的心理過程和個性心理特徵發生異常的科學，包括：研究認知、情感、意志和智能、人格等方面的異常表現，探討異常心理的發生、發展、變化的原因和規律。它不僅要對異常心理現象加以描述、分類和解釋，還要說明其本質和發生機理，以便理解、預測和有效地控制人的行為。

變態心理學是醫學中發展最早的一個分支。很久以來，心理變態的人常被人們所排斥或遺棄。人們不把心理障礙看成是疾病，卻把心理變態的人看成是邪惡或魔鬼附體。現在則認為，心理病理或心理變態是因為沒有能力按社會認為適宜的方式行動，導致其行為後果對本人或社會是不適應的。其之所以「沒有能力」，可能有器質性缺陷（如腦損害）的原因，或是機能性缺陷（缺乏知識、缺乏能力或動機）的結果，或兩者兼而有之。心理是否變態，常常要由社會文化來決定。

（二）心理變態

1.異常（deviance）：行為、思想與情緒等心理功能，違反社會規範。一個社會的規範往往是由其特殊的文化發展出來，所以，不同文化可能有不同規範或標準。

2.痛苦（distress）：行為、思想與情緒導致痛苦。

3.功能失常（dysfunction）：行為干擾到日常生活功能。

4.危險（danger）：行為對自己或他人造成危險。

5.變態行為的解釋模式，包括：生物學模式、心理動力模式、行為模式、認知模式、人本－存在主義模式及社會文化模式。

6.心理治療可以幫助治療心理變態，包括：精神分裂症患者在內，促進生活技能發展，並且對患者及其家人給予支持。透過心理治療，患者可以學習到解決各種問題的能力，以及應付日常生活的要求。

心理健康
概說
指一個關於個人及社區福祉的正向概念。
變態心理學
定義
1.又稱病理心理學，是研究人的心理過程和個性心理特徵發生異常的科學。
2.是醫學中發展最早的一個分支。
3.心理是否變態，常常要由社會文化來決定。

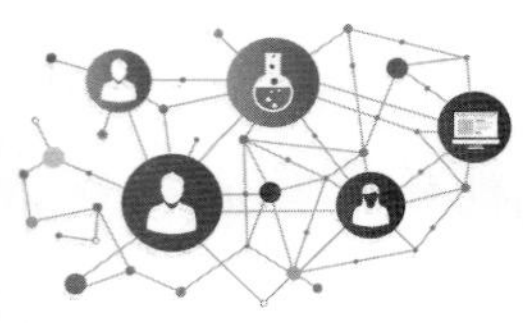

Unit 10-7 個案評估與心理衡鑑

一、個案評估

（一）個案

個案是指一種由個人入手的專門工作或方法，其實施對象為個人或家庭，主要目的在協助發生問題或遭遇困難的個人或家庭，對他們的問題加以研究、分析與適當處理，消極地解決問題，積極地預防問題的發生，促進個人人格健全與家庭生活的調適。

（二）個案評估

個案在評估過程中，必須確認以下三件事：

1.對於案主需要解決的問題、原因以及為何會造成此問題。

2.在解決問題的過程中，案主所能運用在解決問題上的任何可執行的方法。

3.案主運用這些可執行的方法，同時可能遭遇的障礙有哪些？

二、心理衡鑑和心理諮商的關係

（一）心理衡鑑

心理衡鑑是針對某一議題透過最適當的方法蒐集資料，評估其人格組成、認知思考模式、情緒感受等，以心理學為基礎知識作出來的決策與判斷，進一步給予適當建議或回饋。簡言之，臨床心理師依照個案問題的需求，針對不適應心理現象，包括：心理症狀、習慣性情緒、動作、思考、態度、信念或價值系統等，透過適當衡鑑程序瞭解個案的困擾與問題，協助個案解決問題，促成決策。

各種心理衡鑑的方法和應用包括：會談衡鑑、行為衡鑑及各種計量工具之操作與解釋。

（二）心理衡鑑和心理諮商的關係

心理衡鑑主要藉由臨床心理學所發展出來的評估方式與測驗工具，評估病人的認知、情緒與行為狀態。至於心理諮商及治療，則是藉由臨床心理學的背景知識，提供病人對他們情緒、行為問題的有效解決方案。

三、資料蒐集方法

（一）會談

會談是臨床工作者在從事評估和心理治療時的一種基本技術。會談分為接談者（interviewer）和受談者（interviewee）兩方。在臨床工作中，前者可能是醫生或臨床心理學家，兩者均稱為臨床家（clinician）。後者稱為來訪者（client），或稱為病人（patient）。

1.評估會談：評估會談重點在於特定的目的，而非一般性資訊；也就是研判焦點問題已突顯後，諮商心理師或社會工作者針對決策或提供服務所需，進行特定目的之會議。

2.評估性或決策性會談：經由會談，以便針對來談者的服務資格進行評估與決定，因此，會談內容著重瞭解來談者的某些特性或條件。

（二）心理測驗

心理測驗是透過分析參加者在一份特定的測驗中所選擇的答案，從而解釋或分析參加者的心理、性格、喜好或個人觀點等的研究方法。測驗的問題可以是選擇題、填充題，甚至是畫圖等。

大多數心理測驗只會顯示根據作答者所答而得出的結果，而沒有心理學學術推理過程或臨床統計數據。專業的心理測驗會有符合資格的心理學家，為參加者詳細解釋所選擇不同答案的原因，從而幫助參加者更能瞭解本身的心理素質。

（三）檔案資料

檔案資料包括：書面、影像、文字檔及照片（肖像）等。根據《校園性侵害或性騷擾防治準則》第32條規定，所謂檔案資料，分為原始檔案及報告檔案。

（四）行為衡鑑

行為衡鑑是源自早期行為主義者所堅稱的科學的精確性及客觀性。有趣的是，目前用於行為衡鑑的工具，其實是較不精確、不客觀，或在心理計量上較不簡潔的。

大部分測驗都有某種程度的問題，有些甚至只符合最起碼的標準化要求。「臨床的」這個詞是最適合用來描述目前正在發展中的行為衡鑑技巧。然而，雖然近幾年來行為衡鑑已出現大量的特定衡鑑工具及系統，只是這些特定技巧能否讓臨床心理師長期獲得適當的信度與效度的資料，尚待進一步觀察。

（五）人格衡鑑

人格衡鑑是測量情感與非智能部分的行為，成為人格測驗（personality test）。測量的內涵包括：個體的各種情緒、人際關係、動機、氣質和態度等人格特質。最早的人格問卷是伍德華斯（R. S. Woodworth）於第一次世界大戰期間所設計的，之後的測驗有情緒、適應問題、氣質和人際等量表。另外，設計特殊情境以測驗人格中較複雜的、社會化和情緒的特質，以瞭解個體的特殊行為反應。再者，投射測驗（projective technique）亦是測驗人格的一種方法，觀察受試者面對模糊、無結構性的刺激所反應的人格特質。最早有克雷佩林（Kraepelin）的自由聯想法，其後有羅氏的羅夏墨漬測驗（Rorschach ink-blot test）和主題統覺測驗（thematic apperception test, TAT）。人格測驗因理論和實務的瓶頸，測驗發展不如其他測驗興盛。

心理衡鑑和心理諮商的關係

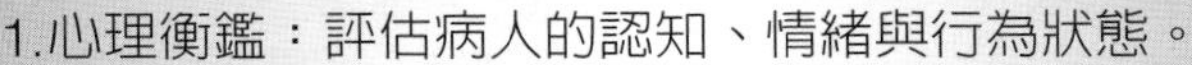

1.心理衡鑑：評估病人的認知、情緒與行為狀態。
2.心理諮商及治療：提供病人對他們情緒、行為問題的有效解決方案。

Unit 10-8 團體諮商心理治療

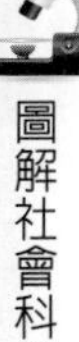

一、團體動力學

（一）研究內容

團體動力學是當代西方社會心理學發展史上的一個里程碑，發端於1940年代，曾一度成為整個社會科學界所關注的中心。

（二）基本理論

1.場地論（K. Lewin）：在任何時間，團體存在一個心理場地，場地是由一些力量或變項組成，而力量或變項是影響團體行為的重要因素。場地論主張把情境視為一個整體，並以此作為考慮和判斷依據。場地論可以避免對單一事件（要素），造成錯誤的推論。

2.因素分析論：在決定團體的主要內容之前，需先瞭解團體的關鍵要素。

3.正式組織論：發展一個滿意的組織概念，以及瞭解組織內的領導本質。

4.社會計量理論：重視團體生活中的社交狀況，特別是團員人際關係中的情感因素。

5.互動分析論：確立個體的外顯行為，和他人及環境的互動。

6.精神分析論：強調與團體歷程有關的情感因素，特別是潛意識層面。

7.社會團體工作論：強調團體成員透過互助溝通，在團體規範的引導下，獲致情感分享、資訊交流與問題改善。

二、團體的類型與組成

（一）諮商團體

諮商團體的目標，乃是協助團體成員面對、釐清、探索或瞭解其所面臨的適應問題、困境，透過團體歷程擴展覺察與對情境的認知、表達或疏通情緒，以發展出適切的行為，故其目標是具發展性、預防、強化、成長、自我覺察和減少成長阻礙的。諮商團體人數在8到12人之間，團體以問題解決、目標導向為主，歷程需經自我表達、省思、探索意義、面對挑戰等較有壓力的心理歷程，較適合心理或生活功能健全的當事人。執行時間約90至120分鐘，執行時間因團體為目標導向，而以短期進行為主。一般約8到12次或更多，但不會像治療性團體的時間長。

（二）治療性團體

治療性團體主要為治療有礙於個人功能發展的行為與情緒失調、或深層的心理問題，以達成人格結構的轉化，並依據治療者的治療方針來達到治療的效果，故其目標著眼於處遇、療癒和人格的重建。治療性團體的成員，通常是遭受到嚴重的情緒問題、精神衝突的患者、精神病患或潛在有反社會行為的人。治療性團體的人數約在15人到20人左右，時間約90至120分鐘，執行時間因團體為治療導向，而以長期進行為主，甚至可長達一年。

三、團體諮商與心理治療倫理議題

（一）倫理

倫理為一種原則和標準，用來保證專業工作者提供夠水準的服務，並尊重個案的權利。

（二）重要的倫理問題

1.保密：諮商過程中的測驗結果、紀錄、錄音、往來文書／信件等皆屬機密，應妥善保管與保守諮商機密。但亦有保密例外情形，諮商員必須徵得當事人同意，才有權力提供諮商紀錄與內容讓人知道，以進行緊急的危機介入與保護當事人或其他人的安全。例如：當事人有立即而明顯危及自己與他人生命、自由、財產及安全之情況時，如自殺、傷人。

2.知後同意：關於諮商的方式、使用技術、收費、次數、地點、保密限制等議題，諮商員必須在諮商開始之前讓當事人完全瞭解並同意後，才開始諮商，以維護當事人的權益。

3.溝通特權：係指當事人有天賦和受《憲法》保障的隱私權。所以，諮商晤談亦受到法律的明文保護：「治療者應保守治療機密，未獲當事人同意前不得洩漏治療內容與機密」，否則將負法律責任。

4.預警責任：係指諮商員若確實判斷當事人之行為，可能危及當事人或他人、團體之生命與財產安全時，應審慎評估，並立即採取適當措施，向相關的個人或機關、團體提出預警，以免造成傷害。

5.雙重關係：係指在諮商的過程中，不可以跟當事人發生親密關係、性行為、友誼關係、師生關係、利害關係及其他雙重關係，以維持諮商的專業關係，保障當事人權益。

6.不當處理：係指在諮商關係中，諮商員的首要責任為促進當事人的福利和人格之完整，應該要避免可能造成當事人身心傷害的任何不道德行為，如：雙重關係、未能適時轉介等。

7.價值影響：係指諮商員應該要遵守當事人的價值觀，不應替其做任何的決定，或強迫其接受諮商員的價值觀，如：宗教思想、個人信仰或兩性議題等，以維護當事人的自主權。

團體動力學

研究內容

1.團體的溝通與互動模式
2.團體的凝聚力
3.社會控制
4.團體文化

諮商團體

1.目標：協助團體成員面對、釐清、探索或瞭解其所面臨的適應問題、困境。
2.人數：在8-12人之間的團體，以問題解決為目標導向。
3.執行時間：約90-120分鐘。

第11章

經濟學

章節體系架構

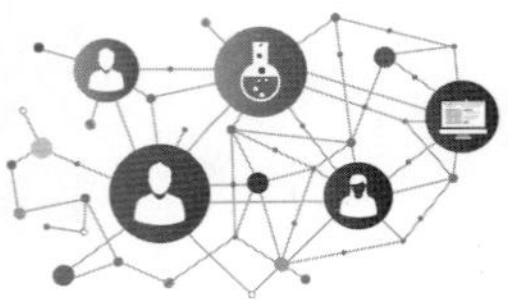

Unit 11-1 基本概念和供給需求與市場分析

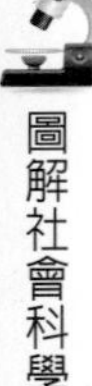

一、基本概念

經濟學是什麼？它是讓人更理智的一門學問。在經濟學的背後隱藏著兩大核心思想——物品和資源的稀少性，社會資源需要有效地加以利用，這兩個主題涵蓋了經濟學中形形色色的論題。

經濟學研究的是一個社會如何利用稀少的資源，以生產有價值的物品和勞務，並將他們在不同的人之間進行分配。

（一）機會成本

機會成本（opportunity cost，簡稱OC）是指決策過程中面臨多項選擇，當中被放棄而價值最高的選擇，又稱為「替代性成本」，就是俗語的「有得必有失」。

（二）生產可能性曲線與比較利益法則（含貿易利得）

1.生產可能性曲線：在經濟學中，生產可能性曲線（production possibility curve或production possibilities frontier，簡稱PPC或PPF）是指用來描述在已知條件下，兩種產品之間在用盡所有資源、技術的情況下所有生產組合的可能，在平面圖上所形成的軌跡。生產可能性曲線便表達了在資源用盡的時候，兩種產品可被生產的不同組合。

2.比較利益法則（含貿易利得）

(1)學者：李嘉圖（David Ricardo）。

(2)依據：勞動價值說。

(3)內容：若一國各產品皆具絕對利益，則應生產其中最具優勢的產品；若一國各產品皆具絕對劣勢，則應生產劣勢最小的產品。如此，仍有國際貿易發生，且互蒙其利。

二、供給需求與市場分析

（一）供給與需求的概念

1.供給（supply）

(1)定義：供給指的是供給量與價格之間的價量關係。

(2)供給量：其他條件不變時，對應於某一價格，在一定期間內，生產者願意且能夠提供之產量。

2.需求（demand）

(1)定義：需求指的是需求量與價格之間的價量關係。

(2)需求法則（law of demand）

①需求法則是指在其他條件不變下，物品的需求量與價格間反向變動的關係；需求線呈現負斜率。

②需求法則就是價格效果，可再細分為所得效果（income effect）與替代效果（substitute effect）。所得效果就是購買力效果，替代效果是指購買力維持不變下的相對價格效果。

（二）供給與需求彈性

1.需求彈性大小與斜率：彈性大於1或小於1，通常稱為有彈性或無彈性；另有彈性= 0, 1與無限大。

2.需求彈性的決定因素

(1)一物之替代品越多（少）、替代性越強（弱），則該物之需求彈性越大（小），如：行動電話門號。

(2)支出占所得比例越大（小）的東西，需求彈性越大（小），如：鹽巴。

(3)時間越長（短），需求彈性通常也越大（小），如：汽油。

彈性小：價格之變動對需求量變動之影響小。

彈性大：價格之變動對需求量變動之影響大。

（三）市場分析

1.均衡價格與均衡數量的決定：均衡價格是商品的供給曲線與需求曲線相交時的價格。也就是商品的市場供給量與市場需求量相等，商品的供給價格與需求價格相等時的價格。在市場上，由於供給和需求力量的相互作用，市場價格趨向於均衡價格。如果市場價格高於均衡價格，則市場上出現超額供給，超額供給使市場價格趨於下降；反之，如果市場價格低於均衡價格，則市場上出現超額需求，超額需求會使市場價格趨於上升直至均衡價格。

2.市場均衡：在經濟體系中，一個經濟事務處於各種經濟力量的相互作用之中，如果有關該經濟事務各方面的力量能夠相互制約或者相互抵銷，那麼該經濟事務就處於相對靜止狀態，並將保持該狀態不變，此時稱該經濟事務處於均衡狀態。

（四）政府與市場

1.價格管制：價格管制是指政府對處於自然壟斷地位的企業的價格實行管制，以防止他們為牟取暴利而危害公共利益。在實踐中，價格管制能否可行，需要滿足以下條件：一是壟斷廠商必須能夠盈利，否則它將拒絕生產。二是管制成本必須低於社會福利（淨損失的消除）。

2.數量管制：數量管制是政府認為現時的均衡數量過高或過低，需要把現時市場上的數量加以限制。這種數量管制會實施在進口貨品上，藉著限制進口貨品的數量，稱為「配額」（quotas）。

3.課稅：稅（又稱賦稅、稅負、稅捐、租稅等）指政府（或與政府等價的實體，如：教會、部落首領）向納稅人（個人或企業法人）強制徵收的貨幣或資源。

依稅法繳納的金額稱為「稅金」。依據不同課稅對象、或不同法律授權、或不同納稅人，可劃分為不同的分類，稱為稅種或稅目。政府依法對民間收取稅收的行為，稱為課稅；個人或企業向政府繳納稅金的行為，稱為納稅。

（五）市場效率與福利

1.消費者剩餘與生產者剩餘

(1)消費者剩餘（consumer surplus）：消費者剩餘又稱為消費者的淨收益，是指購買者的支付意願減去購買者的實際支付量。消費者剩餘衡量了購買者自己感覺到所獲得的額外利益。

(2)生產者剩餘（producer surplus）：生產者剩餘是指生產要素所有者、產品提供者，由於生產要素、產品的供給價格與當前市場價格之間存在差異，而給生產者帶來的額外收益。

2.市場效率與福利

(1)經濟學中判斷整體經濟行為的結果好壞，或者經濟制度或經濟政策的好壞，是以社會福利為判斷準則。社會福利乃是生產者剩餘與消費者剩餘之加總，又稱社會淨效益（net social benefits）。

(2)市場達成均衡（D=S）時，也就是社會福利最大時（=P3eP0），即達到資源配置或市場機能的經濟效率，亦稱為柏雷托最適境界（Pareto optimality）。

(3)產量不在均衡點時，不論較多或較少，社會福利都會減少。當社會福利未達到市場機能下的最大，其差額稱為絕對損失（deadweight loss）。

Unit 11-2 消費理論與廠商理論

一、消費理論

（一）消費者偏好、預算線及選擇

1.消費者偏好：消費者偏好是指消費者對特定的商品、商店或商標產生特殊的信任，重複、習慣地前往一定的商店，或反覆、習慣地購買同一商標或品牌的商品。屬於這種類型的消費者，常在潛意識的支配下採取行動。常見的偏好有：

(1)習慣：指由於消費者行為方式的定型化，經常消費某種商品或經常採取某種消費方式，就會使消費者心理產生一種定向的結果。這種動機幾乎每個消費者都有，只是習慣的方面及穩定程度不同。

(2)方便：指成員把方便與否作為選擇消費品和勞務，以及消費方式的第一標準，以求在消費活動中盡可能節約時間。

(3)求名：指成員把消費品的名氣作為選擇與否的前提條件。購買活動中，首先要求商品是名牌。只要是名牌，投入再多貨幣也甘願。多是基於成員對名牌商品品質的信任，有時也受成員情感動機的影響。

2.消費者預算線：消費者預算線也稱消費可能線、家庭預算線或者等支出線，是表示在消費者收入和商品價格既定的條件下，消費者的全部收入所能夠買到的兩種商品的不同數量的各種組合。

3.消費者選擇

(1)消費者均衡（equilibrium of the consumer）分析：是研究單個消費者在既定收入條件下，實現效用最大化的均衡條件。消費者均衡是指在既定收入和各種商品價格的限制下，選購一定數量的各種商品，以達到最滿意的程度，稱為消費者均衡。消費者均衡是消費者行為理論的核心。

經濟學中的均衡是指經濟體系中，相互抗衡的力量勢均力敵，使體系處於一種相對靜止、不再變動的狀態。在這種狀態下，經濟決策者意識到重新調整資源的配置方式已不可能獲得更多的利益，以致不再改變其經濟行為。

(2)均衡分析（equilibrium analysis）：就是在假定經濟體系中的經濟變數既定條件下，考察體系達到均衡時所出現的情況以及實現均衡所需要的條件。均衡分析法是經濟理論研究的一種重要方法和必要工具。

（二）比較靜態分析

比較靜態分析若從價格與所得來看，可分為：

1.替代效果（substitutional effect, SE）：指的是因物品（或勞務）間的相對價格變動，引起消費者用比較便宜的去替代比較貴的，導致改變物品需求量的關係。

2.所得效果（income effect, IE）：指當消費者購買力改變時，所產生需求量的改變效果，亦稱為購買力效果。

3.價格效果（price effect, PE）：指在其他條件不變下，由於某一財貨價格變動，導致消費者均衡的變動。

（三）消費者剩餘

消費者剩餘（Consumer's Surplus）是英國古典學派經濟學家馬歇爾（A. Marshall）所提出的觀念。它的意義是指消費者在購買一項商品時，所願意出的總價款，與他實際所支付的總價款之間的差額。如果以貨幣來表示，即稱為消費者剩餘。

消費者總剩餘可以用需求曲線下方、價格線上方和價格軸所圍成的三角形面積來表示。

二、廠商理論

（一）生產理論

1.生產函數（production function）：指在一定時期內，於技術水準不變的情況下，生產中所使用的各種生產要素的數量與所能生產的最大產量之間的關係。換句話說，就是一定技術條件下投入與產出之間的關係。在處理實際的經濟問題時，生產函數不僅是表示投入與產出之間關係的對應，更是一種生產技術的制約。

2.要素投入：生產要素（factors of production）又稱生產因素，指進行物質生產所必須的一切要素及其環境條件。一般而言，生產要素至少包括：人的要素、物的要素及其結合因素。勞動者和生產資料之所以是物質資料生產的最基本要素，是因為不論生產的社會形式如何，它們始終是生產不可缺少的要素。前者是生產的人身條件，後者是生產的物質條件。

3.生產技術：因生產技術好壞、規模與報酬，可區分為大於、等於、小於三種類型，例如：報酬規模的遞增、不變與遞減，會造成產量增加比例大於、等於及小於要素增加比例。更何況，生產技術亦影響生產的成果。當同樣要素可生產更多之產量或同樣的產量，卻使用較少之生產要素，稱為生產技術進步。

（二）成本理論

1.固定成本（fixed cost）：又稱固定費用，相對於變動成本，是指成本總額在一定時期和一定業務量範圍內，不受業務量增減變動影響而能保持不變的成本。固定成本的特徵在於它在一定時間範圍和業務量範圍內其總額維持不變，但是相對於單位業務量而言，單位業務量所分攤（負擔）的固定成本與業務量的增減呈反向變動。

2.變動成本（variable costing）：與固定成本相反，變動成本是指那些成本的總發生額在相關範圍內，隨著業務量的變動而呈線性變動的成本。直接人工、直接材料都是典型的變動成本，在一定期間內，它們的發生總額隨著業務量的增減而呈正比例變動，但單位產品的耗費則保持不變。成本按計算根據，可分為個別成本與平均成本。

3.平均成本（average cost）：是指一定範圍和一定時期內，成本耗費的平均水平。平均成本總是針對一定的產品或勞務而言。一定時期產品生產或勞務提供平均成本的變化，往往反映了一定範圍內成本管理總體水平的變化。不同時期的平均成本可能會有很大變化，透過比較分析，能瞭解成本變化的總體水平和為深入分析指明方向。

4.邊際成本（marginal cost, MC）：在經濟學和金融學中，邊際成本指的是每一單位新增生產的產品（或者購買的產品）帶來的總成本的增量。這個概念說明每一單位產品的成本與總產品量有關。比如，僅生產一輛汽車的成本是極其巨大的，而生產第101輛汽車的成本就低得多，而生產第10000輛汽車的成本就更低了（這是因為規模經濟）。

（三）利潤極大化

利潤極大化在早期西方資本主義、純經濟學的角度，企業的行為目標，就是利潤最大化。近期的經濟學也加入倫理學的角度。

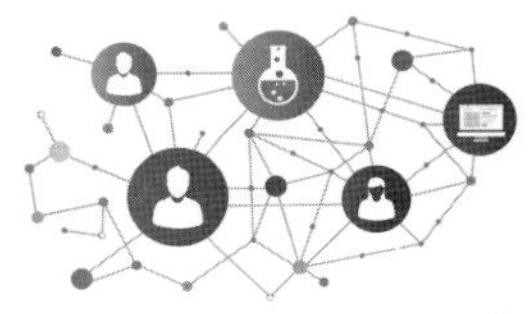

Unit 11-3 市場結構與要素市場

一、市場結構

(一) 定義

所謂市場結構（market structure）是指某一市場中，各種要素之間的內在聯繫及其特徵，包括：市場供給者之間、需求者之間、供給和需求者之間以及市場上現有的供給者、需求者與正在進入該市場的供給者、需求者之間的關係。

在商品市場上，廠商是商品的供給者，居民是商品的消費者；但在要素市場上，廠商是要素的需求者，居民是要素的供給者。

(二) 分析有關市場類別

1.完全競爭（perfect competition）：是一個理想化的市場，市場上買賣雙方人數眾多。其特徵為：任何個人的行為都無法影響價格、廠商提供的產品同質、一切資源均可自由流動的市場。

2.獨占（monopolistic competition）：指市場上只有「唯一的」一家廠商生產，提供沒有近似替代品產品的市場。其形成原因包括：法律限制、資源獨占、自然獨占〔產量提高，使得廠商長期平均成本（LAC）不斷降低而形成的獨占〕、產品不可分割性。

3.寡占（oligopoly）：又稱寡頭壟斷市場，是指幾家主要廠商利用大量資本、技術、專利權威或專業知識，提供同質或差異產品，且每個廠商都對產品價格、產量有一定的影響力，並且彼此競爭、互相依存的一種市場型態。其主要特性包括：1.廠商家數不多；2.生產標準或差異性產品；3.不易進出該產業。

4.獨占性競爭（monopolistic competition）：或稱壟斷性競爭市場，指由許多廠商組成，提供有差異但又類似的產品，並且廠商進出市場都非常容易的市場型態。

(三) 賽局理論與市場結構分析

1.賽局理論（game theory）：在現今競爭激烈的社會中，賽局理論應運而生。其理論為紐曼（Von Neumann）於1928年所奠基。當時他的研究並未受到重視，直到1944年《Theory of games and economic behavior》一書問世才受到廣泛注目。

(1)賽局的要素：①參賽者。②行動：參賽者可能採取的所有行動。③認知：參賽者瞭解環境與對手行動的程度。④結果：參賽者的各種行動導致的結果。⑤偏好：參賽者對結果的重視。

(2)賽局：賽局可分為策略性情境與非策略性情境。①在策略性情境之賽局，參賽者處於彼此依賴的情境。某一個人的行動會影響另一個人的福利，每一個人決定其最適合的行動時，必須考慮對手的行動。②在非策略性情境之賽局，參賽者只需籌劃本身的行動。

(3)策略性情境之經濟問題：從事策略性思考，必須預測別人將做什麼，以及瞭解自己知道什麼。

(4)賽局理論：賽局理論是一種策略性思考，透過推估對手的行動，以擬定尋求最大利益的策略。

①賽局理論的最大價值在協助我們如何在互動的環境發現並擬定正確決策。

②賽局理論使我們瞭解人們在互動過程實際上如何行動？應該建議人們在互動過程中如何行動？

③從策略性思考看賽局理論之分類。

④依參賽者之關係、資訊結構與出招

順序，可以分為不同種類的賽局理論。

⑤不同種類的賽局理論有不同的賽局均衡。

二、要素市場

（一）定義

所謂要素市場（factor markets）是指生產要素作為商品所進行的一切交換和買賣活動，以及用商品交易方式把生產要素的需求和供給聯繫起來的一種經濟關係。

廠商一方面從生產要素市場購入生產要素，以生產產品；另一方面將所生產的產品，拿到產品市場出售。廠商的目的基本上是在追求利潤之極大。廠商所面對的產品市場與生產要素市場有些是完全競爭市場，有些則是不完全競爭市場。

廠商一方面面對不同產業結構的生產要素市場，另一方面面對不同產業結構的產品市場，他們如何去雇用生產要素，以及如何銷售產品，而可以達到利潤之極大，是廠商最主要的問題。

廠商為了生產最終產品，而在生產過程中衍生出來的需求。對於要素所提供的勞務需求，決定於廠商所面臨的生產技術條件，即生產要素、勞動力與資本。

（二）工資理論

1.勞動需求

(1)定義：其他條件不變，在各種不同工資水準下，勞動者願意且有能力提供的勞動量。

(2)勞動需求收益

①勞動邊際產值（VMP_L）：一個完全競爭（產品）市場的小廠商，其勞動的邊際產出價值為：$VMP_L = P_X \cdot MP_L$。

P_X：X產品價格

MP_L：勞動邊際生產力

②勞動邊際收入（MRP_L）：一個獨占（產品）市場的大廠商，其勞動的邊際產出價值為：$MRP_L = MR \times MP_L$。

MR：X產品的邊際收入

因MR下降的較P（產品價格）為快，所以相同的勞動數量水準下，MRP_L較VMP_L低。若廠商在勞動市場上為小廠商（均衡工資率的接受者），則單獨廠商的勞動需求曲線為：$VMP_L = w$或$MRP_L = w$所引導出來的曲線，所表現出的即為勞動數量與工資率之間的反向關係。

2.勞動市場均衡：勞動市場的均衡是指勞動的供給和需求處於均衡狀態。反映在勞動供給曲線和勞動需求曲線上，就是這兩條曲線的交點。在這一點上，勞動的供給總量和勞動的需求總量正好相等，既不存在勞動力過剩，也不存在勞動力短缺。這一點決定的就業量是均衡就業量。

（三）資本市場

1.利率理論：廠商使用資本的成本為利息。金融市場交易的客體是貨幣，貨幣的價格則以百分率表示，即是利率。

2.地租理論：馬克思主義認為，地租是土地使用者由於使用土地而繳給土地所有者的超過平均利潤以上的那部分剩餘價值。馬克思按照地租產生的原因和條件的不同，將地租分為三類：級差地租、絕對地租和壟斷地租。

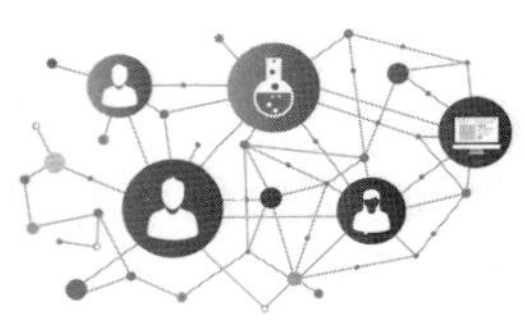

Unit 11-4 不確定性經濟分析與福利經濟

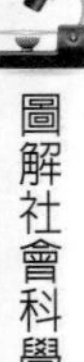

一、不確定性經濟分析

不確定性分析（uncertainty analysis）是指對決策方案受到各種事前無法控制的外部因素變化與影響，所進行的研究和估計。它是決策分析中常用的一種方法。透過該分析可以儘量釐清和減少不確定性因素對經濟效益的影響，預測專案投資對某些不可預見的政治與經濟風險的抗衡擊能力，從而證明專案投資的可靠性和穩定性，避免投資後不能獲得預期的利潤和收益，以致使企業虧損。

（一）預期效用與風險問題

1.預期效用理論（expected utility theory）：又稱EU理論，也稱馮．紐曼－摩根斯坦效用函數，是1950年代馮．紐曼和摩根斯坦（Von Neumann and Morgenstern）在公理化假設的基礎上，運用邏輯和數學工具，建立了不確定條件下對理性人（rational actor）選擇進行分析的框架。不過，該理論是將個體和群體合而為一。

2.風險問題：EU理論及SEU（主觀期望效用，subjective expected utility theory）理論描述了「理性人」在風險條件下的決策行為。但實際上，人並不是純粹的理性人，決策仍受到人的複雜心理機制所影響。因此，EU理論對人的風險決策的描述性效度一直受到懷疑。例如：EU理論難以解釋阿萊（Allais）悖論、埃爾斯伯格（Ellsberg）悖論等現象；沒有考慮現實生活中個體效用的模糊性、主觀概率的模糊性；不能解釋偏好的不一致性、非傳遞性、不可代換性、偏好反轉現象、觀察到的保險和賭博行為；現實生活裡也有對EU理論中理性選擇上的優勢原則和無差異原則的違背；實際生活中的決策者對效用函數的估計，也違背EU理論的效用函數。

總之，消費者與投資者常要對未來的不確定下決策，因此關心期望值（預期值）以及不確定結果的變異性。面對不確定的選擇，消費者追求預期效用最大，而一個人可能是風險規避、風險中立，或風險愛好。

（二）訊息不對稱（含道德危機及逆向選擇）

所謂訊息不對稱是指買賣雙方所獲得的訊息不一致，而造成套利的空間。訊息不對稱會產生逆向選擇與道德危機兩個資訊經濟學所主要探討的問題。由於委託人與代理人間訊息不對稱所引起的種種問題，可謂委託人－代理人問題。委託人如何設立一個良好的誘因機制，使代理人有為委託人追求最大福利的誘因，乃委託人－代理人問題解決之核心所在。

1.道德危機的術語出自保險市場，用以形容投保人在投保後，沒有誘因採取預防或降低保險事故發生的行為。

2.逆向選擇的術語也是出自保險市場，用以形容投保人皆是保險事故發生機率大的人。

二、福利經濟

（一）一般均衡

福利經濟學第一基本定理，或者福利經濟學第一定律，是指在經濟主體的偏好被良好定義的條件下，帶有再分配的價格均衡都是巴萊圖最適（Pareto optimality）的競爭均衡。而作為其中的特例，完全市場競爭均衡都是巴萊圖最適境界。

假設偏好是局部非厭足的，若（x^*,y^*,p）是一個帶移轉的價格均衡，則配置（x^*,y^*）是巴萊圖最適境界。特別的、任意的瓦爾拉斯均衡配置都是巴萊圖最適的。該定理成立需要三個前提：完全競爭、沒有訊息不對稱、沒有外部性。

總之，經濟學第一福利定理的意涵，是指任何市場競爭均衡皆可以達到巴萊圖（Pareto）效率。

（二）巴萊圖最適

福利經濟學第二基本定理，或者福利經濟學第二定律，是指在偏離福利經濟學第一基本定理中，最具效率的巴萊圖最適分配之外的分配情形，均無法作比較。因為無法比較，無法說哪一種非巴萊圖分配是較優的。亦即巴萊圖「次適」（second best）分配是不存在的。

福利經濟學的建構基礎是以追求社會總效用極大化為出發點，討論社會資源的分配方式。倘若偏離效用極大化的分配曲線外的任一點，經濟學家常選擇中立，不介入價值的選擇。

政府可以透過所得重分配來達成所要的巴萊圖效率配置，巴萊圖最適的配置，可以找到均衡價格支持。也就是效率先，均衡後。換言之，政府可透過重分配方式來達成所要的巴萊圖效率配置，然後，社會中可以找到對應的均衡價格來支持此配置。其次，在一定的條件下，每個巴萊圖最適境界都可經由完全競爭市場來達成。

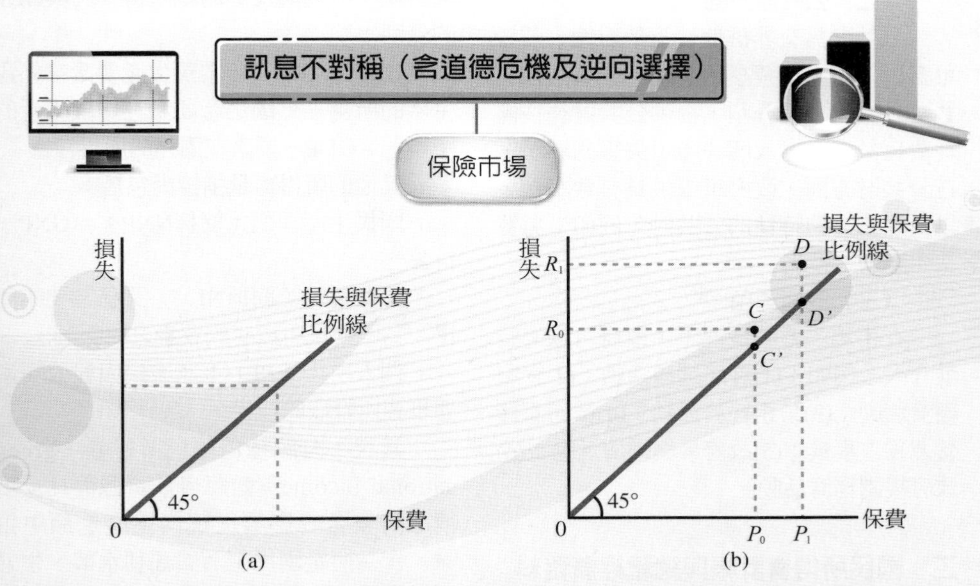

圖形說明：當不健康者占投保人數比例偏高，保險公司調高保費至P_1時，保險虧損缺口由CC'擴大為DD'，使得經營更加困難。

Unit 11-5 市場失靈與政府以及國民所得會計帳與總體經濟資料

一、市場失靈與政府

（一）外部性問題

市場失靈是指在某些外在因素的影響下，使得市場無法透過供需關係，去達到資源配置的理想狀態，因而嚴重阻礙生產力發展，導致市場失敗的經濟現象。例如：市場上的產品在沒有環境成本的考量下，價格雖然維持低廉，創造更多的消費數量，不過卻也導致了更多的汙染情形。其原因包括：過度貪婪（道德危機）、公共財提供的問題、外部性所產生的問題、自然獨占（獨買、獨賣），以及資訊不對稱等。解決市場失靈的辦法，在外部性方面，政府可採行課稅、補貼、界定財產權、出售汙染權等措施，將外部成本內部化，以矯正效率損失。

（二）公共財方面

公共財具有非排他性及敵對性，前者可讓民眾產生免費享用心理，後者乃因公共財數量的不能分割，提供公共財往往需耗費巨額資金，故解決市場失靈的辦法，在公共財方面，政府可提供具有共享性，以及無法排他特性的公共財，例如：免費法律諮詢。

（三）政府角色

在市場失靈的情況下，政府可以適時地介入。例如：(1)許可經濟活動；(2)管制經濟活動；(3)禁止經濟活動；(4)政府直接營運獨占事業；(5)政府參與經濟活動；(6)政府規劃經濟活動。

二、國民所得會計帳與總體經濟資料

（一）國民所得的衡量（含綠色國民所得）

所謂「國民所得」是指本國國民在國內及國外，從事生產所得的收入總和，同時也是國民提供各種生產要素所得到的報酬加總。國民所得因有不同的統計標準，最廣為使用的是國內生產毛額（gross domestic product，簡稱GDP）與國民生產毛額（GNP）。

GDP的正式定義為：國內生產毛額為一國在一段期間內，其境內所生產出來的所有最終商品與服務的市場總價值。於國民所得的衡量，GDP在衡量一國的總所得水準時，是採衡量一國對最終商品與服務的總產出水準，這也可以改採衡量一國對最終商品與服務的總支出水準。因為就一國整體而言，當年的產出一定會被全部消費掉，因此會等於支出。GNP則為一國永久居民（稱為國民）的總所得。其與GDP的差別：

GNP＝GDP＋（本國生產要素在外國生產的所得－外國生產要素在本國生產的所得）＝GDP＋要素在國外的所得淨額

其他的所得衡量指標尚包括：

國民生產淨額（簡稱NNP）＝GNP－折舊。

國民所得（簡稱NI）：又稱為要素所得，為一國民所擁有的要素之總報酬。

個人所得（PI）：為家戶與非公司型態事業所賺取的所得。

其次，有關綠色國民所得帳（green national income）是將自然資源消耗及環境品質變化等影響從國內生產毛額中扣除，作為衡量國民生活與福利水準、生態平衡及環境發展的指標。

（二）總體經濟資料

總體經濟學所探討的問題是以國民所

得為核心，主要內容包括：經濟成長、景氣波動、物價膨脹等。

1.GDP國內生產毛額：是指「特定地區全體人民」，在「一定期間內」，所生產之所有「最終商品與勞務」的「名目市場價值」。

所謂「特定地區全體人民」，國民生產毛額包括一國或地區全體人民的生產貢獻，無論是在境內或是境外發生，都應納入計算範圍。換言之，國民生產毛額採「屬籍主義」。

所謂「一定期間」，國民生產毛額係針對一段固定期間如一年或一季來計算，其餘時間的生產則排除在外。因此，國民生產毛額是一種流量變數。

2.CPI（consumer price index）消費者物價指數是用來衡量家戶單位，主要消費商品的物價變動程度。而WPI（wholesale price index）躉售物價指數是用來衡量財貨批發價格變動的程度，故也稱為批發物價指數。WPI也被稱為生產者物價指數（producer price index, PPI）。

3.失業率：所謂「失業率」乃指失業者占勞動力的比率（一定時期全部就業人口中有工作意願，而仍未有工作的勞動力數字），旨在衡量閒置中的勞動能量。

失業率＝失業人數／勞動力×100%

通常該指標可以判斷一定時期內，全部勞動人口的就業情況。一直以來，失業率數字被視為一個反映整體經濟狀況的指標，而它又是每個月最先發表的經濟資料，所以，失業率指標被稱為所有經濟指標的「皇冠上的明珠」，是市場上最為敏感的經濟指標之一。一般情況下，失業率下降，代表整體經濟健康發展，有利於貨幣升值；失業率上升，便代表經濟發展放緩衰退，不利於貨幣升值。

4.物價上漲率：可能影響物價上漲的主要成本增加有兩項，一為工資的增加，二為利潤的提高，所增加的利潤成為轉嫁到物價上的成本。現代工資的上漲，常透過工會與雇主的議價而決定。當工資上漲時，雇主不願降低利潤，乃由提高售價轉由消費者支付，形成物價上漲。有時雇主也常因為原料價格的上漲、水電消費等價格的上漲、或因其他物價的上漲，而增加貨品的價格，作為彌補成本或提升利潤，彌補增加支出的損失，扭轉收支的平衡。

工資與物價關係，已在上面有所說明。接下來依此關係介紹「菲利普斯曲線」（Phillips Curve），這是澳洲著名經濟學者菲利普斯（A.W. Phillips）於1958年根據英國近百年（1861-1957）的總體經濟數據，畫出了一條表現通貨膨脹與失業率關係的曲線。數據以名義工資率的變化率與失業率呈負相關，低工資變化率與低失業率不能並存，高工資變化率與高失業率不能並存，進而推論通貨膨脹率與失業率的關係（因通貨膨脹的數據難以取得，於是以名義工資的增長率來代替通貨膨脹率），得出通貨膨脹率與失業率的負關係。

此曲線說明：通貨膨脹率與失業率存在交替關係，通貨膨脹率高時，失業率低；通貨膨脹率低時，失業率高。

5.所得分配（income distribution）：即所得分布的狀態。分析所得資料分配的狀態，有助於瞭解一社會的貧富差距與所得不均之變化。

Unit 11-6 長期總體經濟與經濟成長理論

一、長期總體經濟

（一）古典生產與分配理論

1.古典生產理論

(1)勞動、消費者與企業的行為，都建立在彈性的自立行為。

(2)產品市場或要素市場為完全競爭市場，無貨幣幻覺、自立行為。

2.古典分配理論：主張供給自創需求，總合供給線為垂直。

（二）可貸資金理論

1.可貸資金理論（loanable-funds theory of interest）是1930年代提出來的，其主要代表人物是劍橋學派的羅伯遜（D. Robertson）和瑞典學派的俄林（B. Ohlin）。該理論試圖在利率決定問題上，把貨幣因素和實質因素結合起來考慮，完善古典學派的儲蓄投資理論和凱恩斯流動性偏好利率理論。

2.古典學派的儲蓄投資理論：也稱為「真實的利率理論」。該理論認為投資來源於儲蓄，儲蓄是當期放棄的消費，利率在本質上是由於人們放棄了當期的消費而得到的報酬。投資者以投資於資本所得的資本邊際生產力來支付利息，儲蓄者因為犧牲當期的消費而獲得利息。該理論從儲蓄和投資這兩個實質因素來討論利率的決定，認為透過社會存在的一個單一的利率變動，就能使儲蓄和投資自動到達一致，使經濟體系維持在充分就業的均衡狀態。

（三）貨幣數量論

貨幣數量論認為，在貨幣數量變動與物價及貨幣價值變動之間存在著一種因果關係的理論。其核心思想是：假定其他因素不變，商品價格水平漲落與貨幣數量呈正比，貨幣價值的高低與貨幣數量的多少呈反比。主要內容有：在其他條件不變的情況下，物價水平的高低和貨幣價值的大小，由一國的貨幣數量所決定。貨幣數量增加，物價隨之正比上漲，而貨幣價值則隨之反比下降。反之，則相反。早期的代表人物是法國啟蒙思想家孟德斯鳩和英國經濟學家休謨。1950年代起，以美國的弗里德曼為核心的貨幣主義流派倡導現代貨幣數量論，認為貨幣供應量的變動既影響物價總水平的變動，也影響總產量或國民收入的變動。

（四）自然失業率與通貨膨脹

自然失業率指充分就業下的失業率，即是一個不會造成通膨的失業率。

自然失業率為摩擦性失業率及結構性失業率加總之和。由於人口結構的變化、技術的進步、人們的消費偏好改變等因素，社會上總會存在著摩擦性失業和結構性失業。長期而言，景氣循環帶來的失業情形常會消弭無蹤，社會上只留下自然失業現象。「自然」的定義並不明確，沒有人能明確地指出一個社會的自然失業率是多少，它會隨著人口結構的變化、技術進步、產業升級而變化。以臺灣地區而言，一般認為自然失業率介於1.5-2.5%之間。

通貨膨脹（inflation）在經濟學上意指整體物價水平持續性上升。一般性通貨膨脹為貨幣貶值或購買力下降，而貨幣貶值為兩經濟體間之幣值相對性降低。前者用於形容全國性的幣值，後者用於形容國際市場上的附加價值。兩者之相關性為經濟學上的爭議之一。

通貨膨脹之反義為通貨緊縮，無通貨膨脹或極低度通貨膨脹則稱之為穩定性物價。

（五）新興古典學派理論（理性預期學派）

對應於早期的，俗稱第一代新古典派經濟學（neoclassical economics）；對應於始於1970年代的，俗稱新古典派經濟學第二代（new classical economics）；1980年代以後發展起來的一個新流派，即新古典派經濟學（new classical economics）。新古典派經濟學是在對以往新古典派經濟學（neoclassical economics）進行細化，而於1970年代形成的學派。其理論框架由理性預期假說和自然失業率假說組成。該學派主張市場經濟能自動解決失業、不景氣等問題，而政府主導的穩定政策沒有任何效果。失業和通貨膨脹的兩難問題不僅在長期，短期也不存在這一點上，與貨幣主義不同。該學派有時也因為其對理性預期的注重，稱為理性預期學派，但是不能算是正式的學派稱呼。

二、經濟成長理論

（一）索洛模型（Solow model）

索洛經濟增長模型（Solow growth model）是羅伯特．索洛（Robert M. Solow）所提出的發展經濟學中著名的模型，又稱作新古典經濟增長模型、外生經濟增長模型，是在新古典經濟學框架內的經濟增長模型。

正當1987年世界股票市場暴跌之時，瑞典皇家科學院宣布該年度諾貝爾經濟學獎授予一直與雷根政府的經濟政策唱反調，主張政府必須有效地干預市場經濟的美國麻省理工學院教授羅伯特．索洛。

（二）黃金法則（golden rule）

菲爾普斯教授是著名的經濟學家，他對宏觀經濟的駕馭和分析令所有經濟學者傾慕，以微觀理論引導宏觀研究開創了一種經濟思想。他最負盛名的理論貢獻，乃是著名的經濟增長黃金法則。

黃金法則的內容是，欲使每個工人的消費達到最大，則對每個工人的資本量的選擇應使資本的邊際產品等於勞動的增長率。事實上，「黃金法則」通常是指平衡增長路徑中，勞動與資本配置優化的條件，即將勞動與資本比率視為一種最重要的經濟關係，並透過調整勞動與資本比率，確定一種可預期的經濟增長。如果目標是走上使每個工人的消費最大化的穩定增長道路，黃金法則決定的數量是一個經濟一開始應該選擇的每個工人的資本量。

菲爾普斯的「經濟增長黃金法則」（Phelps' golden rule of economic grow），解答了人們關於勞動和資本該如何搭配的問題。

（三）內生成長理論（endogenous growth model）

1986年在盧卡斯（Lucas）——羅莫爾（Romer）的成長模型中，主張技術是內生決定的，經濟學家稱為內生成長理論，或新成長理論。他們認為在資本主義社會，技術進步的背後有許多研究發展、理性決策的過程，所以不宜籠統的將技術進步視為外生。

技術進步往往具有規模報酬遞增的特質，與傳統完全競爭市場的假設會有些距離。

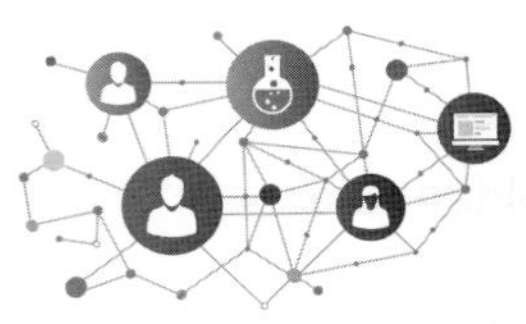

Unit 11-7 短期經濟波動與政府的財政政策

一、短期經濟波動

（一）經濟波動的成因

1.總需求移動的影響：短期中，總需求移動引起經濟中物品與勞動產量波動。長期中，因預期改變造成短期供給曲線移動。只影響物價總水準，不影響產量。影響總需求的決策者，可以潛在地減緩經濟波動的嚴重性。

2.總供給移動的影響：總供給移動會引起滯漲，衰退與通貨膨脹的結合。能影響總需求的決策者可以潛在地減緩對產量的不利影響，但只能以傢俱通貨膨脹為代價。

「總合供給」（aggregate supply，簡稱 AS）與「總合需求」（aggregate demand，簡稱 AD），描繪的是實質國民所得（Y）與物價水準（P）這兩個總體變數之間的供給與需求關係。AD與AS的交點，即為總體經濟的均衡。

（二）總合需求

1.財貨市場──簡單凱恩斯模型（AE＝Y）

首先，模型建立在貨幣市場的均衡（＝利率已知）、物價水準穩定（＝物價水準已知）的假設前提上，即：R或r固定，P固定（R'、r、P均視為外生變數）。以財貨市場的總和支出與產出之均衡，探求均衡所得。

其次，再修正凱恩斯（IS = LM）。模型建立在物價水準穩定（= 物價水準已知）的假設下，即P固定（視為外生變數）。以貨幣市場均衡引申LM，由財貨市場均衡引申 IS；並由IS = LM 表示在貨幣和財貨市場同時均衡時，可以求得均衡所得與利率。

再者，完整凱恩斯（AD = AS）。本模型建立在人們對物價有靜態預期，即預期物價上漲率 $\pi = 0$ 的假設下。且此時物價為內生變數，由貨幣及財貨市場的均衡，即 IS-LM 模型引申總合需求線 AD，並加入勞動市場的均衡，引申總合供給線 AS；藉 AD = AS，表示貨幣、財貨、勞動市場皆達均衡時，可以求得均衡所得、物價，並據以推得其他的變數（如：利率、就業量等）。

在簡單凱恩斯中，因為物價（=P）固定，所以預期物價上漲率（$=\pi$）為 0，名目利率（R）= 實質利率（r）+ π（=0）= 實質利率（r），且名目所得 Y 可以物價之比例轉換為實質所得 y（因物價P固定），故模型可用名目變數（Y、R）或是實質變數（y、r）皆可以。故貨幣市場的貨幣需求函數，也因此可以由 L = L（y, R）轉換為L = L（y, r）或是L（Y, r）。

該模型因此可為：Y= C+I+G+X−M，或是y = c+i+g+x-m皆可使用，但教科書常見的是Y= C+I+G+X−M。

2.貨幣市場──流動性偏好理論（liquidity preference）：凱恩斯認為人之所以持有貨幣，乃是基於三個動機：

(1)交易動機：影響交易動機之貨幣需求因素，包括：所得、收入時間差距、支出型態、收支時距的規則性及金融市場發達程度。若金融市場越發達，貨幣之代替品越多，貨幣需求將減少。

(2)預防動機：為了預防突發性支出而保有的貨幣，如：失業、疾病所衍生的開支。凱恩斯認為影響此類貨幣需求因素，主要為所得水準之高低。

(3)投機動機：前兩種動機係強調貨幣交易媒介功能，但凱恩斯認為貨幣尚有資產功能，即價值儲蓄功能，此即投機動機的貨幣需求。

3.IS-LM模型：在IS-LM模型中，物價（=P）固定，故同簡單凱恩斯，名目利率（R）=實質利率（r）。且名目所得Y 可以轉換為實質所得 y，故模型用名目變數（Y、R）或是實質變數（y、r）亦皆可以。貨幣需求函數L = L（y, R），亦可轉換為 L = L（y, r）或是L（Y, r）。

4. 開放總體經濟（含國際金融）

(1)開放經濟下均衡所得決定：包括開放經濟的出口與進口的經濟活動。

(2)國際金融：包括國際收支、外匯及匯兌。

（三）總合供給（含長短期供給曲線）

指物價水準與商品及勞務供給數量之間的關係，它與總合需求曲線共同決定經濟體系的物價水準與產出數量。

總供給曲線代表的是商品與服務總供給量與物價水準（P）之間的對應關係。

1.長期總供給曲線（long-run aggregate supply, LRAS）：長期而言，經濟學家認為價格與工資水準可以完全調整，使包括勞動市場所有市場達到均衡。長期總供給曲線是一條垂直線，落於充分就業產出水準上。

2.短期總供給曲線（short-run aggregate supply, SRAS）：短期貨幣工資具僵固性，若物價水準上漲（下降），產品價錢上漲（下降），廠商收入就越多（少），廠商實質GDP就會增加（減少），總產出與物價呈正向關係，短期總合供給曲線（SRAS）是一條由左下到右上的正斜率曲線。

（四）AD-AS模型

在AS-AD模型中，物價為內生變數，但假設預期物價上漲率（= π）為0，因此，同簡單凱恩斯，名目利率（R）=實質利率（r）。但名目所得Y = 物價×最終財貨產出量（= ΣPQ），與物價（P）為正向關係。物價變動必定使得名目所得Y產生平行的（或等比例的）變動，故模型中之所得不為名目所得 Y。所以，模型中應以實質所得（y）討論之。但貨幣需求函數L = L（y, R），只可轉換為 L = L（y, r）而非 L（Y, r）。

（五）新興凱恩斯學派模型

新興凱恩斯學派接受理性預期之預期理論。在此一理論下，由於工資與物價皆係基於自利心的驅使下具僵固性，因此不管是意料之中或意料之外的政策，都對實質產出帶來影響。

二、政府的財政政策

財政政策是國家整個經濟政策的組成部分，與其他經濟政策有著密切的聯繫。財政政策的制定和執行，要有金融政策、產業政策、收入分配政策等其他經濟政策的協調配合。

財政政策是國家為了實現其職能的需要，以國家為主體，對社會產品進行的集中性分配和再分配的關係。財政狀況如何對社會經濟運行有著直接的影響，財政政策也就成為國家調節經濟活動的最重要政策手段之一。

Unit 11-8 總體經濟學的個體基礎與景氣循環

一、總體經濟學的個體基礎

(一) 消費理論

1.凱恩斯消費理論概述：凱恩斯的消費函數理論是他在《就業、利息和貨幣通論》（1936）一書中提出：總消費是總收入的函數。用線性函數形式表示為：

$C_t = a + b + Y_t$

前述公式中，C表示總消費、Y表示總收入、下標t表示時期、a、b為參數。參數b稱為邊際消費傾向，其值介於0與1之間。凱恩斯的這個消費函數僅僅以收入來解釋消費，被稱為絕對收入假說。這一假說過於簡單粗略，用於預測時誤差較大。

2.凱恩斯理論的重要性：凱恩斯的消費函數理論作為現代西方經濟學的一個重要理論，具有兩種特性。一方面，它從資本主義制度出發，遵從於資產階級的經濟利益；另一方面，要使經濟擺脫危機而得以順利增長，它必然在某種程度上揭示出市場經濟的一般執行規則。

(二) 投資理論

1.投資的定義：經濟學上的投資是指廠商在商品市場中，購買或處分生產設備等資本財（實質資本財）的行為，像是新的機器設備、新建築物及存貨的增加。舉例來說，麥當勞新購一臺炸薯條的機器，或是網路咖啡店新購買電腦和遊戲軟體，這些都增加廠商的資本存量，因此，投資可以創造未來價值。

2.影響投資的因素

(1)實質利率：實質利率上升，q值會下降，投資會減少；反之，實質利率下降，q值會上升，投資會增加。

(2)折舊率：折舊率下降，q值會上升，投資會增加。

(3)技術進步：技術進步會提高資本邊際生產力，q值會上升，投資會增加。

(4)預期因素：當社會大眾對未來預期樂觀，會因為預期未來收益增加而提高投資計畫的市場價值，q值會上升，以至於提高社會大眾的投資意願，投資會增加。

(三) 貨幣供給

貨幣供給又稱為貨幣總計數，它是某一特定時點，在外流通的通貨淨額及存款貨幣淨額的總和。在某一特定時點，貨幣供給為一固定數值，是一種存量的概念。

(四) 貨幣需求

貨幣需求是指社會各部門在既定的收入或財富範圍內，能夠而且願意以貨幣形式持有的數量。

二、景氣循環

景氣循環是指從景氣谷底（或景氣高峰）到下一個景氣谷底（或景氣高峰）。

(一) 景氣循環類型

景氣循環是指實質產出隨著時間變化而沿著長期趨勢線呈現盛衰起伏、周而復始的情況，是無可避免的現象。

景氣循環雖具週期性，但波動週期並無規則性。根據學者研究，景氣循環的類型可分為：Kitchin循環、Juglar循環、Kuznets循環、Kondratieff循環。

(二) 實質景氣循環理論

1.實質景氣循環模式的定義：實質景氣循環模式乃是利用理性預期的方式來解釋景氣循環的成因，主張造成景氣循環的因素是來自實質面的干擾，而非貨幣面的衝擊，反對任何反景氣循環的措施。

2.實質景氣循環理論將產出成長率扣除所有要素成長率之貢獻後，完全歸諸於技術變動率。曼基（N. G. Mankiw）對此一論點有所質疑，以景氣衰退而言，廠商不會因景氣的衰退而大幅解僱勞工。此時，生產力降低是因為廠商僱用了一些沒有必要的工人，此一現象稱為「勞工窖藏」（labor hoarding）。一旦景氣復甦，未被解僱的工人將被充分利用，勞動生產力會隨之提升，因此曼基認為，實質景氣循環模式主張產出波動來自要素生產力波動的說法並不正確。

景氣紅藍燈為景氣對策信號標幟，包括：紅、黃紅、綠、黃藍至藍燈，分別代表景氣由繁榮至衰退。景氣對策信號則是以分數及相對應的燈號來表達景氣的情況，其涵蓋了金融面及實質面等九項指標（每項指標的最高分是5分，最低分是1分）。九項指標的分數加總，即為景氣對策信號的綜合判斷分數（最高分45分、最低分5分），共有五種燈號：紅燈代表景氣過熱、黃紅燈代表景氣活絡、綠燈代表景氣穩定、黃藍燈代表景氣欠佳、藍燈代表景氣衰退。

（三）景氣循環的對策

1.政府：(1)改善投資環境；(2)促進民間投資；(3)寬鬆貨幣政策；(4)創造就業機會方案；(5)促進觀光旅遊產業發展；(6)減稅；(7)舉債擴大公共支出；(8)政府撥款興修水利；(9)進行基礎建設工程；(10)創造大量工作機會，緩解失業壓力。

2.企業：(1)加強研發，提升產業競爭力；(2)以創新打敗不景氣；(3)開發新市場、新客戶；(4)全球出口拓銷。

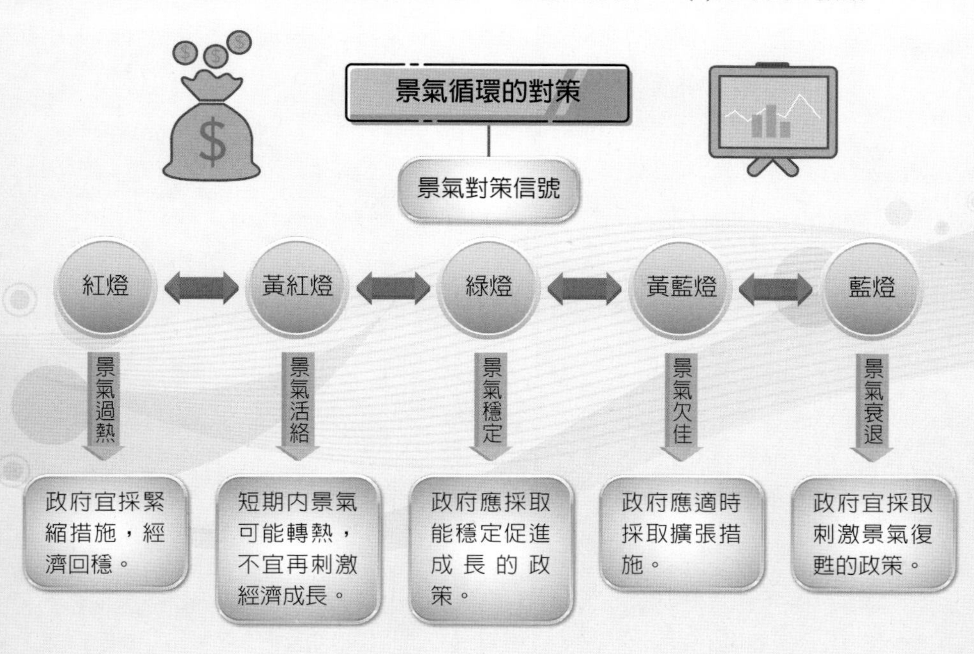

景氣循環的對策
景氣對策信號
紅燈
黃紅燈
綠燈
黃藍燈
藍燈
景氣過熱
景氣活絡
景氣穩定
景氣欠佳
景氣衰退
政府宜採緊縮措施，經濟回穩。
短期內景氣可能轉熱，不宜再刺激經濟成長。
政府應採取能穩定促進成長的政策。
政府應適時採取擴張措施。
政府宜採取刺激景氣復甦的政策。

第12章

商業概論

章節體系架構

Unit 12-1 商業緒論

一、商業的意義與構成及其要素

（一）商業的意義

1.狹義的商業：是指以營利為目的，直接或間接向生產者購買貨物，然後再轉售給消費者之買賣業，稱為商業。亦即僅限於商品貨物的交易，惟此種解釋太過狹隘，無法涵蓋現代複雜之商業。

2.廣義的商業：凡以營利為目的，直接或間接以貨物、金錢或勞務供給他人，而滿足需求者的任何活動，稱為商業。商業行為的成立必須具備以下要件：

(1)需以營利為目的。

(2)需出於雙方的意願。

(3)需合乎善良風俗及法律。

(4)需發生交易行為。

（二）商業的構成及其要素

1.商業的構成：商業內容除了外顯的經營手法，亦包括了在商業活動期間的交易主角。簡單而言，為什麼會有商業這個名詞存在？其實不管以前或現在，交易的行為造成了各種商業型態的出現；當買賣雙方各自需要慾望和需求時，就會從提供或接受產品和服務來達成價值上的滿足，而有交易行為產生。市場則是此類交易的集合地點。

2.商業的要素：商業經營的要素，不外乎經營之主體（企業）及經營之客體（商品、資本、勞務、商業信用），共同組合而成，分述如下：

(1)資本：是指營業上所出資之金額，一般資金來源可分為自有資本（資本主投資之資金或盈餘轉投資）及外來資本（如向銀行貸款）。

(2)商品：是指商業經營的物品。

(3)勞務：商業需藉由勞動的輔助，才可發揮其功用。一般所指的勞動，即包括商人及商業使用人，如：業主、雇用人。

(4)企業組織：是指由投資者集合資本、勞務、商品等，並配合進取冒險之精神，從事企業經營，以達成經營之目的。

(5)商業信用：即所謂的商譽，亦即商業上現在的財貨與將來財貨之一種交換。

二、商業的發展與經營環境的變遷

（一）商業的發展

1.紀元前：多由國家來管理所有的商業交易行為，而交易的目的多為實際需要、民生物資的流通等，而非以營利為目的。

2.莊園期（中世紀）：商業交易的目的除了謀求利潤外，還有維持社會公正的價值存在，交易正處於迅速擴張、發展中。

3.重商期（14世紀-）：買賣交易已日趨成熟，而逐漸形成企業的模式，此時，商業交易的價值除了滿足供需的消費、謀求利潤外，還是國家富強的一種象徵。

4.放任經濟（18世紀-）：國際企業正迅速的擴張發展，工業革命所帶來的新技術正逐漸蔓延，改變原有的生產型態，私人企業逐漸萌芽中，生產越趨專業化。

5.新經濟時代（19世紀-）：發生經濟恐慌的問題，政府逐漸進入經濟活動，而企業家們更多了帶領社會總體消費的責任。

6.民生主義經濟時代：除了國營企業外，私人企業更蓬勃發展，政府與企業互相配合，維持經濟的穩定與商業交易的繁榮。

（二）商業經營環境的變遷

商業的經營與環境隨著時代不同而有所差異，以下簡單說明商業經營環境的變遷：

1.家庭生產時期：消費及交換為主。

2.手工製造時期：漸有專業型態。

3.茅舍生產時期：(1)生產和銷售開始被區隔；(2)以交換、賺取維生；(3)具有生產和提供生產要素（中間產品）兩種廠商之區別。

4.工廠生產時期：工業革命後，漸以機械代替手工。

5.現代企業時期

(1)專業化：現今企業組織的區分日漸專門，類別繁多，專業分工的型態更是日趨成熟。

(2)標準化：指產品生產的規格大小、形式皆予一定化，因此生產過程便可格式化，降低了生產成本。

(3)單純化：指減少產品線的種類，務求生產過程簡單化，故生產成本降低且生產的效率也提升了。

(4)多角化：指增加企業經營產業的種類，因而可借此分散產品虧損的風險，以期公司穩健的經營。

(5)機械化：以機器代替勞工，不但產品品質可維持一定標準，也減少了僱用人員的成本。

(6)合理化：在企業穩定的發展後，進而求取正常利潤的達成，繼而才會改善其生產程序、提高生產力。

(7)國際化：現代企業的發展更趨國際化，方可擴大產品的銷售市場，學習更多的經營策略，藉以求新求變。

三、商業的功能與範圍

（一）商業的功能

1.繁榮社會經濟：商業發展的結果，能促進生產，增加就業，提高國民所得，經濟趨於繁榮。

2.調節貨物供需：商業可彌補貨物生產因人、事、地之不同所產生的差異，調節此供需，使貨暢其流。

3.平衡各地物價：供需失調常會影響物價，商業可使貨暢其流，物價得以平衡。

4.指導農工生產：提供農業意見，改進生產，使消費者需求得以滿足。

5.溝通各地文化：因國際貿易發展，各地文化相互交流，促進國際合作。

6.增加貨物效用：包括：占有時間、時間效用、空間效用。商業能增加貨物以上三種效用，產生更大的效用。

（二）商業的範圍

商業的範圍甚廣，常見者有以下八種型態：

1.依發展程序分：(1)固有商業、(2)輔助商業。

2.依組織型態分：(1)獨資、(2)合夥、(3)公司組織。

3.依營業對象分：(1)生產者、(2)批發商、(3)零售商。

4.依經營地域分：(1)國內貿易、(2)國外貿易。

5.依營業住所之有無分：(1)住商、(2)行商。

6.依營業主題分：(1)公營事業、(2)民營事業、(3)公民合營事業、(4)外資或僑資事業。

7.依交易有無實體分：(1)現貨交易、(2)期貨交易。

8.依《商業登記法》分：依規定，共可分為32種。

Unit 12-2 商業現代化機能

一、商業現代化

我們現在是生活在「現代化」的社會：

（一）商業現代化之定義

1.商業現代化指的是企業運用現代化的經營管理方法及新技術，來改善商業活動，促進其快速流通，以追求更好的商品品質與環境。

2.換言之，商業現代化亦是指業者採用自動化及資訊化的工具，接收有效率的管理觀念，營造出整齊、清爽有特色的經營環境及良好的商品及勞務，達成企業與消費者雙贏的局面。

而會促成商業現代化之原因，在於勞資雙方與產業結構的改變、傳統經營環境的髒亂、舊有企業未採用新的經營方式、過去服務品質不佳、諸多法令的限制等，這些都會使企業行銷效率低落或銷售不佳，因此有必要將商業進行改革或進化。就我國而言，商業已扮演推動經濟成長的重要角色，加上新商業經濟時代的來臨，故而我國政府對於商業現代化日趨重視，並努力推動商業現代化。

（二）商業現代化之措施

在推動商業現代化方面，我國經濟部商業司提出了六大架構與方向，其產業分類與內容說明如下：

1.初級產業：農業、林、漁、牧、礦等，運用自然的資源，來獲得產出之產業。

2.次級產業：初級產業所獲之原料或資源，進一步處理，以產出附加價值更高之產業，例如：製造業、營造業。

3.三級產業：指服務提供之產業，包含四類：(1)分配性服務業，如倉儲、運輸業；(2)生產者服務業，如金融、法律、工商服務；(3)消費者服務業，如零售業、批發業、餐旅業；(4)社會服務業，如醫院。

二、現代化的商業機能

現代化的商業在經過長時間的「演化」之後，其功能、性質、機能都日趨複雜，牽涉的範圍極廣，但就粗略來分，主要的現代化商業機能有商流、物流、金流、資訊流等四大項，分述如下：

（一）商流

1.意義

(1)狹義的商流，指商品藉由交易產生所有權移轉的活動。

(2)廣義的商品或服務，從製造商、批發商或零售商到消費者的交易過程，經由進行這種經濟活動的業者所形成的通路，都稱為商流。舉凡商品行銷策略、賣場管理、銷售管理、進出貨管理、倉儲庫存管理等，都在商流的範圍內。

2.重要性：商流可說是所有流通活動的起源，其他的物流、金流、資訊流等都是先有商流才能發展。

（二）物流

1.定義：物流指的是商品實體流通的行為，也就是物品從生產地至最終消費者，或使用地點的整個流通過程。

(1)狹義的物流指製成品的銷售流通，包括：

①實體流通活動，如：輸送、配送、保管、包裝、裝卸、流通加工等。

②物流相關的資訊活動，如：配銷、儲存、採購、應收款項等資訊管理活動。

(2)廣義的物流是指企業物流，也有學者稱為運籌管理，包括：

①流入物流，其側重在即時而且有效率的提供生產所必要的投入。包括：原料採購的原料物流、工廠內部生產的生產物流。

②流出物流亦稱實體配送，包括：商品行銷販賣的銷售物流、廢棄物的廢棄物物流（或稱環保物流）。

（三）金流

1.定義

(1)指因交易活動而產生的資金流通。

(2)即企業間或個人與企業之間，因商品交易所發生的資金流通過程。

2.資金移轉的工具

(1)傳統金流，利用現金、支票、匯款等方式來流通資金。

(2)現代金流，利用塑膠貨幣或電子貨幣等方式來流通資金。

（四）資訊流

1.定義

(1)指流通過程中所發生一切資訊的產生、蒐集、過濾、儲存、搜尋與取用等技術與策略運用。

(2)指透過商品或服務的交易，使得相關的資訊得以運作的情形。

(3)指從製造商、批發商、零售商到消費者間的資訊情報流通。

簡言之，只要是和商品交易有關的所有資訊，都可稱為資訊流。

2.資訊流之主要工具

(1)商品條碼。

(2)銷售管理系統（POS）。

(3)電子訂貨系統（EOS）。

(4)電子資料交換系統（EDI）。

(5)加值型網路系統（VAN）。

三、商業的社會角色與責任

所謂商業，就企業的原始出發點是為了追求利潤，而消費者則是為了滿足自身的慾望，在兩方各自追求效用下，因而促成了市場交易現象。

（一）商業的社會角色

以下僅以功能來說明其商業的社會角色：

1.調節供需、平衡物價：指根據消費後的需求變化，生產者利用供給的調整以及透過運銷、倉儲、販賣，使市場功能達到正常發揮。

2.繁榮經濟、產銷分工：指商業之發展帶動了就業的可能，可使人民所得增加，並成為經濟成長的重要力道。此外，商業之興起也帶動了產銷分工的現象。

3.全球經營、國際貿易：過去傳統的商業範疇可能為一地方、區域或是某一國，但現今的商業已跨越國境，利用國際間的專業分工，生產各自有利的產品再進行交換，達到全球經濟相互影響的地步。

4.回饋社會、增進福利：現今的商業除追求利潤之外，更肩負社會責任，被認為當「取之於社會、用之於社會」，比方舉行公益、照顧弱勢團體等。

（二）商業的社會責任

商業的社會責任是一種道德或意識型態理論，主要討論政府、股份有限公司、機構及個人是否有責任對社會作出貢獻。分為正面及負面，正面是指有責任參與（社會活動），負面指有責任不參與。

Unit 12-3 商業的經營型態（上）

傳統而言，在交易過程中扮演最重要的角色就是我們常聽到的生產者與消費者。但隨著經濟進步、科技發達，在生產者與消費者中間所形成的行銷通路日漸受到重視，也自成一個體系。以下將現今常聽到的一些中間行銷通路代表集群做完整的整理與解說，分別是：

一、零售業經營形態

（一）零售業本質

零售是設計銷售產品與服務給最終消費者，作為個人或非企業使用的所有活動，任何組織只要是如此銷售，且其銷售量主要來自零售的任何企業均可稱之。

（二）零售類型

1.店面零售：(1)專門店；(2)百貨公司；(3)超級市場；(4)便利市場；(5)複合店與量販店等；(6)折扣商店等。

2.無店面零售：(1)直銷行銷；(2)自動販賣機；(3)採購服務。

二、批發業經營形態

（一）批發業本質

批發是指所有設計銷售商品與服務，給再銷售者或企業用途的所有活動。在此並不包括製造商，也不包括零售業者。

（二）批發業者類型

1.商品批發業者：是擁有所處理商品的獨立業者。行業的不同，名稱就有異，如：貨物商、配銷商、供貨商。

2.經紀商與代理商：這兩者不同於批發商。他們不握有商品所有權，僅執行少數功能。主要功能是促進採購與銷售，以賺取售價某一比例之佣金。

(1)經紀商：最主要功能是促成購買雙方見面及議價，由僱傭的雙方來付費。例如：房地產經紀或仲介、證券經紀商等。

(2)代理商：是基於較永久的基礎代表買賣雙方。例如：銷售代理商、採購代理商。

(3)製造商與零售商的分公司與辦事處：此是由銷售者或購買者自行營運批發業務。製造商設立自己的銷售分公司與辦公室，以改進存貨控制銷售與促銷。銷售分公司需握有存貨，如：木材業、零售業。銷售辦公室則無貨品，如：乾貨與創意行業。

三、傳統商店經營

（一）傳統商店定義

1.指資本額和營業額較小，在固定場所營業，經營方式是比較老式的零售業，如：柑仔店。

2.凡未經過現代化經營的洗禮，屬獨資經營，且獨資經營的商店均可稱為傳統商店。

（二）傳統商店之特色與優點

1.人情味濃：過去的傳統商店大多座落在巷子等地，顧客多為左鄰右舍，與老闆認識，因此常會話家常，人與人之間關係良好，也容易培養顧客忠誠度，成為常客。

2.經營有彈性：經營者往往「校長兼撞鐘」，身分上既是老闆也是店員，店裡的事一手包辦，並握有全部的經營權，不會受到合約或其他投資者的約束。

3.營業時間自由度高：如傳統柑仔店等，開店時間多隨老闆意思而定，並沒有規定一定要開業多少小時，或哪幾天要開業。

4.管銷費用低：經營面積小、服務人員少，薪資管銷支出較低，通常小本經營即可生存。

（三）傳統商店之缺點

1.店址不佳：多數位於巷弄內，交通不便，人口流量不大。

2.商品成本高而利潤低：因採單獨進貨，無法大量進貨以壓低成本，商品周轉率低，因此利潤低。

3.銷售、管理等技術上的缺乏：缺乏架位管理、商品時常帶灰塵及蜘蛛網、常有過期商品、商品擺放雜亂、以經驗作為採購管理的依據、缺乏專業化存貨控制、營業時間不一定。

4.服務上的問題：除非熟識，否則通常很難退貨。

5.購物環境：店面往往光線不足、空間狹小、停車不便利。

（四）傳統商店沒落的原因

1.消費習慣的改變：民眾隨著所得的增加，開始對生活品質有所要求，因而使過去的消費習慣有所改變，轉為多樣性選擇、多元化服務、高品質的商品消費型態。

2.交通便利的提升：自從交通工具的改良與普及性、方便性，民眾不再只能於街頭巷尾購買商品，而是可以到都會區、商區等地的大賣場、百貨公司購買。

3.新興業態的威脅：便利商店、超級市場、百貨公司、量販店、購物中心等利用大量資金專業化的管理技術、現代化設備，加上網路購物的興起，使得民眾越來越少光顧傳統商店。

Unit 12-4 商業的經營型態（下）

四、連鎖加盟經營與管理

（一）加盟店

1.直營店：其店之開設全都由總公司負責，人員全都由總公司訓練、僱用。

2.加盟店：其店之開設費用由加盟者負擔，人員也由加盟者僱用。透過合約關係，總公司提供加盟者所需的技術、商品，以及後續的支援服務，而加盟者需支付總公司一定比例之費用。

（二）加盟店型態

1.委託加盟：加盟者繳交加盟金及保證金給總部（總公司），總部則在既有之直營舊店或新開店中，擇一交由加盟者經營（即店鋪的裝潢、器具設備購置等由總部負責），加盟店則支付加盟金、權利金及保證金予總部。

2.自願加盟：全部費用由加盟者所投資，人員全部由加盟者自行負責僱用。利潤全部由加盟店自得，但亦自負營運的盈虧。

3.特許加盟：加盟者繳交加盟金，但保證金給加盟總部，並出資負責店鋪的裝潢（生財器具由總部購置）。總部對加盟店有管理權，加盟店必須確實貫徹總部的政策，利潤由加盟店和總部分享。

五、異業結盟與經營

商業之發展，除了傳統的單打獨鬥、連鎖經營之外，現在也有越來越多異業結盟的情況出現。以下就異業結盟的內容作一扼要說明：

（一）異業結盟的定義

指把非競爭性的企業在一定期間內以訂定契約的方式相互合作，彼此提供經營技術或資源，透過互補的效應增加雙方的利益，待契約屆滿，合作關係即告終止。

（二）異業結盟的型態

結盟方式有許多種，而異業結盟通常可略分為以下幾種型態：技術研發結盟、生產製造結盟、物流結盟、行銷結盟、人力資源結盟及財務結盟。

（三）異業結盟的優勢與成功因素

1.優勢

(1)可透過異業結盟，垂直整合銷售通路。

(2)透過異業結盟，可將資源與力量整合以共同開發市場。

(3)透過異業結盟，可以交流或取得人才技術、資訊等。

(4)可擴大行銷通路。

(5)利用聯合採買，壓低成本。

(6)經由結盟以提高市場占有率，有利於增加他人的進入障礙。

2.結盟成功的因素

(1)要有明確的、共同的策略性目標。

(2)雙方間的協議要合理明確與有彈性。

(3)雙方要能相互信任、彼此配合，並遵守協議。

(4)結盟夥伴之間有一致的組織文化。

(5)有合適的組織架構，並賦予適當的權利與義務。

(6)雙方要具有互補性資源。

(7)雙方管理人員要具備良好的領導能力及信譽。

(8)雙方要有暢通的溝通管道。

六、微小型企業及自營店的經營

（一）微小型企業的定義

1.經濟合作暨發展組織（OECD）對微小型企業所下的定義：由當地人擁有、雇員（包括不領薪水的家庭成員）不超過十人、業主和經營者為貧困人口的小企業。

2.我國經濟部中小企業處所下的定義：係指生產單位小規模企業中，不分行業，員工數未滿五人者為微小型企業。

（二）微小型企業的經營型態

微小型企業通常可略分為三種型態，說明如下：

1.自營店：個人或合夥，以小額資金開設而成的實體店鋪，通常員工數少，採小店面經營，如：飲料店、小吃店。

2.個人工作室：捨棄店面式經營，成立個人工作室，以論件計價的方式對外接單，工作較自由與彈性，如：SOHO族。

3.網路商店：上班族以兼職方式或微型創業方式，自行設立網站或加入其他電子商務平臺，開設網路商店，如：網拍。

（三）微小型企業的特徵

1.經營規模小型化、低資產、固定資本少、所需的工具和設備較簡單。

2.沒有正式的組織方式，組織人員少，命令傳達、內部溝通快速。

3.投資金額不大，且很少有正式的融資管道。

4.通常一人或合夥經營。

5.店鋪銷售方式以零售業商品銷售為主，多採單店方式經營。

6.無店鋪銷售方式，大多以網路銷售為主。

7.員工可能身兼數職，且員工之間可迅速互相支援。

8.經營彈性大，進入市場障礙低。

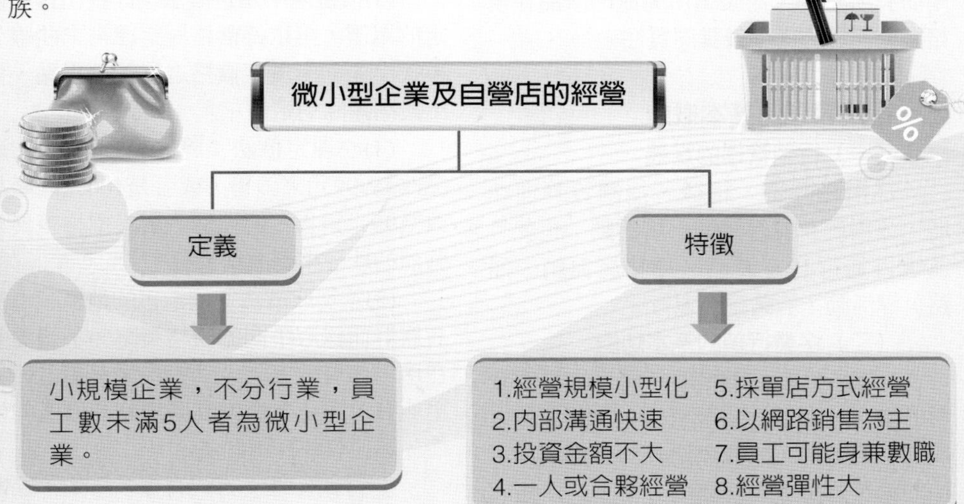

微小型企業及自營店的經營
定義
特徵
小規模企業，不分行業，員工數未滿5人者為微小型企業。
1.經營規模小型化
2.內部溝通快速
3.投資金額不大
4.一人或合夥經營
5.採單店方式經營
6.以網路銷售為主
7.員工可能身兼數職
8.經營彈性大

Unit 12-5 商業經營管理

一、作業管理的基本概念

(一) 生產與作業管理的定義

生產與作業是產品和服務的創造，組織生產者（企業／機構）從資源提供者（供應商）處取得所需要的相關資源，例如：人力、物料、機器、工具、資金等，透過有效的工作方法與有附加價值的作業，將這些資源轉換成為顧客所要求的產品與服務，以滿足外部顧客或超越外部顧客的需求，使組織得以永續經營。

(二) 製造業與服務業在作業管理的差異

產品通常是有形的，服務則是無形的。服務的產出與消費經常同時發生，而消費者亦參與其中。例如：美容師在對顧客進行美容服務（產出）時，顧客同時在接受美容的服務（消費）。服務常具獨特性，會因為所面對的人、地點及情境的不同而有所差異，而製造所完成的產品在規格與機能等方面則較具同質性。

二、行銷管理的基本概念

(一) 行銷管理的定義

是指將計畫、組織、控制等管理功能，運用於有關行銷的一切活動；也就是為求得進行4P（產品、價格、促銷、通路）等活動，能夠順利運行。

(二) 企業行銷的基本功能

1.市場分析：市場的不同是由於消費者的偏好、習慣，甚至價格、包裝等所造成的市場區隔，故我們應針對目標市場可能的消費對象作一詳盡的分析，以抓住消費者的偏好取向。

2.行銷研究：對消費者的偏好取向作瞭解後，便可運用於銷售策略的研發、討論，做出一套能夠吸引消費者的行銷模式，且此模式的機制需建立在既有的資源下，要配合公司的整體目標而定。

3.產品研究：消費者購買的因素不只是產品本身，產品的包裝、大小、口味、品牌都有可能是促使消費者購買該產品的動機。如何讓消費者認為該品牌產品較突出，轉而產生購買的行為，就是產品研究的最主要目的。

4.產品定價：一般而言，產品定價，考慮的問題不外乎競爭對手的反應，或者是為了防止新廠商的加入，採行刻意壓低的價格，但仍以維持正常利潤為原則。一般而言，定價的方式有下列幾種：

(1)成本加成法：即定價的方式為成本再加上利潤率，即為售價。

(2)最大利潤法：即邊際成本定於邊際收益時的生產量所對應的價格作為定價。

(3)損益兩平點定價法：即找出預先擬定的單價，再依據價格擬定總需求曲線，再找出先前所擬定價格之損益兩平點，找出最高盈餘的定價。

(4)心理定價法：將原來1,000元的產品改為999元來銷售，或者是100元的產品改為99元銷售，使消費者對於價格差異有強烈的感受來刺激銷售量。

(5)差別取價法：依銷售的地區、消費者族群而採取不同的價格策略，不過需能在市場作有效區隔，且對市場有獨占性，更能有效阻止低價商品回流到高價區的條件，始能有效採用此法。

(6)行銷促進：方式有很多，如：媒體的運用、公開刊物的發行、人員的推銷等都是可運用的方式。不管使用何種方式，都是希望能夠刺激消費者的購買行為。

三、人力資源管理的基本概念

（一）人力資源管理之意義

是企業為謀求本身利益，運用科學的原理和方法，以計畫、組織、任用、領導與控制等功能，來管理組織內一切人事活動，使人盡其才、事得其人、增進工作效率，期能以最少人力，實現企業所定目標。

（二）人力資源管理的基本原則

1.科學管理的原則：要達到人事的調配得當，因此，運用客觀的評斷方式是十分重要的。

2.人群關係的原則：企業的成功，利用人群間交互行為提高整個企業的協調程度，化解不必要的上下屬衝突是十分重要的。

3.標準與制度的原則：給予員工行為規範的準則，達成公司作業的流暢。

4.教育與訓練的原則：使員工專業領域的知識增長，且公司整個體系制度的改進。

5.例外管理的原則：對於高層管理人員可以針對例外事項加以處理，以便節省高階主管的時間，也可讓低層管理人員學習有效處理例行事務。

四、財務管理的基本概念

（一）財務管理的意義

是根據企業的規模，對企業營運資金的募集、分配、運用等問題，予以妥善的規劃與控制，並隨時加以分析檢討，以利企業的營運，爭取最高的利潤。

（二）財務管理的基本功能（財務管理的重要工作範圍）

1.財務規劃：運用公司有限的資源作最有效的運用，以期發揮最大的效用。

2.預算：指以流動的資金數額來表達公司某一期的營運計畫。

3.資金籌措：有兩種方式，其一為對內籌措資金，可分為先進增資、發行股票、貼現等；其二為對外籌措資金，主要是利用發行債券、銀行借款等。在決定資金籌措的方式之前，應考慮公司的狀況再選擇可行的方式。

4.資金管理：企業的經營不外乎是追求利潤的極大化，故在維持企業本身正常的運作前提下，應儘量提高資金的流動率，減少手頭現金的留存。

5.盈餘與股利發放：若保留盈餘不足則無法拓展企業的各項建設，而股利發放不足則會降低投資者對該企業的興趣。

五、資訊管理的基本概念

（一）資訊管理的意義

1.以資訊科技為工具。

2.以資訊系統為重心。

3.以正確迅速為要求。

4.以管理決策為依歸。

（二）資訊管理的重要性

1.就外在經營環境的變遷而言：外在環境的急劇變化，使得企業若想在動盪的環境中掌握優勢，就非從諮詢管理著手，以降低企業經營的風險。

2.就內部經營績效的提升而言：若能夠有一套設計完善的資訊管理系統，能夠適時適地的為各部門或各階層的經營人員，提供決策時所需的可靠資訊，必能使工作效率提升，經營績效大增。

3.就使用人員的普遍性而言：資訊管理應該是企業內部任何人都應該具備的知識，因為在每個人的工作範疇內，或多或少都和資訊有所關聯。

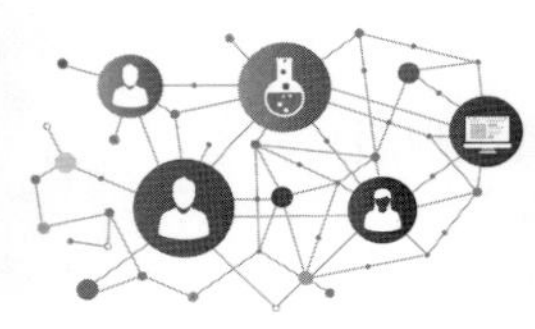

Unit 12-6 商業法律

一、企業所有權

（一）所有權與所有權人

1.所有權：乃於法令限制範圍，完全支配所有物質權利。

2.所有權人：指的是在法律限制範圍內對其標的物之支配，擁有自由運用權利的人。

（二）所有權形式

企業之所有權形式或型態分為三種：

1.獨資：指個人出資經營、歸個人所有和控制、由個人承擔經營風險和享有全部經營收益的企業。

2.合夥：根據我國《民法》第667條：「稱合夥者，謂兩人以上互約出資以經營共同事業之契約。前項出資，得為金錢或其他財產權，或以勞務、信用或其他利益代之。」

3.公司：根據我國《公司法》第1條：「所稱公司，謂以營利為目的，依照本法組織、登記、成立之社團法人，擁有獨立法人地位。其特性為所有權與經營權分離。」

(1)無限公司：指兩人以上股東所組織，對公司債務負連帶無限清償責任之公司。

(2)有限公司：指由一人以上股東所組織，就其出資額為限，對公司負其責任之公司。

(3)兩合公司

①指一人以上無限責任股東，與一人以上有限責任股東所組織。

②無限責任股東對公司債務負連帶無限清償責任。

③有限責任股東就其出資額為限，對公司負其責任之公司。

(4)股份有限公司

①指兩人以上股東或政府、法人股東一人所組織，全部資本分為股份。

②股東就其所認股份，對公司負其責任之公司。

二、政府法規

（一）《公平交易法》

1.基本概念：為維護交易秩序與消費者利益，確保公平競爭，以促進經濟之安定與繁榮，特制定《公平交易法》。本法未規定者，適用其他有關法律之規定。

2.《公平交易法》中所稱的事業：(1)公司；(2)獨資或合夥之工商行號；(3)同業公會；(4)其他提供商品或服務從事交易之人或團體。

（二）《消費者保護法》

1.基本概念

(1)為保護消費者權益，促進國民消費生活安全，提升國民消費生活品質，特制定《消費者保護法》。

(2)有關消費者之保護，依本法之規定。本法未規定者，適用其他法律。

2.《消費者保護法》中所稱的主管機關：在中央為目的事業主管機關；在直轄市為直轄市政府；在縣（市）為縣（市）政府。

（三）《智慧財產權》（intellectual property rights, IPR）

1.智慧財產權的意義：智慧財產權，其保護的範圍包括：《商標法》、《專利法》、《著作權法》、《營業秘密法》、《積體電路電路布局保護法》、《植物品種及種苗法》、《光碟管理條例》等，只要屬於上述保護法所規定的保護要件，就構成智慧財產權。

2.智慧財產權的目的：智慧財產權相關法律制定的目的，是為了保護人類精神活動成果，而創設出各種權益或保護的法律規定。

三、企業倫理

（一）定義

企業倫理也稱為商業倫理或企業道德。換言之，企業倫理為企業組織內的參與成員或組織外之攸關當事人，彼此相處的倫理關係與行為指導之準則。

（二）企業倫理的功能

1.協助內部成員工作有所依循，而能互助合作。

2.促使企業照顧員工福利，增進勞資關係和諧。

3.帶動同業之間維持公平競爭，建立商場中的良性關係。

4.使企業成員遵行規範守則，獲得商譽，達成經營利益。

5.促使企業對環境維護，實行環保概念，善盡企業責任。

6.協助社會秩序之規範，發揮維繫社會安定的功能。

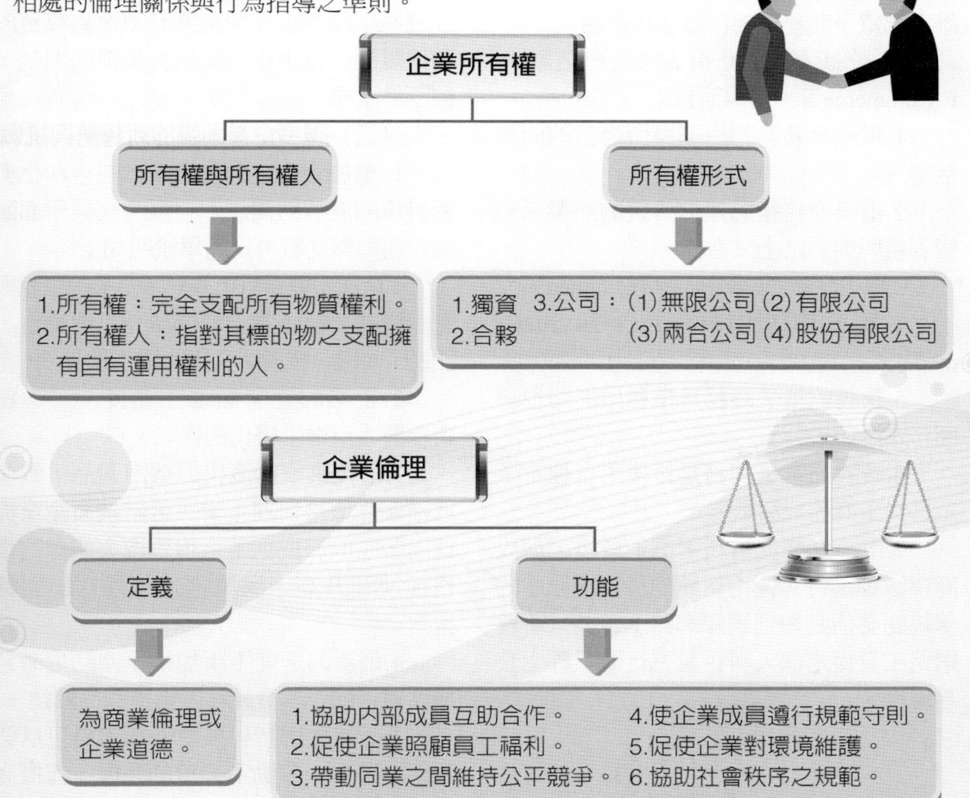

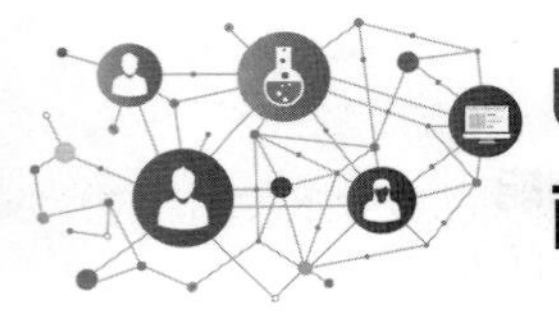

Unit 12-7 商業未來發展

一、未來潛力市場

隨著商業環境的變化，網路和資訊科技的運用，現今的市場變得更加複雜而多元。這對企業來說是考驗，也是機會，因為若跟不上環境的變化，無法適應或找出未來的市場，就可能被時代淘汰。但若是企業可以掌握時代的脈動，並有高度的敏銳度能預測並找出潛力市場，便有很大的機會能夠轉型、適應，以達到永續經營的目標。有關未來潛力市場所討論之議題，往往涉及網路、資訊科技、環境保護等。以下就電子商務重要內容加以說明。

電子商務又可稱為電子交易、E-Commerce等。簡單而言：

1.電子商務為利用網路所進行的商業活動。

2.電子商務指的是把傳統的商業活動搬到新興的網路上來進行。

3.電子商務即Electronic＋ Commerce。

4.電子商務即Internet+Business model。

5.狹義的電子商務是指利用網路從事商務或活動。

6.廣義的電子商務是指使用各種電子工具從事商務或活動。

7.電子商務泛指利用電子科技，促成商業活動進行，運用新興的科技讓原本的傳統商業活動搬到網際網路上，並以新興網路工具促進個人與企業進行電子線上交易流程。

二、未來商業的發展趨勢

（一）我國中小型企業目前面臨的變革趨勢

1.在全球化趨勢下，面臨東南亞及中國等開發中國家低成本的競爭，以及區域經貿整合之趨勢，我國因中小企業國家化能力較弱，因此所受的衝擊將會較大。

2.在科技創新蔚為主流下，中小企業若未及時注入科技及創新的力量，很容易被淘汰。

3.在國際環保風潮下，先進國家紛紛以貿易手段要求外銷企業必須達到特定的環保規範，但中小企業由於規模的限制，較不易達成。

（二）現今企業面臨的新趨勢與挑戰

以整體企業之角度來看，在全球化與新科技的波濤助瀾之下，現今企業所面臨的新趨勢與挑戰可以簡單說明如下：

1.全球化與新科技改變了企業的生產與營運模式，使企業走向全球分工與整合，加速了知識、技術與資訊的擴散速度。

2.企業的經營面臨「速度」、「創新」與「市場」變化的挑戰。

3.落後國家過度出口低階產品，致使低階產品價格快速下滑，低階技術企業與低階勞工的報酬低落，但資源與能源的價格卻快速升高，國家被迫積極升級與轉型。

4.創新的速度不斷加快，產品生命週期縮短，創新研發成為影響獲利的關鍵。

5.全球化與新科技使全球市場可以透過網路整合，帶動宅經濟的發展，虛擬商店打擊實體通路。

6.環保與消費者意識抬頭，企業轉型為綠色企業，以消費者服務為考量重心。

（三）未來商業的發展趨勢

在未來，知識經濟時代的商業經營模式與種類，可預見的將是更加複雜與競爭，而企業如何在這競爭激烈的商業環境中脫穎而出，端看以下幾個重點：

1.速度：未來若想在市場上占有一席之地，所有作業運作的速度是搶占成功的關鍵因素之一。是否能適當的利用資訊設備，使得企業能減少不必要的支出與降低成本，將是獲勝的關鍵之一。

2.人力資源：人力資源在未來仍是企業相當重視的一項資產，如何從事專業技術性人員到多功能工作者的階段重視，則是每一個人與企業應努力和重視的方向。

3.團隊合作：團隊合作的重要性，在資訊爆炸、知識經濟的時代，尤其重要。除了機器設備運用得宜、人力資源採菁英、多功能工作者方向外，團隊合作與否是造成以上兩者是否銜接得當的關鍵因素之一。

三、未來商業的經營策略

為了因應環境的變化、消費意識的抬頭，資訊科技的使用、網路科技的發展、商業的經營策略不可能「以不變應萬變」，必然要有調整，否則很容易被時代所淘汰。有關未來商業的經營策略，以大方向來說，應掌握以下重點：

（一）調整經營結構

商業經營結構應朝向精緻化、高科技化的方面作改變。

（二）建立交易安全機制

企業應以建立品牌、知名度及交易安全保障系統等來獲取消費者的信賴，讓消費者能安心上網購物。

（三）提升人力資源品質

企業應建立良好的人力資源管理制度，以提升人力資源的品質，有利企業的經營。

（四）提升員工工作滿意度

企業應將員工視為企業的內部顧客，讓他們也能在工作中獲得心理上的滿意度。因為一個對工作滿意的員工，才能對顧客提供良好滿意的服務。

（五）提升財務管理諮詢的品質

需要較多的企業內、外部數據，以及較高的財務分析能力，才能提高諮詢的品質。

（六）重視創新與研發

面對少量多樣的消費環境，企業不能只是提供制式化的商品，而是應該要加強產品的創新能力與研發速度，如此才能滿足消費者以及獲得新商機。能提高產品附加價值的創新、研發、行銷，也才能讓企業脫離紅海，進入藍海。

（七）以資訊為競爭工具

企業有正確的資訊，才能察覺競爭者的挑戰、顧客的需求，並提出應對措施。

（八）策略性外包

指企業將核心技術保留在企業內，將不符合成本與效益的業務外包給廠商，再由企業加以整合，以降低成本。

文化人類學

章節體系架構

Unit 13-1 人類學的基本概念

一、人類學的屬性

人類學常被其他科學家評為「籠統性」的科學，而不同分支的人類學家也常意見奇異、方法紛雜，廣度令人訝異。然而，人類學作為一門獨立的學問，以其比較性與全貌性之特質而屹立存在。其特質可分三方面探討：

（一）全貌觀點（holism）是指對於人類狀況的整體研究，包括：過去、現在與未來、生物、社會、語言與文化。傳統上，文化人類學家研究非工業化社會及小型社會，但現今人類學研究範圍並不侷限於此。

（二）人類學同時也是一門比較性的科學領域，它檢視了各種類型的社會，無論是古代或現代、簡單或複雜。當人類學家研究某一社群文化時，常以此社會或文化的特色與其他社會比較，以便瞭解文化的類型哪些相似與相異，這種方法化的相似與相異，稱為泛文化比較研究。

（三）人類學家透過所謂的參與觀察法（participant observation），試圖深入瞭解被研究者的主觀觀念與看法，並盡力去除研究者的文化偏見。

以上述特點為基礎，人類學在近代史上的最大成就，在於提供了有效證據，去除種族中心主義（ethnocentrism）的文化偏見，使之成為一門屹立存在的學問。

二、人類學的地位及其與各種科學的關係

在此先將人類學與各種科學的關係討論清楚，便可曉得它的地位。

（一）人類學探索人類的問題，與動物學有關係，但其研究各種族的體質特徵，便非動物學所顧及。至於人類學研究文化，更和動物學完全不相關，所以把人類學算作動物學的一個分科，實在是極大誤謬。不過，人類學獲益於動物學之處也不少，如：遺傳的定律、生物進化論等學說，都能幫助人類學家明瞭人類的本質及其在自然界的地位。

（二）解剖學、生理學、心理學三者，曾被劃入人類學範圍內。其實這三者是研究個人的，人類學則是研究種族的，它們不能互相統轄和管制，但卻互有貢獻。

（三）地質學中的歷史地質學與人類學關係很大，史前人類的年代大都由地質學斷定，人類學家發現了原人遺存物，常需請地質學家察看其地層以為佐證。

（四）歷史學與人類學關係極為密切，所以也很相近，沒有確切明顯的界限。大體而言：1.歷史學是研究某個民族生活的過程，是較為特殊的研究；人類學是研究全人類的生活過程，是較為普遍的研究。2.歷史學注重時地與個人的記載，是較為具體的；人類學只論團體，不問個人，時地也只記大概，是較為抽象的。3.歷史學的範圍幾乎涵蓋在有史時代及文明民族；人類學則偏重史前時代及野蠻民族。

（五）社會學與人類學的關係，也像歷史學一樣密切。社會學討論人類社

會的根本原則，而人類的社會現象其實就是「超有機的現象」（superorganic phenomena），即文化的現象（cultural phenomena）；而人類學所研究的，也就是文化的現象。由這樣看來，這兩科幾乎相同了。

（六）人類學的關係，因為宗教信仰在原始社會中占很重要的地位；要懂得原人及蠻人的心理，即人類心靈活動的根本狀況，不得不由原始宗教的探索入手。

（七）語言學從前曾算作人類學的一部分，現在已經獨立了，但與人類學仍有密切的關係。人類學常利用語言學來研究民族間的關聯以及民族心理的表現，語言學也借助於人類學而得悉原始的語言及其傳播。

（八）藝術的起源是很早的，原人及蠻人都喜歡藝術。史前遺留的繪畫、雕刻品，以及現代蠻人的裝飾與跳舞，都是藝術家與人類學家共同研究的材料。

（九）倫理學若要探索道德觀念的起源，以及各民族道德觀念不同的原因；教育學若要查出最初的教育方法；政治學、經濟學、法律學若要尋求各該種現象的原始狀況，都可求之於人類學。所以，它們都和人類學有關係。

由此觀之，人類學實是一種獨立的重要科學，有它固有的物件與範圍，並不附屬、也不統轄其他科學，而與它們互有貢獻。

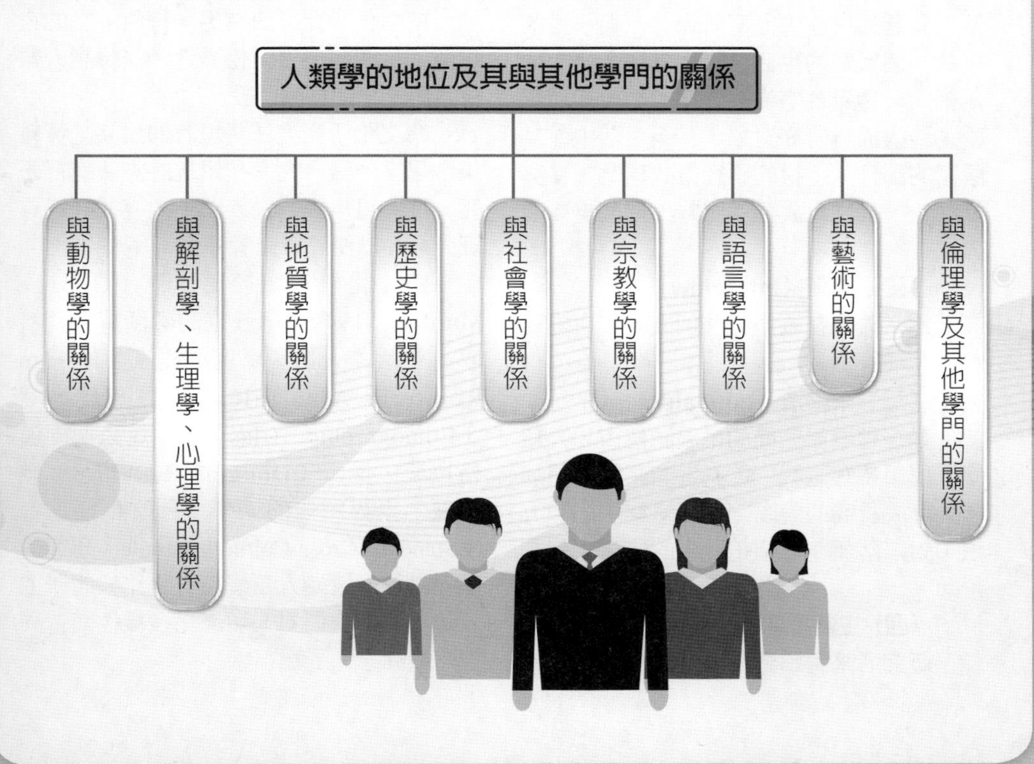

Unit 13-2 人類文化學的研究方法

人類學研究方法分為民族誌（ethnography）與跨文化研究（cross-cultural studies）兩大類。

一、民族誌

民族誌是在實際田野地點所做的第一手研究，是人類學研究的第一特色。研究者所使用的典型田野調查技術，包含下列幾種重要方法：

（一）參與觀察（participant observation）

傳統上，文化人類學多以原始或小型社會為主要研究對象，習慣在荒遠的部落或僻靜的村莊中從事研究，參與小村落中每一個家庭的生活，觀察當地人們的生活細節。透過實際瞭解當地人的生活與感受，詳盡描述研究對象，甚至生活中較為隱密的部分。這樣的研究方式稱為「參與觀察」，是文化人類學田野工作最重要的方法。

（二）訪談（interview）

通常著重在蒐集特殊個人的生命史資料。

（三）系譜法（genealogical）

是一種發展完備的民族誌技術，人類學家使用特殊記號，透過追溯系譜來瞭解該社群成員間的親屬關係。這樣的研究方法，對部落與非工業化社會的研究十分有幫助。

（四）主要報導人（key consultants）

研究者來到田野現場，通常會透過報導人獲取資料。當地某些人或因能力（例如：表達能力、記憶力、年齡……）或因特殊經歷（例如：曾擔任當地接生婆或是墳場埋葬工人……），而成為報導人。

民族誌研究方法的特色在於強調「主位觀點」，亦即重視當地人的觀點，同時也關心文化的差異及多樣性。同時，它採用全貌觀（holistic）來蒐集資料，以發現某一特定群體社會生活的全體面貌為目標。

二、跨文化研究方法

人類學同時也是一門比較性的科學領域，跨文化研究方法為另一特色，目的在瞭解文化的相似性與相異性，並驗證人類行為與文化的相關假設。

跨文化研究方法將現有的民族誌資料集合起來，讓研究者利用統計方法進行研究。這些蒐集到的民族誌，內容都經過詳細分類，以便於研究者分析。

跨文化研究始於莫達克（George Murdock, 1949）所設立的數個基本資料庫，包括：人類關係區域檔案（Human Relations Area Files）、民族誌地圖（Ethnographic Atlas），莫達克連同道格拉斯．懷特（Douglas R. White）發展廣為學界所用的「標準跨文化樣本」（Standard Cross-Cultural Sample）研究的基礎材料。透過人類學跨文化比較的研究方法，增進我們對人類文化多樣性與普同性的瞭解。

三、「質性研究方法」與「田野調查方法」的異同及重要性

（一）兩者的異同

人類學的「田野調查方法」主要以質性研究為主，研究過程中雖可能兼採小規模的數量統計（例如：經家戶訪問及人口調查所做的數字統計），但量化統計的結果均不能作為推論，僅提供描述、詮釋的依據，或是批評的參考。在這一點上，與「質性研究方法」相似。

其次，由於人類社會現象的研究，存在著不可量化的部分，田野調查方法與質性研究方法均重視行動者的主體性，承認行動者的「主觀意識」是構成真相的重要部分。

然而，「田野調查方法」對觀察對象進行全面性觀察、研究與記錄，是人類學「全貌觀」的基礎，而「質性分析方法」並不強調全貌觀。

（二）重要性

田野調查方法是文化人類學研究者主要研究的途徑。透過田野調查，人類學家得以近距離觀察研究對象，從而獲得深入的第一手資料。田野調查工作後所做的紀錄與分析，稱為民族誌（ethnography），而民族誌又為跨文化比較提供基礎材料。田野調查方法所採用的資料蒐集方式，著重社會生活的整體面貌與相互連結，是人類學作為一門獨立學科的重要指標，據以建立人類學的「全貌觀」特色。

質性研究方法包含訪談法、觀察法、文獻法、民族誌、歷史研究、紮根理論（grounded theory）方法、敘事分析（narrative analysis）、行動研究、多元方法（multi-method）等，它有助於瞭解有意義的社會行動，並獲得被研究者的認同與共鳴，與數量分析方法同為社會科學方法的兩大基石。

質性研究方法與田野調查方法兩者異同

相同部分

相異部分

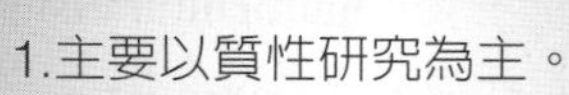

1.主要以質性研究為主。
2.重視行動者的「主體性」。

1.田野調查方法：全面性觀察。
2.質性研究方法：不強調全貌觀。

Unit 13-3 人類學與當代社會發展相關議題

一、文化與全球化議題

（一）什麼是文化？

人類學所稱的「文化」，並非一般所指的如藝術、戲劇、音樂、表演等精緻的文化而已；而是指一個民族或群體，經由世代傳遞與學習的生活方式及設計。其中，包含具體可觀察的物質技術、人際準則、藝術、宗教信仰，也包括抽象不可觀察的價值觀、邏輯思考及象徵意義等。

（二）全球化

全球化已是目前最主要的文化變遷力量，它涵蓋了一系列的驅力及過程，包含跨國性的貿易、觀光、移民、媒體傳播，以及高科技資訊流通。冷戰結束後，經貿議題成為國際結盟的基礎，跨國整合也成為重要主題。長途通訊無遠弗屆，全球金融體系也牽一髮而動全身；經由大眾傳媒，資本主義消費文化以前所未有的影響力席捲全球。

二、殖民主義與文化帝國主義

（一）殖民主義

早期的國家中就出現了帝國主義，比如舊大陸的埃及與新大陸的印加帝國。亞歷山大一世締造了希臘化帝國，而凱撒大帝及其繼任者則不斷地擴大羅馬帝國的版圖。近代的帝國主義例子，包括大英帝國與法蘭西帝國。

（二）文化帝國主義

指某個文化優勢的群體（或民族、國家），以其傳播（或教育）方式，壓制、取代當地文化（當地文化深受此優勢文化影響）。例如：歐美、日本等國用優勢傳播科技，傳播其文化，影響其他國家（或族群）。

三、文化差異與文化相對主義

（一）文化差異（cultural difference）

每一個文化皆會出現社會等級、宗教信仰、禁忌、禮俗等。

（二）文化相對主義（cultural relativism）

1.定義：每個文化的價值與標準彼此不同，應該給予尊重。極力提出此概念的人是波亞士（F. Boas）。在他的影響下，人類學研究的重點在於文化多樣性。極端的相對主義者認為，各個文化應該只能從它自身的標準被加以評論。

2.文化相對主義的底限：如今，「人權」是文化相對論的底限。若有普世價值的存在，人權觀念應該是最優先的。它超越特定國家、文化與宗教。人權包括言論、宗教信仰自由，免於被迫害、謀殺、奴役，或是未經審判就遭監禁。個別風俗都應被尊重，但應在不違反「人權」的前提下為之。人權是「不可剝奪」（inalienable）及國際認可的，優於個別的國家與文化。

四、文化多樣性的價值觀

（一）多元文化主義

多元文化主義（multiculturalism）追求的目標，是在國家內維持文化多樣性，這個觀念與「同化」迥異。同化的觀點是期待少數族群放棄文化傳統，取而代之的是主流社會的文化；多元文化主義卻鼓勵對族群傳統文化的認識與實踐。

多元文化的社會，對於成員的社會化，是讓他們同時成為主流文化與某族群文化的一分子。例如：在美國有數百萬人同時使用英語及另一種語言，吃美國食物與族群美食，參與美國節慶，同時也慶祝自己族群的宗教節日。

（二）文化多樣性的價值觀

美加地區的多元文化主義日漸重要，肇因於近年來人們意識到族群數目及規模的快速增加。由於遷移及人口成長率的差異，美國許多都市白人的人口數被其他族群超越。對此，本身對於族群多樣性和族群意識也有所回應，他們或許重新主張族群認同，也加入幫派、俱樂部等族群組織。文化多元主義追求彼此的瞭解與尊重，重視多樣性而非同質性，它也強調各族群對國家的貢獻，使我們瞭解可以從對方學習到什麼。

五、發展人類學的理論與案例

（一）發展人類學的理論意義

1.定義：發展人類學是應用人類學的一個分支，重點關注經濟發展中文化領域內的社會問題。發展人類學家並非僅實行別人規劃的發展政策，他們自己也會規劃政策，並指導政策的實行。

2.理論意義：創新策略：發展人類學家通常關注經濟發展中的社會問題和文化問題，為此，他們必須深入到當地開展研究工作，幫助當地人實現變遷的願望和需求。例如：美國影視產業、韓國文化創意產業（偶像團體）、日本動漫、汽車產業、法國觀光旅遊產業、臺灣美食文化、義大利與西班牙觀光業等，都是發展人類學可以探究的主題。

（二）發展人類學的案例

發展人類學關注經濟發展中的社會問題以及經濟發展中的文化問題。發展計畫取代了自給自足的經濟，推動就業和新技術使用。對爪哇的研究顯示，爪哇的綠色革命失敗了。綠色革命推動了新技術的使用，但是卻忽視了農民政治組織。

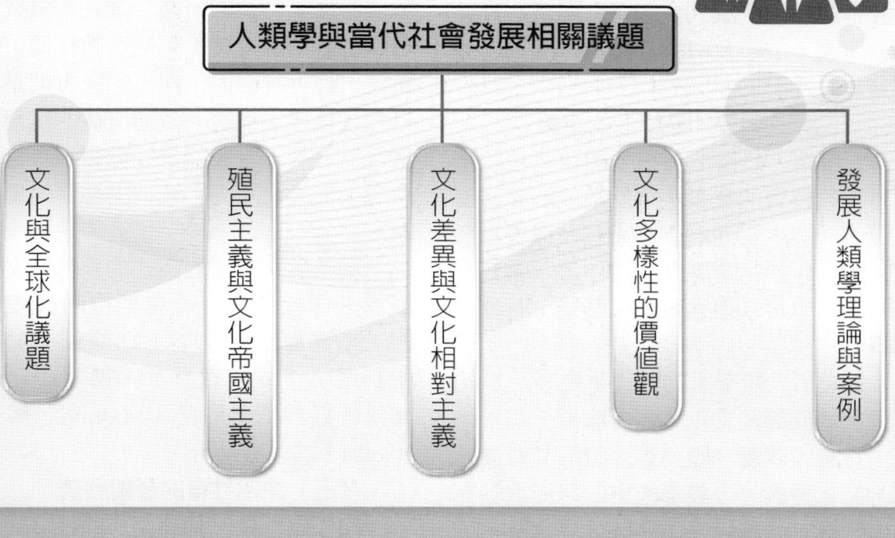

人類學與當代社會發展相關議題

- 文化與全球化議題
- 殖民主義與文化帝國主義
- 文化差異與文化相對主義
- 文化多樣性的價值觀
- 發展人類學理論與案例

Unit 13-4 人類學與一般文化藝術領域相關議題

一、人類學「文化」與「藝術」的定義

(一) 人類學「文化」的定義

1.定義：人類社會的生活方式。文化源自拉丁文「Colere」，本是栽培、耕種土地之意。

2.學者：近代以來，人類學及社會學對文化的定義，最著名者如下：

(1)英國泰勒（Taylor）：文化是一個複合的整體，包括：知識、信仰、藝術、道德、法律、風格，以及人類在社會裡所獲得的一切能力與習慣。

(2)史謝費爾（Schaefer）：透過社會傳播習俗、知識、有形物質，以及行為模式的總稱。它的內涵包括：一群人的思想、價值觀、習俗與人工製品。

有別於傳統人文學科所指的「精緻藝術」，人類學對於「文化」的定義在於強調它「學習」、「象徵」與「共用」的特質。因此，藝術也是藉由「傳承」而成為社會文化的一環。許多社會便是透過神話、傳說、故事及口語藝術，將文化內涵保存並傳遞下來。

(二) 人類學「藝術」的定義

1.所謂「藝術」乃指企圖藉著被認定具有美感特質的意象，來反映或解釋真實情況的一些本質面向。藝術有多種表達形式，其中包括物質媒介，如作畫、雕刻、編織等，也可以透過戲劇、音樂、詩歌、文學等。

2.文化人類學家的藝術重點在「原始社會」的族群及文化。藉著藝術，如：繪畫、音樂、歌舞、雕刻等，瞭解其背後社會、文化意義。一般藝術史的研究重點在於人類擁有文字以後的傳統、現代社會。人類學者重視族群及文化的整體呈現，一般藝術史則傾向個人及創意的產生。

二、原始社會信仰、儀式與藝術展演

(一) 原始社會信仰

原始社會信仰又稱原始宗教（或稱自然宗教或自發宗教），是人類歷史最早出現的宗教，早已存在於尚無文字歷史之原始社會中。起因於人們（群）對現實生活或未來的不確定性、不穩定性，特別是遭受苦難、災害之際，或無法排除機緣，例如：意外事件或天然災禍。

自從西方殖民運動後，殘存於近代的原始部落已被全部或大半消滅。宗教的原始狀態與文明社會的接觸，發生了許多變形，目前尚存原始社會殘餘的土著宗教。原始宗教多表現對大自然的崇拜，包括：自然崇拜、精靈崇拜和圖騰崇拜。

(二) 原始社會的儀式

所謂儀式是指透過隱喻（或轉喻）來陳述心靈、行為的轉換。儀式經常按照一定風俗習慣或傳統，包括宗教信仰，如：禱告、燒香拜佛等。在原始社會則是與超自然（鬼怪、精靈）溝通交往的巫術或宗教行為。基本上，都是一種藉外在符號或象徵來表達人類內心感情與慾望的儀式行為。

另外，藉由透過儀式的進行與完成，標示一個社會成員社會地位的改變。例如：臺灣卑南族青年（18歲以上）「會所制度」（成年教育）、鄒族成年禮，其傳統祭典則是戰祭（Mayavi）與會所（kuba）的教育結合。

(三) 原始社會的藝術展演

在原始社會，藝術創作的根源與宗教

信仰活動相關，充滿「神聖性」。原住民藝術如歌舞、音樂、雕刻與宗教祭典相關。例如：阿美族「小米豐收祭」、布農族的傳統祭儀歌謠等，都屬原始社會的藝術展演。

三、文化政策與語言的差異、保存和發展

近年來，就意識型態而言，國人漸漸接受「多元文化主義」的理念，尤其是在第四次修憲的條文中（1997年第10條第9款），特別增列了「國家肯定多元文化」的字眼。若要能真正落實到語言政策，必須對於多元文化主義的涵義有所瞭解。

多元文化主義的精髓：國家對於少數族群文化的正式承認，就是表達多數族群願意平等看待少數族群的意願。金里卡（Will Kymlicka）（1995: 10）也同樣表示，多元文化主義不只是接受少數族群的文化特色，還進一步要承認少數族群存在的事實。如果以光譜的方式來呈現，多元文化的作法可以由行為上的包容／容忍、法律上的承認／接受、態度上的尊重／關心，到象徵上的欣賞／讚許。

四、當代藝術展演的人類學田野研究

何謂「當代」（contemporary），許多學者有不同的看法。某些學者認為，當代藝術就是現代藝術，指1940年或1950年以後的藝術。當代藝術有別於傳統手工技術的形式美感與風格表現，具有普世認同的現代主義的現代藝術。

以原住民現代藝術為例，它不能純以歐美發現「現代藝術」的創作概念來看，而必須涵蓋更複雜的「臺灣」、「社會」、「族群文化」與「現代」等不同向度的社會與文化層面來探討。臺灣原住民因應的現代，是臺灣整體的現代，不是某一年代紐約或巴黎前衛藝術的現代，而是原住民所面對的當代（許功明，2004：34-36）。

當代藝術作品不再只出現於美術館，更多的藝術展演在生活環境裡，規模更加的龐大，因應主辦單位的不同而發展出相異的目的，在當代社會中已是不可忽視的現象。藝術展演活動並非憑空而生。臺灣美術館外的藝術展演，總是環繞在兩個主要的議題：與環境的互動和觀眾的參與，而這兩個議題均離不開商業機制的影響。

當代藝術展演有關人類學的田野研究，包括觀察與記錄在內，尤其原住民當代藝術展演，需用人類學的族群藝術進入，考慮不同文化的藝術，以及小傳統的多元藝術；換言之，原住民當代藝術不一定具有傳統的圖騰，但作品中皆附有該族群的文化意涵與象徵，並關切族群文化的議題，藝術家的創作不能僅從藝術性的角度，更必須從族群的文化脈絡與歷史經驗來詮釋。

主要研究領域為臺灣原住民族文化、神話與傳說的臺灣博物館研究組長李子寧說，看著這1960年代對南澳泰雅族進行的民族學調查，採集到的文物感到敬佩，因為老照片上面還看到人類學家的田野調查──居住在部落的臥室、女巫師占卜，還有在南澳金洋村所採集的男性禮用──有袖短衣。

Unit 13-5 一般人類學與文化政策和文化行政相關課題

一、國際文化交流與人類學觀點

國際文化交流亦稱「跨文化研究」（cross-cultural studies），有時稱為「全文化研究」（holocultural studies），是人類學及其姐妹科學（社會學、心理學、經濟學、政治學）的一項專門，運用來自許多社會的實地研究資料，檢視人類行為的視野，並檢視關於人類行為與文化的假設。

隨著經濟全球一體化及資訊、傳播的全球化，不同國家、不同文化的人們交流日益頻繁。跨文化、跨國界的交流傳播是21世紀文化發展的動力，也是各國除政治、經濟、軍事之外，實施國際戰略和外交政策的四大手段之一。

二、多元文化主義與文化政策

（一）多元文化主義

多元文化主義係指一個國家或社會中，不同文化群體及不同族群之間彼此保持其獨特的文化，相互尊重、和諧共處，甚至欣賞其個別差異，而該國家、社會也不以任何一個文化作為主導性的文化，強調文化的多樣性。

（二）文化政策

根據聯合國教科文組織（UNESCO）對文化政策的定義：「一種有意識且謹慎的作法行為，來進行國家整體考量；目的在於有限時間內將可運用的物質及人力資源整合，以符合社會的文化需求。」而文化部的定義則較具有實務性，包括：建構文化公民社會、提高文化設施效能和拓展臺灣文化世界舞臺。

三、涵化理論與文化政策

（一）涵化理論

涵化理論（cultivation theory）是葛伯納（George Gerbner）等人在1970年代提出的。涵化理論主要研究的是電視對受眾的長期影響。其主要內容是在某一特定的人群中，看電視的時間越長，受眾對於現實的感知便越接近電視的內容。由於其既有批判主義的性質又運用實證主義的方法，因此葛伯納稱涵化理論是一種「批判的自由－多元主義」（critical liberal-pluralism）。

（二）文化政策的目標

受到1980年代雷根主義和柴契爾主義的影響，對於以往視為當然的公共補助，包括：文化建設在內，都面臨重新思考的階段，畢竟國家體認到沒有必要限制人民的思維和透過政策塑造主流文化。在多元發展的原則下，是該交由市場去決定的時候，因此在1980年代起進入了由市場論述主導文化政策的時代；也就是說，個人具有在市場裡自由選擇文化產品或是活動的意志，不需要國家過度的介入。

四、有形與無形文化資產保存技術

（一）有形文化資產的概念

20世紀社會的急速變遷，許多傳統文化藝術結晶面臨散佚、毀壞或消失的危機。為了加以搶救與保存，相關的法令與制度隨之成立，如：日本的《文化財保護法》（1950年）、韓國的《文化財保護法》（1962年），以及聯合國教科文組織的《世界文化遺產與自然遺產保護條約》（1972年）等。在這些法律、制度中，正式地以「文化財」、「文化遺產」等用語稱之，指明其之於人類文化的發展與進步具有價值，因此必須施以適當的保護措施。

（二）無形文化資產的概念

1980年代以後，聯合國教科文組織的會員國發展出「無形文化遺產」（intangible heritage）的概念。而聯合國教科文組織自 1984 年起著手進行有關建立「無形文化遺產」概念與類型的理論研究，其後陸續公布《傳統文化與民俗保護建言》（1989年）、《人類口傳與無形遺產之傑作宣言》（1997年），以及《無形文化遺產保護條約》（2006年正式生效）。今天，聯合國教科文組織正式肯定無形文化遺產在文化的認同、文化多樣發展的保障、強化文化的多元性、當代創造力的根源等具有重要影響。

（三）無形文化遺產的保存技術

「無形文化資產」又稱「非物質文化資產」，包括傳統的戲劇、音樂、舞蹈等表演藝術，以及民俗藝能、風俗習慣、信仰節慶等民俗活動。這些傳統藝術或民俗活動中作為「非物質文化資產」的對象，乃因其中「技藝」、「技術」或「活動」本身具有的特質。無形文化資產的保護，無法針對某一個特定的「物」進行保護，因此，今日採用的主要手法有二：一是對無形文化資產加以「記錄」，二是透過無形文化資產技藝的「保持者」（possessors）加以傳承。前者目的是為無形文化資產留下如文字與影像等有形的記錄資料，後者目的是希望透過傳承，使得無形文化資產持續地以一種「活的形式」留存下來。

五、鄉民社會研究與地方振興運動

（一）鄉民社會研究

鄉民社會（peasant society）或稱農民社會，是一種由鄉民所構成的社會型態，普遍存在於西歐、東歐、印度、中國、日本、東南亞、俄羅斯與拉丁美洲等地區。不同於部落社會，鄉民社會雖生產糧食，但卻高度依賴外在大社會的保護與交換網絡，並且經常被迫接受外來者的剝削與侵擾。但不同於工業社會，鄉民社會極度仰賴土地作為生產工具，並由此建構出一種自身的世界觀。

（二）地方振興運動

首先探討以藝術文化振興地方的可行性。不可否認地，藝術文化在觀光與節慶活動中扮演著舉足輕重的角色，甚至能成為活動的核心。聯合國教科文組織在2001年發表的《世界文化多樣性宣言》，其目的就是要宣告每一種文化（藝術）都是獨一無二的，並不會因為全球化而隨之改變、標準化。因此，各地獨特的文化藝術，都將成為地方振興與發展的潛力來源。文化藝術對城市正向發展的影響力，不再像過去侷限於大型城市，如今諸如埃及亞斯文、哥倫比亞波帕揚、瑞典厄斯特松德等中小型城鎮，同樣能入選為聯合國教科文組織「創意城市網路」的成員。

Unit 13-6 當代臺灣文化現象與文化發展的人類學課題（上）

一、社區營造與應用人類學

（一）社區總體營造政策概念意涵

文化部對社區總體營造的定義為：「以社區共同體的存在和意識作為前提和目標，藉著社區居民積極參與地方公共事務，凝聚社區共識，經由社區的自主能力，配合社區總體營造理念的推動，使各地方社區建立屬於自己的文化特色。」（楊增泉，2007：18）簡言之，社區總體營造政策是召喚與培養社區意識的總策略。文化部希望透過這樣的理念推動「故鄉重建會」，並藉此動員社區居民營造自己的家鄉。

（二）應用人類學

1.定義：應用人類學是將人類學對人類、文化、社會的知識與概念，應用於改善人類社會現狀和促進人類社會發展的學科。它是人類學研究的一個領域或分支學科，也有人視為人類學的應用研究。

2.例如：圭米人計畫（Guaymi plan），應用人類學家參與指導並從事研究的發展計畫。圭米人分布在巴拿馬的奇里基、博卡斯德爾托羅和貝拉瓜斯諸省，人口約4.5萬人（1978），講圭米語，信仰萬物有靈，迷信靈魂不死，行氏族外婚制。為使圭米人適應現代化過程中的生活，美國開發總署和巴拿馬教育部合作資助和支持制定，並執行一個訓練圭米人的計畫。該計畫挑選了圭米人各社區的年輕人參加培訓，結果培養出新一代土生土長的影響型人物，為進一步推行的各種社會變遷計畫做準備。

二、臺灣原住民與南島民族原鄉論

（一）臺灣原住民

臺灣的原住民族（或稱原住民）是指17世紀漢人移入前，即已在此定居的族群，為南島民族的一個分支。臺灣原住民並非統一的民族，而是由分布在臺灣各地的數個語言及生活方式不同的部族構成，目前有十六個部族獲官方認可其地位。在漢人移入臺灣前，原住民族廣泛居住於整個臺灣，現今則主要分布在臺灣本島山區與東部地區。截至2014年9月，總人口數為53萬8,439人，占臺灣人口總數的2.30%。

（二）南島民族原鄉論

語言權威認為南島語族原鄉為臺灣，李壬癸院士首先提出臺灣是南島語族原鄉的看法。他發現，臺灣地區原住民的語言占整個南島語系四大分支中的三支，語言最分歧，並且古語成分最高，還保有原南島語古音，在字根的樹狀結構中屬於最上層。這些說明臺灣原住民南島語系的語言很複雜，各族之間差異亦多。在語言學中為語言發展初期表現，表示臺灣原住民的語言傳承已經非常久遠，比較其他變遷不多的南島語族，顯示臺灣就是南島語族的原鄉。

三、原住民部落振興與文化產業發展

（一）原住民部落振興

臺灣原住民族群，特別是1895年日本政府來到臺灣以後，國家的力量跨越平原來到山上，跨越中央山脈蔓延到花蓮、臺東這一帶。在這樣的過程中，整整一百年是臺灣原住民遭遇到比較大變遷的年代。

臺灣原住民是讓臺灣有自己特色的重要的資產，這是臺灣大社會的改變。為了回應整體社會的變化，1990年代開始，一些政治、法令對於臺灣原住民有了一些突破。譬如說，1991年中華民國修訂《憲法》，將原住民置入增修條文，原住民在《憲法》上有其地位的存在。1996年，中央政府組織開始有原住民族委員會，綜合關於原住民行政相關的工作，這在過去是沒有的事。

（二）原住民文化產業發展

原住民的祭儀脫離了原有的範圍，在舞臺上有新的展演。有的在觀光地區、國家的殿堂，或者到國外去展演。原住民傳統樂舞的活力，在這段期間有了新的發展，而且更多的創作者如雨後春筍般一個個冒上來。臺灣的音樂於1990年代開始，原住民樂舞的節奏已經進入流行音樂當中，像是豬頭皮、陳昇、陳明章流行的歌舞中，將原住民音樂的要素放進來，也漸漸在過程中找出臺灣獨特的節奏世界。在這個部分，臺灣原住民還有很多相關發展的空間。自從臺灣政府設立原住民電視臺，原住民樂舞便有更大的發展空間。

四、民間信仰節慶活動與文化藝術展演

（一）民間信仰節慶活動

蓋茲（D. Getz）（1991）認為，「節慶活動為公開且有主題的慶祝。」傑戈與蕭（L. K. Jago & R. N. Shaw, 1998）則進一步加以統合彙整，建立初步架構，其主張所有活動時間包含經常性（ordinary）及特別性（special）活動舉辦，節慶活動是屬特別活動的一環，其內涵則包括特定主體及公開的活動。

傳統民間信仰活動的起源，是因為宗教帶來撫慰人心、驅除瘟疫的功能。因此發展出社區的社會活動，藉著歲時節慶，辦理具有宗教意義的活動，例如：媽祖繞境活動。

（二）文化藝術展演

文化藝術展演包括：舞蹈、音樂、文學、繪畫、建築等，傳統上，在美術館或是劇院展示或演出。所謂表演藝術，乃指演出者直接面對觀眾表演的藝術，主要可分為戲劇、舞蹈、音樂等三大藝術類，它是藝術的表演形式。

臺灣近幾年的藝術創作隨著社會發展的新趨勢，藝術文化活動範圍已大幅擴展，走出傳統的展演空間如美術館或是劇院，藉由不同形式滲透進日常生活。而藝文活動除了展演的內容外，亦必須有空間作為配合的載體。臺灣藝文空間的現況更加多元與複雜，這些非傳統、制式的藝術展演空間，包含了公辦公營、公辦民營、民間經營（企業、社區或個人）、藝術村、歷史建築再利用的展演館舍、複合式藝文空間，多數並包含了商業消費行為。藝術內容則包括各種類型的表演藝術與視覺藝術，以及跨媒材表現。

Unit 13-7 當代臺灣文化現象與文化發展的人類學課題（下）

五、考古發掘與文化資產保存行政

（一）背景

隨著經濟開發、都市規劃建設，致使古蹟、考古遺址遭受破壞與損害。

（二）文化資產保存

1.完善制度：任何經濟開發、工程建設、交通道路規劃應列入文化資產評估，使經濟發展兼具文化保存功能。

2.法令建立：考古遺址、文化資產，皆明訂法令加以維護、保存與善用。

3.正確觀念：強化文宣與教育，使民眾瞭解古蹟、文化資產的意義與重要性。有了正確的認識、理解，才能進一步維護。

4.工作推動：行政機構、文化菁英、文史工作室、學校機構、社區團體、一般民眾皆可動員，組織參與文化資產維護的工作，使文化保存成為全民性的工作。

（三）文化資產管理（cultural resource management, CRM）

其乃應用考古學的分支，目的在於對受威脅、破壞的文化遺產進行維護管理工作。它是文化資源評估與決策的過程，通常在中央、地方政府皆有相當職責的機構設立，來處理文化、資源的問題。

六、國族主義與多元族群身分認同

（一）國族主義

國族主義原出自國父孫中山先生的學說。因為國家有領土、人民、主權、政府，為政治學者所公認，少有爭論。如孟子說：「諸侯之寶三：土地、人民、政事。」盧梭說：「人民倘服從國家法律，自比有文明以前的社會裡更為自由。」孫中山先生認為國家是用霸道武力造成的，民族是用王道自然力形成的，並將其分為血統、生活、語言、宗教、風俗習慣等五個力量。像猶太族人，其國家雖然亡了兩千餘年，仍能復國為以色列，獨立於世，就是具有上述五個因素。由此可知，國家是群力造成的，民族是自然成長的，自無疑義。

（二）多元族群身分認同

1.族群：族群也是文化的產物。族群的成員，因其共同背景，擁有一些共同的價值信念、風俗習慣或是道德體系；族群的基礎，建立在文化的相似性與相異性上。

2.多元族群身分認同：族群目前已成為多元文化的基礎單位，認同則是個人或群體藉由與其他的個人或群體區分彼此社會關係的方式。身分認同是心理學和社會學的一個概念，指一個人對於自我特性的表現，以及與某一群體之間所共有觀念（國籍或者文化）的表現。此外，族群因文化所形成的凝聚感，可在全球化洪流中，免於文化滅頂而保持人類社會特有的「文化多樣性」。

七、社區田野研究與地方文史工作

（一）社區田野研究

傳統上，文化人類學多以原始民族或小型社會為主要研究對象。文化人類學家慣於在荒野的部落或僻靜的村莊中從事工作，參與小村落中每一個家庭的生活，觀察當地人們的生活細節。透過實際瞭解當地人們的生活與感受，文化人類學家通常能詳盡描述研究對象，甚至生活中較為隱密的部分。這樣的研究方式稱為「參與觀察」，是文化人類學田野工作最主要的工作。

（二）地方文史工作

1.定義：是指從事有關地方文化、歷史資料的蒐集、調查與研究的工作。從事地方文史工作的團體或個人，稱為地方文史工作者，可分為個人，如個人文史工作室，與團體，如文史工作會、文史研究協會等社團組織。

2.性質：有關文史工作團體的性質，成立宗旨大致以發展地方人文歷史、提升民眾文化內涵為主。

八、外籍配偶及其子女的文化適應

（一）外籍配偶

臺灣外籍配偶又稱「新移民女性」，多來自東南亞地區。雖同為亞洲國家，文化仍有相異之處，尤其是語言與習慣。全球化浪潮下，臺灣成為世界經濟體系的一環，多元文化並存實為重要課題。

（二）外籍配偶及其子女的文化適應

首先應推行的方案，就是在外配子女比例較高的國民小學，設置母語（如：越南語、印尼語等）教育。由外籍配偶中教育程度較佳者擔任教師，從母國引進教材，在校園中親自教導其子女母國語言，經費由政府補助，讓學童自然而然地具有母語的「雙語」能力。

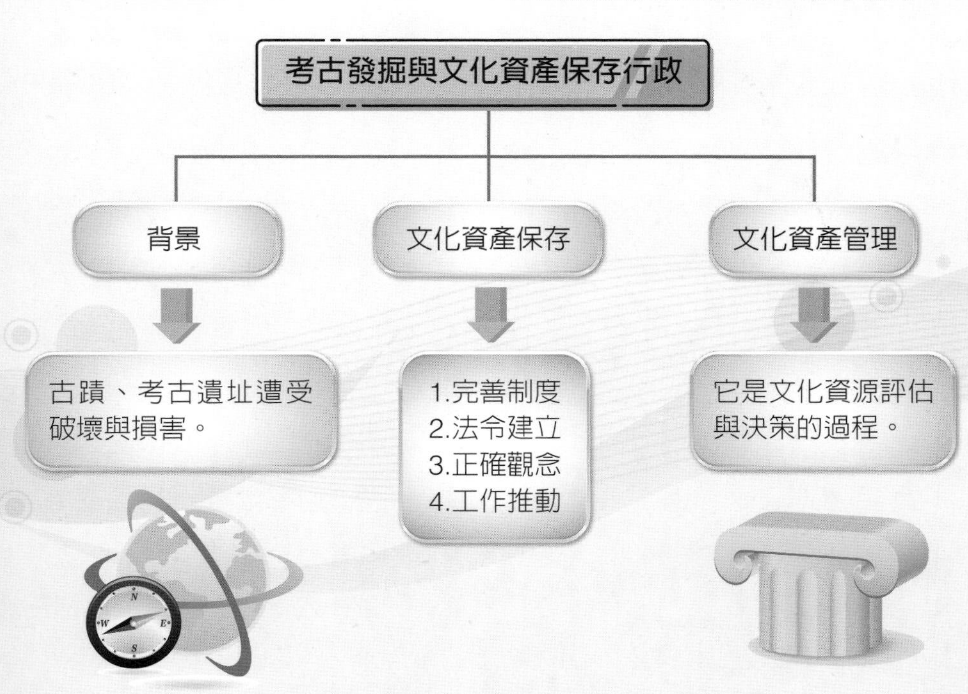

第 14 章

文化行政學

章節體系架構

Unit 14-1 文化政策與行政導論

一、何謂文化

文化是經由人類所創造而成的。克羅孔（C. Kluchkhohn）曾說：「當我們把一般的文化看作是一個敘述性的概念時，文化即是人類因為創造而累積起來的寶藏，如書籍、繪畫、建築等均屬之。」（Kluchkhohn, 1945）

因此，基於文化乃是經由人類所創造而成的，不同的族群自然會擁有屬於自己的文化特色。

總而言之，儘管「文化」的定義眾說紛紜，至今仍沒有公認的結果。不過，英國學者泰勒（E. B. Tylor）對於「文化」一詞所下的定義，可說是最為各界所廣泛引用的一個解釋。泰勒認為：「文化是一種複合整體（complex whole），是因為人身為社會的成員之一，乃得以獲得的。它包含了知識、信仰、藝術、道德、法律、風俗，以及人類其他的能力與習慣等。」（Tylor, 1871）

二、何謂行政？

美國政治學者威爾遜（W. Wilson）曾於19世紀末葉，以一篇名為〈行政研究〉（The Study of Administration）的專論，激發起人們開始注意諸多行政問題與形象的興趣，譬如政府的組織結構、管理運作、人事財務、法令規章、工作動機、人際關係等，並促使「行政」逐漸演變成一項新興的學問（張潤書，1993，頁1）。若再根據我國學者張潤書教授的界定，「行政」依其發展的過程，實可由以下的觀點來解釋其意義：

（一）從「政治」的觀點來解釋行政

1.以「三權分立」的觀點來解釋，即所謂：「行政就是政府行政部門所管轄的事務。」或「凡國家立法、司法以外的政務，總稱為行政。」不過，此種早期的解釋實不甚完備。因為人、財、事、物等現象，並非僅存在於行政部門而已。其實，整個政府（包含立法、司法機關）以及公務組織（如：公共團體、財團法人）的業務，都在行政的研究處理範圍內。

2.以「行政附屬於政治」的觀點來解釋，即所謂「政治的範圍大、層次高，而行政的範圍小、層次低」，遂把行政看作是政治的附屬品。譬如，古德諾（F. Goodnow）曾經說過：「政治是國家意志的表現，行政是國家意志的執行。」不過在實務上，政治與行政卻應該是互補且缺一不可的。因為政府首長必須透過行政手段來解決政治問題。相對地，在制定決策時，政府首長也需要考量相關因素。

（二）從「管理」的觀點來解釋行政

如同我國學者張金鑑教授曾經指出「十五M」理論一般，認為無論是政府或是公務單位，都應當對於以下十五項管理重點，不斷的謀求增強、精進與革新：(1)目標；(2)計畫方案；(3)人員；(4)金錢；(5)物料；(6)組織；(7)方法；(8)領導；(9)激勵；(10)溝通；(11)士氣；(12)協調；(13)時間；(14)空間；(15)改進。

（三）從「公共政策」的觀點來解釋行政

所謂「公共政策」的觀點，乃是將政治與行政合為一體作為研究現象。因為政府政策的制定、執行與評估等，實為一連串的行政過程，當然也是極為明顯的政治活動。而政府如何制定良好的政策，並保證能被加以貫徹實行，的確是每一個在政府單位服務的人員所不可推卸的責任。

總之，依張潤書教授之見，不論是從政治的、管理的、還是公共政策的觀點來解釋，「行政」實脫離不了政府與公共團體的範圍，並與政府及公共團體的一切活動有關。總之，行政的意義可約略歸納如下：

1.與公眾有關的事務，需有政府或公共團體來處理者。

2.涉及政府部門的組織與人員。

3.政策的形成、執行與評估。

4.運用管理方法（如：計畫、組織、領導、溝通、協調、控制……等等），以完成政府機關（機構）的任務與使命。

5.以公法為基礎的的管理藝術。

三、何謂文化行政？

（一）文化行政的基本界說

如前所述，「由於文化含括了差異性（diversity）及共同性（commonality），因此，它的差異性增加了文化的創造活力，而它的共同性則促進了文化方面的溝通以及組織控制的可能。」因此，文化事務等同「與公眾有關的事務，由政府或公共團體來處理」。同時，「涉及政府部門的組織人員」的情況下，文化行政的功能便順勢而生。

此外，誠如我國學者賴維堯教授所說：「在現代社會中，行政的質、量正與人民的日常生活息息相關。我們的衣、食、住、行、育、樂或生命財產安全，都來自政府機關的績效表現。」

（二）文化行政的實踐原則

文化行政的目的，僅是在鼓勵、支持、協助與服務，而非在於管制、監督、干預與侷限。需知一切文化行政工作是為了：

1.讓社會大眾皆有均衡的機會，去普遍及廣泛的接觸一切文化性事務與活動。同時也相對地讓所有的文化性事務與活動有均等的機會，去與社會大眾接觸。

2.要扶植地方性以及非主流的文化性事務與活動，以使文化性的事務與活動不會因為地域、階級、種族之間，甚或年齡以及身心狀況的差異，而導致延續與發展某種文化的障礙。

3.要保存、維護固有的以及傳統的文化事務與活動，在所費不貲的情況下，政府或公共團體必須介入，並提供足夠的人力、物力、財力，以讓固有的和傳統的文化事務及活動得以傳承綿延。

4.要挹注、增進社區文化的發展。雖然社區性的文化事務與活動，一旦步入區域性或是全國性文化事務，也許較具層次性與規模性，但是經由社區文化這種日復一日、平等且互惠的方式，所產生出來的那種區域性文化特質，卻是形成整體文化鏈（文化複合體）的最重要基本元素。

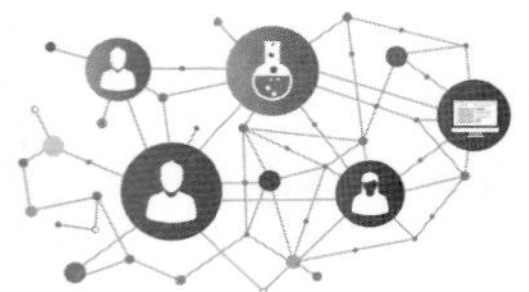

Unit 14-2 文化政策與行政的發展

一、我國文化政策的發展

1960年代，我國政府的文化政策以維護中華文化為主軸，對應當時中共的破壞、甚至毀滅中國傳統文化，政府成立了「中國文化復興委員會」，由總統親自領導，推動中國傳統文化的傳承與傳統價值的重建，是為中華文化復興運動。

1970年代，政府開始推動十二項建設，其中最後一項即文化建設，規劃於各縣市成立文化中心，作為地方策劃、執行文化活動之機構。之後，十二項建設中，文化建設之地方文化中心逐步成立後，中央級文化事務專責機關於1981年開始設置，此即文化建設委員會，簡稱文建會。其主要工作在於提供藝文工作者和團體的補助與獎勵，包括：國際的交流活動及以首都地區為主的文化活動，並開始策劃幾項重大文化設施計畫。

1993年左右，臺灣的文化政策開始進入關鍵性的轉型期，包括：推動公共藝術設置計畫、1996年捐助成立財團法人國家文化藝術基金會、地方性的藝術季與國際小型展演活動蓬勃發展、國立文化藝術機構的建立等，使得文建會的影響力越來越擴散，原來集中在精緻文化和都會知識分子取向的文化資源分配也開始轉型。

1994年開始推動具代表性的政策──「社區總體營造」。社區營造理念主要的訴求在於透過空間建築、產業文化與藝文活動等議題作為公共領域，激發提升地方社區公民與共同體的自主意識，以重建一個新的公民社會和文化國家為目標。這個理念後來成為重要的國家政策，並為地方文化工作者所認同。這些政策方向延續之下，也產生了推動「文化產業化、產業文化化」理念，使得地方文化產業的行銷、包裝與社區營造模式逐步建立，以及進一步將中央主導的文藝季轉型為地方主導的小型國際展演，並提出「心靈改革」政策等。

2002年起，文建會提出一系列與文化相關的國家發展政策，尤其是「文化創意產業」發展計畫，更把臺灣的文化政策思維帶入新的時代，並於2003年開始規劃設置創意文化園區。2005年起，臺灣的文化政策方向更往前邁進了一大步，包括：文化公民權運動的推展，以及公民美學、建築藝術、全國性與地方文化設施的興建等。這段期間，臺灣的文化政策著重扎根、平衡、創新、開拓的原則，以穩定中求進步的理念，推動新一階段的文化發展。

2010年，《文化創意產業發展法》及相關子法的通過，更使我國的文創事業進入法制化的階段。至此，臺灣的文化政策與國際接軌更加密切。在「向下扎根」的同時，並以「走向國際」為基本方針，推動各項文化建設。

2012年之後，以「泥土化」、「國際化」、「雲端化」、「產值化」的作法，亦即，向泥土扎根，服務於庶民；向國際拓展，以「軟實力」領航；向雲端發展，讓文化與先鋒科技結合；創新產業生態、提升美學經濟等方式，推動各項文化政策。

二、文化行政的發展

1981年4月：高雄市文化中心成立（配合政府十二項建設，高雄市率先成立文化中心，接著澎湖縣、高雄縣、彰化縣紛紛成立文化中心，至1996年止，共有22個縣市成立文化中心）。

1981年11月：行政院文化建設委員會成立。

1996年1月：國家文化藝術基金會成立（1994年通過的《文化藝術獎助條例》為其法源）。

1997年6月：第二屆全國文化會議閉幕式中，當時副總統兼行政院長連戰宣示政府將成立文化部。

1997年12月：臺灣省政府成立文化處，統籌全省各項文化業務。

1998年12月：文建會研擬完成「文化部組織法草案」。

1999年7月：實施精省，臺灣省政府文化處改制為行政院文化建設委員會中部辦公室。

1999年11月：臺北市文化局掛牌成立（接著全省文化中心紛紛轉型為文化局，變成各縣市政府一級機構，而臺中縣及臺南市則保留文化中心另設文化局，目前只有基隆市尚維持文化中心編制）。

2001年3月：總統府政府改造會議做成結論，行政院中的「文化建設委員會」及「體育委員會」建議合併改為「文化體育部」，立法委員則紛紛提出諸如「文化體育觀光部」或是維持「文建會」的不同行政院組織法版本。

2001年4月：具準文化部架構的「行政院文化建設委員會組織條例修正草案」由立法院法制及教育文化兩委員會完成審查。

2003年5月：第五屆立法院法制及教育文化兩個委員會再度審查完成具準文化部架構的「行政院文化建設委員會組織條例修正草案」。

2003年1月：高雄市中正文化中心管理處改制為文化局，連江縣縣立文化中心也改制為連江縣政府文化局。目前只有金門縣尚無地方獨立的文化行政機制。

配合中央政府組織改造的啟動，文建會於民國2012年5月20日改制為文化部，以解決文化業務長久以來面臨人力及資源的困境，並將政府組織中原本分散的文化事務予以整合。

為達成上述核心任務，文化部的業務範疇，除涵蓋原文建會現有之文化資產、文學、社區營造、文化設施、表演藝術、視覺藝術、文化創意產業、文化交流業務外，並納入原行政院新聞局掌理之出版、流行音樂、電影、廣播電視事業等業務；原行政院研考會掌理之政府出版品相關業務，以及教育部轄下五個文化類館所，包括：國立歷史博物館、國立國父紀念館、國立中正紀念堂管理處、國立臺灣史前文化博物館、國立中正文化中心。文化部的設立，突破以往偏狹的文化建設施政概念，打破傳統以個別業務或載體設置司處的作法，以彈性、跨界、資源整合及合作之角度進行規劃，協助民間社會與產業邁向更多元且具深度的文化發展與成效。

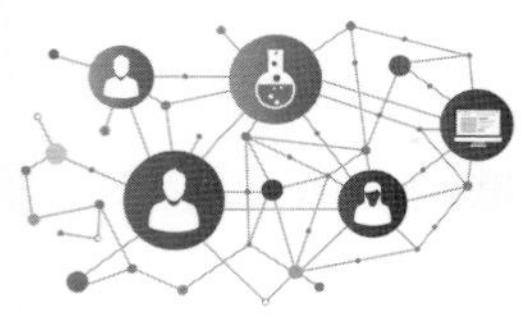

Unit 14-3 文化政策與行政理論

一、文化政策

(一) 定義

根據聯合國教科文組織（UNESCO）對文化政策的定義：「一種有意識且謹慎的作法、行為，來進行國家整體考量；目的在於有限時間內將可運用之物質及人力資源整合，以符合社會的文化需求。」文化部的定義則較為實務性，包括：「建構文化公民社會」、「提高文化設施效能」和「拓展臺灣文化世界舞臺」。另根據賴維堯教授所說：「在現代社會中，行政的質、量正與人民的日常生活息息相關。我們的衣、食、住、行、育、樂或生命財產安全，都依賴於政府機關的績效表現。」由此所見，文化政策是設計政府的組織與人員，其施政對象為人民，亦如強生（W. C. Johnson）所言：「文化生根及休閒娛樂，乃是政府機關協助民眾提升生活品質的典型任務。」

(二) 目標

1.文化政策發展的脈絡：談文化政策的目標，可從它的發展脈絡來看。英國文化學者吉姆．麥圭根（Jim McGan）指出，傳統文化政策中的三個主流論述即為：國家論述（state discourse）、公民論述（civil discourse）與市場論述（market discourse）。

其中，國家論述是透過文化政策來建構主流文化，運用國家機制，強化民眾對國家的認同，這就如臺灣所經歷的5、60年代，各式文化機構幾乎都是由國家成立，藉以成為教化人民思想齊一的工具。接著進行的公民論述，文化政策在於強調公民權利在其中扮演的角色，例如：開始重視公民意識及民眾的參與，回顧臺灣在7、80年代發展出來的本土認知及地方性文化活動便是如此。

最後的市場論述便是因為民主發展，國家機器控制日減，文化百花齊放，國家是不是需要文化政策？所謂的文化發展是不是交由市場，即各式各類的文化自己去決定？也就是國家是否要進入文化藝術作品與市場經濟的關係，以及菁英、大眾文化商品等議題。

2.現今文化政策的目標走向：「文化活動不需要國家過度介入」的觀點也影響了世界，尤其面對全球化的發展，這也是文化政策發展必然的趨勢，文化政策因而轉型，重視精神層面的維繫，例如：對將失去的資產進行保存維護。另外為文化創造經濟條件，如對創新文化進行與產業的結合，將文化去除菁英化而走向大眾化。從1980年聯合國世界文化發展協會（UN World Commission on Culture and Development）於斯德哥爾摩的文化政策國際會議提出文化政策的五項目標就可具體看出，其提出目標如下：

(1)將文化政策視為發展策略的關鍵之一。

(2)鼓勵與促進文化生活的參與。

(3)強化政策與時間以推廣文化產業，並保護與提高文化遺產的價值。

(4)在當前的資訊社會中，為了資訊社會的發展，推廣文化和語言的多樣性。

(5)增加文化發展上能運用的人力與財務資源。

從中我們可以看出文化政策目標所在，文化政策不再是單純的可以法令的規範，而是精神的維繫，包括：創造力、文化生活、文化遺產價值和文化多樣性。再者就是和產業的結合，如創造力和生活的結合及推廣文化產額，並開發人力及財務資源。

二、行政理論

自有歷史記載以來，人類便有了群體活動，發揮了群體功能，因此有管理之出現。但一直到人類社會漸形增大、複雜，管理方法才為人所重視。最早是政治和軍事上的領導階層體會到管理的重要性，而慢慢地重視有關人力和物力的計畫、任用、指導、控制等方法。然而，管理理論之大量而密集的發展，則始於工業革命時期。

最初發展出來的管理理論，一般稱為傳統管理理論或古典學派，其中又分為科學管理和行政管理。爾後又陸續有行為管理、計量管理、系統管理、權變管理等各種不同的管理理論出現。這些管理理論的不同學派，都提出了種種不同的概念、原則和方法，其目的均在說明管理的意義與如何做管理研究，其中有些告訴我們管理的工具、程序，有些則強調人的層面。綜合瞭解這些管理理論，可讓我們從不同觀點來瞭解組織、業務和人的作用，使我們能適應環境而選取適用的概念、原則和方法，有效地解決實務中的管理問題。

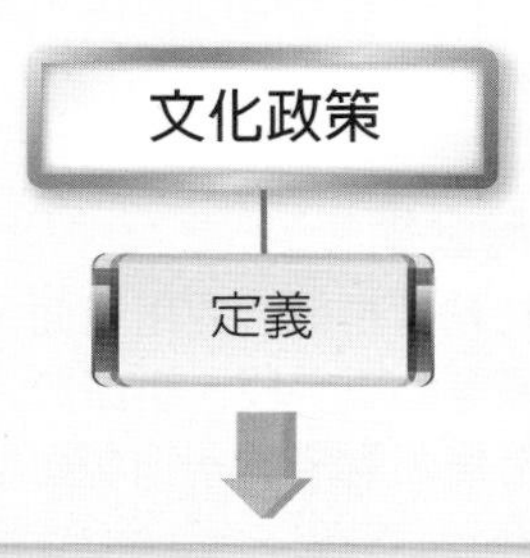

1.聯合國教科文組織：以一種有意識且謹慎的作法，來進行國家整體考量。
2.文建會：(1)建構文化公民社會、(2)提高文化設施效能、(3)拓展臺灣文化世界舞臺。
3.強生（W. C. Johnson）：文化生根及休閒娛樂，乃是政府機關協助民眾提升生活品質的典型任務。

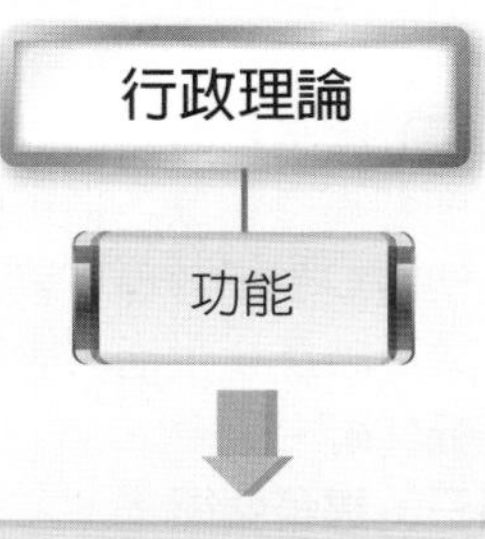

1.可以從不同觀點來瞭解組織、業務和人的作用。
2.適應環境而選取適用的概念、原則和方法，有效地解決實務中的管理問題。

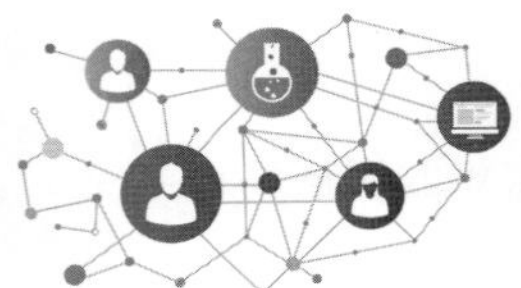

Unit 14-4 文化藝術與其他領域之間的關聯性

文化藝術發展至今，已擁有眾多型態和品種，可謂花樣繁多、各具特色。以下僅就文化藝術與其他領域之間的關聯性加以說明。

一、視覺藝術

視覺藝術是用一定的物質材料，訴諸人的視覺感官，創造直觀藝術形象的一種藝術型態，包括：雕塑、繪畫、攝影、建築和設計等樣式。

（一）繪畫藝術

繪畫主要是利用線條、明暗、色彩及構圖，在一個平面上表現物像的形體和神韻，來再現生活，表達人們審美意識的視覺藝術。

（二）雕塑藝術

雕塑藝術是指以各種可塑的或硬質的材料，塑造或刻出各種可視、可觸的藝術形象，來反映社會生活，表達作者審美理想的視覺藝術。

（三）建築藝術

「建築」英文一詞的本意是「巨大的工藝」。無論是中國或外國，古代的「藝」均是指工藝，因此，歷代美學家都把建築視為一項重要的藝術門類。

（四）攝影藝術

攝影藝術是以攝影機為基本工具，將拍攝下來的物像或畫面，經過暗房技術處理，塑造出可視的藝術形象，用來反映生活、表現主體審美情感的視覺藝術。

（五）設計藝術

設計藝術是20世紀中葉興起的一門藝術學科，是人類在科學技術和經濟發展的基礎上，形成的應用性邊緣科學。

二、聽覺藝術

聽覺藝術是一種以流動的、有組織的聲音訴諸於人的聽覺器官，傳達思想情感、反映現實生活的藝術型態，主要指音樂。

音樂有兩種基本表現形式：聲樂和器樂。聲樂是人用聲音結合語詞作為表現手段，成為歌唱的藝術。器樂則是透過樂器發出的各種有組織的音色、節奏或旋律，傳達審美情感。音樂是主情的藝術，具有感化人心和移風易俗的作用，素有藝術的王冠之稱。

三、視聽藝術

視聽藝術是綜合運用畫面、聲音、色彩、線條等物質手段，訴諸於人的視聽器官，創造聲美意象的一種藝術型態，主要包括：

（一）舞蹈藝術

舞蹈藝術是透過有組織的、有節奏的、富有表現力的人體動作、姿態等表現手段來塑造形象，表情達意的一種視聽藝術。動作、表情、構圖，是舞蹈藝術的三要素。

（二）戲劇藝術

戲劇是依據文學所提供的劇本為基礎，由演員扮演角色，在舞臺上當眾表演，於一定時間內展開矛盾衝突，運用多種藝術手段塑造舞臺形象，反映社會生活的一門視聽藝術。

（三）電影藝術

電影藝術是利用現代科學技術手段，以畫面和音響為媒介，在運動的時空中創造具有高度逼真感的銀幕形象，反映社會生活的一門視聽藝術。

（四）電視藝術

電視藝術是透過電子傳播媒介（電視攝錄、播放系統）集戲劇、文學、表演、美術、音樂、音響等各種藝術手段於一身，創造直觀性的螢幕形象，反映社會化的視聽藝術。電視被稱為繼繪畫、雕塑、建築、音樂、文學、舞蹈、戲劇、電影之後誕生的「第九種藝術」。電視藝術主要包括：電視劇藝術、電視文藝和電視紀實藝術等，電視劇是其主要樣式。

（五）網路藝術

網路是一個新興的媒體，在20世紀末才正式登上舞臺，卻在短暫的發展歷程中日益改變著人們的生活。所謂網路藝術，指的是一切能與網路發生關係的藝術形式，包括：能在網路上傳送的，用數位技術處理的聲音、圖片、網路動畫、視頻錄影，以及所有以網路為載體的文學藝術等。網路藝術是產生於數位資訊技術與網路技術環境發展到一定程度下的產物，它融合了數位文書處理技術、現代通訊技術、網路傳輸技術、多媒體技術等學科知識，具有明顯的跨學科「雜交」的型態，主要是透過數位圖形和聲音訊號在國際網路上來傳播。

四、想像藝術

想像藝術即文學，它是以語言或書面文字元素為物質媒介，塑造想像形象，反映社會生活的一門藝術。正如高爾基·馬克西姆（Gorhi Maxim）所說：「文學就是用語言來創造形象、典型和性格，用語言來反映現實事件、自然景象和思維過程。」文學的第一要素便是語言。

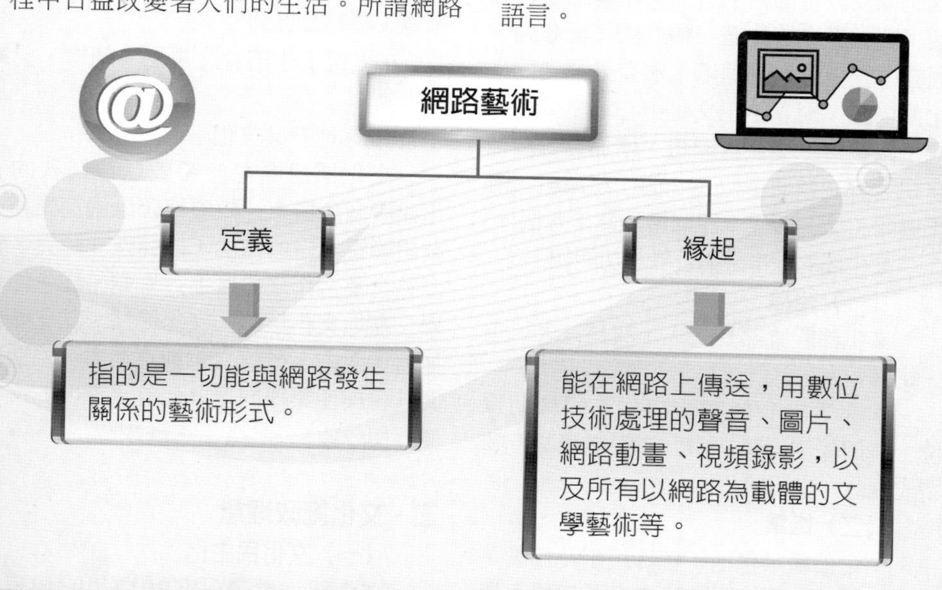
網路藝術
定義
緣起
指的是一切能與網路發生關係的藝術形式。
能在網路上傳送，用數位技術處理的聲音、圖片、網路動畫、視頻錄影，以及所有以網路為載體的文學藝術等。

Unit 14-5 我國文化部與文化施政理念

一、我國文化部

為配合中央政府組織改造的啟動，2012年5月20日文建會改制為文化部，任務在於解決文化業務長久以來面臨人力及資源的困境，將政府組織中原本分散的文化事務予以整合；更重要的是能營造豐富的文化生活環境，激發保存文化資產意識，提升國民人文素養，讓所有國民，不分族群、不分階級，都成為臺灣文化的創造者與享用者，展現臺灣的文化國力。

為達成上述核心任務，文化部的業務範疇，除涵蓋原文建會現有之文化資產、文學、社區營造、文化設施、表演藝術、視覺藝術、文化創意產業、文化交流業務外，並納入行政院新聞局出版產業、流行音樂產業、電影產業、廣播電視事業、兩岸交流等業務、行政院政府出版品相關業務，以及教育部轄下五個文化類館所，包括：國立歷史博物館、國立國父紀念館、國立中正紀念堂管理處、國立臺灣史前文化博物館、國立中正文化中心。組織從三處、四室、三個任務編組，增加為七個業務司、五個輔助單位、一個任務編組。附屬機關（構）則從十四個增加為十九個。

文化部的基本架構及職掌功能如下：

（一）組織

文化部設置部長一人、次長三人、主任祕書一人。

本部下設七個業務司、五個輔助單位、一個任務編組、十九個附屬機關及陸續成立駐外文化單位。

（二）職掌

文化部職掌包括：統籌規劃及協調、推動、考評有關文化建設事項及發揚我國多元文化與充實國民精神生活。

依照《文化部組織法》規定，其掌理事項如下：

1.文化政策與相關法規之研擬、規劃及推動。

2.文化設施與機構之興辦、督導、管理、輔導、獎勵及推動。

3.文化資產、博物館、社區營造之規劃、輔導、獎勵及推動。

4.文化創意產業之規劃、輔導、獎勵及推動。

5.電影、廣播、電視、流行音樂等產業之規劃、輔導、獎勵及推動。

6.文學、多元文化、出版產業、政府出版品之規劃、輔導、獎勵及推動。

7.視覺藝術、公共藝術、表演藝術、生活美學之規劃、輔導、獎勵及推動。

8.國際及兩岸文化交流事務之規劃、輔導、獎勵及推動。

9.文化人才培育之規劃、輔導、獎勵及推動。

10.其他有關文化事項。

文化部目標在於突破以往偏狹的文化建設施政概念，打破傳統以個別業務或載體設置司處的作法，以彈性、跨界、資源整合及合作之角度進行規劃。從生活美學、在地文化形塑、文化傳播、文化產業加值等面向，厚植文化創意活力，協助民間社會與產業邁向更多元且具深度的文化發展與成效。

二、文化施政理念

（一）文化民主化

文化部長鄭麗君在2017年9月3日在

「全國文化會議」閉幕式致詞時指出，政治民主化已經趨於穩定運作的臺灣社會，如何讓文化的力量帶動臺灣社會往下一個階段邁進？關鍵應該就在能否做到文化民主化的工作。

鄭部長表示，文化民主化的核心價值在於，讓文化能夠自然地由下而上發展，政府的工作則是建構充足的支持體系，打造公民文化生活的公共領域，讓每個公民在這個公共領域中，都能自然涵養土地上的文化養分，發揮個體獨特的創意，進而實踐平等、多元、多樣的文化公民權。

（二）文化部施政理念

文化是國家的根本，人民是文化創造的主體。文化部的文化政策的核心理念即是追求藝術的積極性自由，讓人民享有充分的表意自由，並以「厚植文化力，帶動文化參與」之使命，於下列五大主軸進行文化施政：

1.再造文化治理、建構藝術自由支持體系：文化權為基本人權，國家除了尊重創作自由，更應積極建構支持體系，讓所有人平等地近用文化資源，達到實現文化公民權目標。為翻轉由上而下的傳統文化治理模式，將廣邀民間參與，讓文化事務得由下而上推動，並避免政治介入創作內容，引入參與式治理，擴大公共課責，由專業中介組織推動藝文及文化經濟發展，打造平等參與之多元文化環境。

2.連結與再現土地與人民的歷史記憶：臺灣人民多元而豐厚的歷史記憶應被視為未來資產，在這塊土地上的語言文化與文化資產，將藉由文化整體保存政策帶動城鄉風貌再發展，作為人民建立深刻文化內涵及思維的基礎。同時以博物館系統支援地方空間，形成社區核心。

3.深化社區營造，發揚生活「所在」的在地文化：重視以在地知識為主體的「地方學」，建構「可及且有效」，且包含地方文史與產業生態等地方知識之學習網絡，發揚獨特的在地文化；鼓勵青年留鄉與回鄉，結合政府、企業、社企等，堅實化在地社區組織，使地方知識傳承和社區治理能量得以持續提升，並使社區組織進一步成為「社會安全網」之一環。

4.以提升文化內涵來提振文化經濟：以「雙軌資金」與「通路打造」深耕文化核心，厚實文化經濟基礎；建構文化實驗室，延續我國青年創意及新銳藝術成為下一代創作的精神養分，且展開國家品牌運動支援產業升級，提高品牌能見度，更從產製與流通端提升文創產業整體價值。

5.開展文化未來新篇：重視青年創意、強化數位革新、創造國際連結：文化需要生生不息的新血投入，應以「市場庇護」概念策略性支持、協助青年世代走上創作生涯的第一哩路。推動「文化科技施政計畫」，從文化資產的修復，延伸到歷史記憶傳承，均將使用先進技術，發揮科技運用的功能。另，促進兩岸文化交流及產業輸出，確保臺灣在華文社會之品牌優勢，並多面向拓展文化外交，以文化外交機制為基礎，達成國際合作在地化，並持續將臺灣文化創作推向世界，以文化行銷臺灣的國家品牌，達成在地文化國際化。

Unit 14-6 文化資產

一、舊有《文化資產保存法》（2016.5.15）

（一）舊有文化資產的定義

《文化資產保存法》第1章第3條中所稱文化資產，指具有歷史、文化、藝術、科學等價值。

（二）舊有文化資產的種類

前述文化資產需經指定或登錄：

1.古蹟、歷史建築、聚落：指人類為生活需要所營建之具有歷史、文化價值之建造物及附屬設施群。

2.遺址：指蘊藏過去人類生活所遺留具歷史文化意義之遺物、遺跡及其所定著之空間。

3.文化景觀：指神話、傳說、事蹟、歷史事件、社群生活或儀式行為所定著之空間及相關聯之環境。

4.傳統藝術：指流傳於各族群與地方之傳統技藝與藝能，包括傳統工藝美術及表演藝術。

5.民俗及有關文物：指與國民生活有關之傳統，並有特殊文化意義之風俗、信仰、節慶及相關文物。

6.古物：指各時代、各族群經人為加工，具有文化意義之藝術作品、生活及儀禮器物及圖書文獻等。

7.自然地景：指具保育自然價值之自然區域、地形、植物及礦物。

以上為《文化資產保存法》的定義。

二、現有《文化資產保存法》（2016.7.27）

（一）現有文化資產的定義

自1982年5月公布施行《文化資產保存法》以來，歷經六次修正。2005年11月全案修正施行，中央主管機關由內政部移轉至文化部（前身為行政院文建會），迄今近十年未有結構性大幅修正。為因應文化資產保存、原住民文化資產實務上之需求，並與世界遺產公約接軌，在2016年7月27日立法院完成三讀修正通過。其修正重點在文化資產定義與種類，說明如下：

第1章「總則」第1條開宗明義：為保存及活用文化資產，保障文化資產保存普遍平等之參與權，充實國民精神生活，發揚多元文化，特制定本法。

第3條在增加類別、修正定義方面爭辯甚久，主要將文化資產區分成有形、無形，乃為關鍵要點。經修正如下：本法所稱文化資產，指具有歷史、藝術、科學等文化價值，並經指定或登錄之下列有形及無形文化資產。

（二）有形文化資產

1.古蹟：指人類為生活需要所營建之具有歷史、文化、藝術價值之建造物及附屬設施。

2.歷史建築：指歷史事件所定著或具有歷史性、地方性、特殊性之文化、藝術價值，應予保存之建造物及附屬設施。

3.紀念建築：指與歷史、文化、藝術等具有重要貢獻之人物相關而應予保存之建造物及附屬設施。

4.聚落建築群：指建築式樣、風格特殊或與景觀協調，而具有歷史、藝術或科學價值之建造物群或街區。

5.考古遺址：指蘊藏過去人類生活遺物、遺跡，而具有歷史、美學、民族學或人類學價值之場域。

6.史蹟：指歷史事件所定著而具有歷史、文化、藝術價值應予保存所定著之空間及附屬設施。

7.文化景觀：指人類與自然環境經長時間相互影響所形成具有歷史、美學、民族學或人類學價值之場域。

8.古物：指各時代、各族群經人為加工具有文化意義之藝術作品、生活及儀禮器物、圖書文獻及影音資料等。

9.自然地景、自然紀念物：指具保育自然價值之自然區域、特殊地形、地質現象、珍貴稀有植物及礦物。

（三）無形文化資產

1.傳統表演藝術：指流傳於各族群與地方之傳統表演藝能。

2.傳統工藝：指流傳於各族群與地方以手工製作為主之傳統技藝。

3.口述傳統：指透過口語、吟唱傳承、世代相傳之文化表現形式。

4.民俗：指與國民生活有關之傳統，並有特殊文化意義之風俗、儀式、祭典及節慶。

5.傳統知識與實踐：指各族群或社群，為因應自然環境而生存、適應與管理，長年累積、發展出之知識、技術及相關實踐。

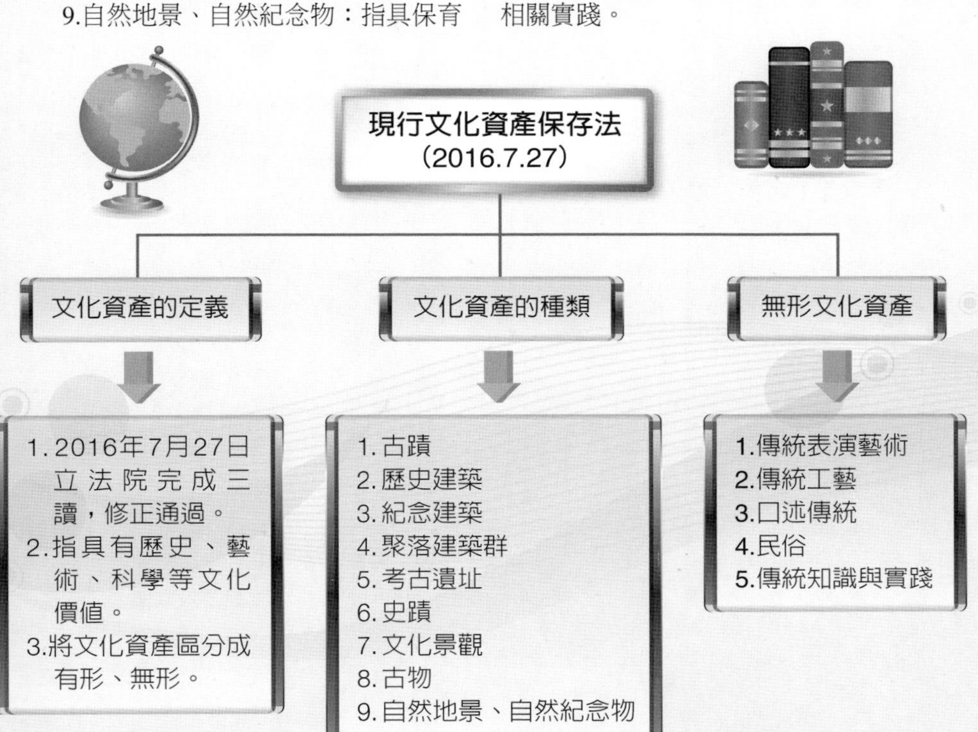

現行文化資產保存法
（2016.7.27）
文化資產的定義
文化資產的種類
無形文化資產
1.2016年7月27日立法院完成三讀，修正通過。
2.指具有歷史、藝術、科學等文化價值。
3.將文化資產區分成有形、無形。
1.古蹟
2.歷史建築
3.紀念建築
4.聚落建築群
5.考古遺址
6.史蹟
7.文化景觀
8.古物
9.自然地景、自然紀念物
1.傳統表演藝術
2.傳統工藝
3.口述傳統
4.民俗
5.傳統知識與實踐

參考書目

中文書目

卜正珉（2003）。公共關係：政府公共議題決策管理。臺北市：揚智。
丁永恩（2011）。文化人類學。臺北市：數位學堂。
王甫（2003）。當代臺灣社會的族群想像。臺北市：群學。
王志成（2012）。商業概要。臺北市：千華。
王宗燦（2008）。教育概要。臺北市：大華。
王淑芬（2007）。社會研究法。臺北市：保成。
王卓祺等（2007）。兩岸三地社會政策：理論與實務。香港：香港中文大學。
王振寰、瞿海源主編（1999）。社會學與臺灣社會。臺北市：巨流。
方子瑜（2005）。社會心理學。臺北市：大華。
朱延智（2014）。圖解經濟學：最重要概念。臺北市：書泉。
朱敬一（2010）。講社會科學：社會科學的起源背景。臺北市：時報文化。
朱榮智 危芷芬等（2009）。社會科學概論。臺北市：五南。初版。十四刷。
江宜樺、林建甫等（2004）。社會科學通論。臺北市：國立臺灣大學。
周怡（2004）。解讀社會：文化與結構的路徑。北京：社會科學文獻。
李增祿（1996）。社會工作概論。臺北市：巨流。
林兆雯（2007）。社會學。臺北市：大華。
林惠祥（2011）。文化人類學。上海：上海書店。
林景良（2011）。經濟學基礎。遼寧：大連理工大學。
林景良、陳德餘（2011）。經濟學基礎。北京：機械工業。
林萬億（1985）。團體工作：理論與技術。臺北市：三民。
林萬億（2013）。社會福利。臺北市：五南。
林勝義（2013）。社會工作概論。臺北市：五南。
吳清山（2014）。學校行政。臺北市：心理。
吳清基等（2011）。教育行政。臺北市：五南。
吳浩瓶、陳鈺湘（2011）。 諮商與心理治療理論。臺北市：考用。
范盛保（2010）。多元文化、族群意識與政治表現：案例分析。臺北市：臺灣國際研究學會。
洪澤（2013）。文化行政。臺北市：臺灣知識庫。
席部綸（2012）。觀念式教育概要。臺北市：考用。
涂武勝（2011）。經濟與商業環境（I & II）。新北市：臺科大。
徐震（1985）。社區發展：方法與研究。臺北市：文大。
徐雨村譯（2009）（Conrad Kottak 原著）。文化人類學：文化多樣性的探索。臺北市：桂冠。
柳守平（2014）。圖解經濟學。臺北市：華威國際。
莊克仁（2016）。圖解民意與公共關係。臺北市：五南。
莊萬壽（2003）。臺灣文化論：主體性之建構。臺北市：玉山社。

莊英章等（1994）。文化人類學。臺北：國立空中大學。
馬啓華等（1998）。社會科學概論。臺北市：大中國。
秦夢群（2013）。教育行政實務與應用。臺北市：五南。
許功明（2004）。原住民藝術與博物館展示。臺北市：南天。
許臨高等（2007）。社會個案工作：理論與實務。臺北市：五南。
夏學理等（2012）。文化行政。臺北市：五南。
黃文森（1996）。全方位綜合金融常識精析。臺北市：考用。
陳玥 （2011）。社會工作。臺北市：志光。
陳威（2012）。社會工作。臺北市：學儒。
陳素姫（2004）。社會科學導論。臺北市：新文京開發。
陳鈺湘（2014）。心理諮商與輔導。臺北市：高點。
康敏、劉曉蕾等譯〔Elgin Hunt & David Colander 原著〕（2012）。社會科學導論。北京：世界圖書。
黃順興等（2009）。社會理論指南 Q & A。臺北市：風雲。
郭藩（2011）。教育心理學。臺北市：千華。
葉立言（2014）。圖表式心理學。臺北市：考用。
葉至誠 （2017）。社會科學概論。臺北市：揚智。
程韻旋（2011）。圖解興味盎然的經濟理論。臺北市：易博士。
彭懷恩（2005）。競選傳播。臺北市：風雲。
彭懷恩（2009）。社會學（概要）Q & A。臺北市：風雲。
蔡經緯（2012）。經濟學申論題熱門題庫。臺北市：高點。
溫美珍（2005）。與圖解經濟學。臺北市：易博士。
張海平（2017）。社會學臺北市：高點。
張鴻章（1993）。商業概論。臺北市：東士。
張清溪等（2012）。經濟學理論與實務（上、下冊）。臺北市：翰蘆。
歐欣亞（2013）。經濟學考點圖破。臺北：千華。
閻克文等譯（Walter Lippmann 原著）（2009）。民意。臺北市：五南。
黎德星等譯（Roger Trigg 原著）（2009）。社會科學概論。臺北市：巨流。
熊茜超等譯（KConrad, Phillip & Kottak 原著）。（2011）。簡明文化人類學：人類之鏡。上海：上海社會科學院。
鄭琪（2010）。心理學（包括諮商心理與輔導）。臺北市：新保成。
鄭自隆（1995）。競選廣告：理論、策略、研究案例。臺北市：正中。
鄭貞銘（2001）。民意與民意測驗。臺北市：三民。
鄭惠蘭（2003）。社會科學導論。臺北市：新文京開發。
魏宏智（2008）。民意與輿論：解構與反思。臺北市：臺灣商務。
魏麗敏、黃德祥（2008）。諮商理論與技術概要。臺北市：考用。
顧建華（1990）。藝術引論。臺北市：中國文化大學。

網站

http://www.ccut.edu.tw/teachers/cskuan/downloads/gu03-ch03-01.ppt

http://sslu.camel.ntupes.edu.tw/front/bin/

MBA 智庫百科
http://wiki.mbalib.com/zh-tw

人格衡鑑：司馬明
https://books.google.com.tw/books?isbn

王智弘：應倫通訊
http://www.ncu.edu.tw/

中華民國文化部—施政理念
Getmək moc.gov.tw
https://www.moc.gov.tw/content_248.html

司馬明
https://books.google.com.tw/books?isbn

林清江，社會變遷與教育改革的關係
http://www3.nccu.edu.tw/

林紫茵
http://www.klhcvs.kl.edu.tw/Department/klkid

個案工作實施理論
http://cswe.casehsu.org/index

張玲如：社會工作概論
web.cjcu.edu.tw/~yishan/yishan/news/data/ch1.ppt

張瑞村研究室：教育行政理論的發展
www.cyut.edu.tw/~rtchang/99Adm02.pp

張翠華：淺談社會工作理論與運用。桃園縣生命線協會
www.1995line.org.tw/PPT

許育光、林秀慧、刑志彬
http://www.nhcue.edu.tw/~sfkao/science/4/4-2.ppt

陳薏如
http://www.cyut.edu.tw/~crissa/class_file/97-1/97-1care/ch3.ppt

賀孝銘
cte.ncue.edu.tw/cte/main_98/teach_97/t_material_97-5.pdf

國家發展委員會：景氣循環的類型
www.ndc.gov.tw/cp.aspx?n=4326BCFE40D0A36

當代原住民藝術研究方法初探：李招瑩（國立東華大學族群關係與文化學系）
http://www.taiwananthro.org.tw/sites/www.taiwananthro.org.tw/files/conference_papar/pdf_0.pdf

簡單凱因斯
https://www.ptt.cc/bbs/Economics/M.1164957616.A.6D6.html

醫源世界：醫學心理學
http://big5.39kf.com/cooperate/book/

五南圖書 教育/傳播網

趕緊加入我們的粉絲專頁喲！

教育人文 & 影視新聞傳播～五南書香

南圖書　教育／傳播網

s://www.facebook.com/wunan.t8

專頁提供──

籍出版資訊（包括五南教書、知識用書，書泉生活用等）

定時小驚喜(如贈書活動或籍折扣等)

絲可詢問書籍事項（訂購籍或出版寫作均可）、留言享心情或資訊交流

等你來挖寶

國家圖書館出版品預行編目(CIP)資料

圖解社會科學 / 莊克仁編著. -- 初版. --
臺北市：五南, 2017.12
面； 公分
ISBN 978-957-11-9470-7 (平裝)
1. 社會科學
500 106020276

1JE4

圖解社會科學

編著者 - 莊克仁（213.9）
發行人 - 楊榮川
總經理 - 楊士清
副總編輯 - 陳念祖
責　編 - 李敏華
封面設計 - 姚孝慈
出版者 - 五南圖書出版股份有限公司
地　址：106台北市大安區和平東路二段339號4樓
電　話：（02）2705-5066　傳　真：（02）2706-61
網　址：http://www.wunan.com.tw
電子郵件：wunan@wunan.com.tw
劃撥帳號：01068953
戶　名：五南圖書出版股份有限公司

法律顧問　林勝安律師事務所　林勝安律師

出版日期　2017年12月初版一刷
定　價　新臺幣330元

凝煉知識品味閱讀